高等院校经济管理类“十三五”规划系列教材

跨境电商基础与实务

KUAJING DIANSHANG JICHU YU SHIWU

主　编　刘　铁

副主编　张　鑫

参　编　姚　丹　张莉莉　韩贝贝　徐丹丹

華中科技大學出版社
http://www.hustp.com
中国·武汉

图书在版编目(CIP)数据

跨境电商基础与实务/刘铁主编.—武汉:华中科技大学出版社,2019.2
高等院校经济管理类"十三五"规划系列教材
ISBN 978-7-5680-4963-4

Ⅰ.①跨…　Ⅱ.①刘…　Ⅲ.①电子商务-高等学校-教材　Ⅳ.①F713.36

中国版本图书馆 CIP 数据核字(2019)第 033332 号

跨境电商基础与实务　　刘　铁　主编
Kuajing Dianshang Jichu yu Shiwu

策划编辑:聂亚文
责任编辑:白　慧
封面设计:孢　子
责任监印:朱　玢
出版发行:华中科技大学出版社(中国·武汉)　　电话:(027)81321913
武汉市东湖新技术开发区华工科技园　　邮编:430223
录　　排:华中科技大学惠友文印中心
印　　刷:武汉科源印刷设计有限公司
开　　本:787mm×1092mm　1/16
印　　张:16.75
字　　数:427 千字
版　　次:2019 年 2 月第 1 版第 1 次印刷
定　　价:42.00 元

本书若有印装质量问题,请向出版社营销中心调换
全国免费服务热线:400-6679-118　竭诚为您服务

前言

PREFACE

近年来，随着“一带一路”构想的逐步落实，我国外贸发展不断面临新的机遇与挑战。跨境电商的迅速崛起颠覆了传统外贸的经营模式和商业格局。伴随着互联网全球化的发展趋势，跨境电商发展势头强劲，不可阻挡。面对新的形势，培养具有扎实国际贸易专业基础的跨境电商人才迫在眉睫。为此，我们结合跨境电商及外贸行业的最新发展趋势，组织相关教师编写了本书。

全书分为三部分。第一部分介绍从事跨境电商工作必需的国际贸易基础知识、国际贸易实务基础知识和外汇基础知识；第二部分介绍跨境电商基础知识以及主流跨境电商平台；第三部分介绍阿里巴巴国际站和速卖通的模拟实操。

本书可用作国际经济与贸易专业教材，也可作为跨境电商从业人员的培训教材。

本书由湖北文理学院理工学院刘铁老师担任主编，负责设计全书结构、草拟写作提纲、组织编写、统稿和定稿；由广西民族师范学院张鑫担任副主编；参编人员有湖北文理学院理工学院姚丹、张莉莉、韩贝贝、徐丹丹。具体分工如下：第一章、第三章、第四章、第五章、第六章由刘铁编写；第二章第一、二节由张鑫编写，第三、四节由张莉莉编写，第五、六节由姚丹编写，第七、八节由徐丹丹编写，第九、十节由韩贝贝编写。其中，本书第六章的编写得到了南京世格软件有限责任公司的大力协助，在此表示衷心的感谢。

由于时间紧、任务重，书中难免存在一些不足与缺陷，期待得到各界人士的批评与指正。

编　者

2018 年 10 月

目录

CONTENTS

第一章

国际贸易基础知识

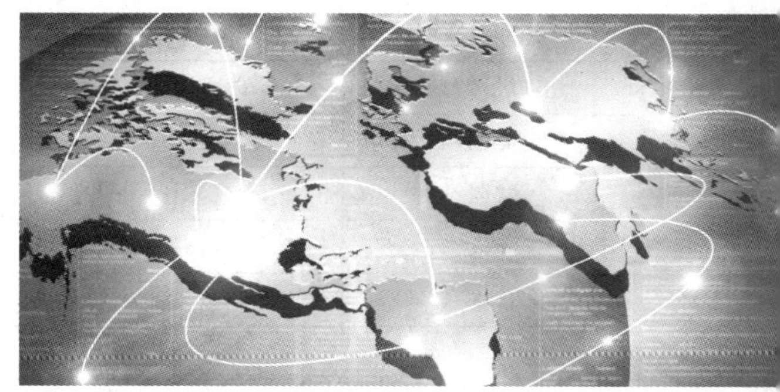

KUAJING DIANSHANG JICHU YU SHIWU

学习目标

- 掌握国际贸易的概念和分类
- 掌握国际贸易的基本理论
- 了解国际贸易的统计指标
- 熟悉对外贸易政策
- 熟悉与贸易相关的知识产权

案例导入

2018 年 7 月 13 日上午国务院新闻办公室举办的新闻发布会上，海关总署发布了最新 6 月贸易数据账。2018 年 6 月，全国出口贸易增长 11.3%，增速较 5 月略回落 1.3 个百分点，进口贸易增幅则为 14.1%。至此，2018 年上半年贸易数据全部出炉，上半年全国出口增长 12.8%，进口增长 19.9%，总体表现强劲。中国主要贸易伙伴的贸易表现见表 1.1，主要贸易伙伴的出口增速排行见图 1.1。

表 1.1 中国主要贸易伙伴的贸易表现

出口目的地	1至6月累计(亿美元)	出口增速(%)	进口增速(%)
美国	2,177.79	13.6	11.7
欧盟	1,918.49	11.7	15
香港	1,377.46	13.7	8.3
日本	703.97	8	12.9
韩国	538.72	9	21.8
越南	391.38	23.5	37.4
印度	374.28	15	15.5
德国	365.59	10	14.9
荷兰	337.80	14.2	13.1
英国	252.77	−3.1	0.8
新加坡	243.69	16.1	7.4
台湾	232.12	14.4	24.2
俄罗斯联邦	225.21	17.7	31.6
澳大利亚	217.02	17.3	9.3
马来西亚	216.98	10.6	18.6
泰国	211.63	16.5	12
印度尼西亚	200.17	23.3	33.2
巴西	172.10	34	20
菲律宾	166.48	10.9	13.9
意大利	160.24	13.8	12.2

续表

出口目的地	1至6月累计(亿美元)	出口增速(%)	进口增速(%)
加拿大	155.98	10.8	29.7
法国	147.81	15	18.1
南非	78.51	16.3	13.4
总值	11,727.46	12.8	19.9

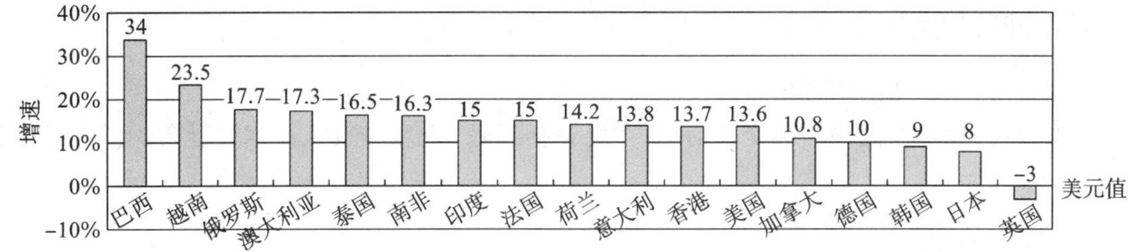

图 1.1　主要贸易伙伴的出口增速排行

备受大家瞩目的中美贸易，上半年中国对美贸易总量为 3018 亿美元，同比增长 13.1%，其中，对美出口 2177.8 亿美元，增长 13.6%，自美进口 840.2 亿美元，增长 11.8%。对美出口跑赢大盘，对美进口低于大盘。下半年中美贸易走势仍有待观察，不过从上半年情形来看，美国对华进口需求仍然强劲。

属于金砖国家的巴西、俄罗斯、南非、印度在上半年的出口表现抢眼，增速明显好于大盘，属于传统市场的法国、荷兰、意大利的走势也相对理想，但日本、英国则明显跑输大盘。这里需特别注意到，上半年中国对越南的出口增长(+23.5%)十分明显。

2018 上半年我国外贸进出口增长主要靠数量拉动。据海关总署测算，数量增长对进口增长的贡献为 80.6%，对出口增长的贡献为 90.5%；价格增长对进口增长的贡献为 19.4%，对出口增长的贡献为 9.5%。全球经济总体呈复苏态势，带动了外需的回暖。

2018 下半年，国际环境不确定因素较多，国际货币基金组织等国际机构在维持全球经济增长预期不变的同时也提示了可能面临的下行风险，特别是当前部分国家奉行的单边主义、贸易保护主义措施，将对全球贸易的稳定发展带来挑战。下半年的中国贸易表现仍有待观察。

第一节　国际贸易的概念和分类

国际贸易的产生和发展经历了漫长的阶段。作为社会经济发展的产物，国际贸易的产生必须具备两个条件：一是政治实体即国家的出现；二是有可供交换的剩余产品。只有在这两个条件同时出现时，国际贸易才会产生。

国际贸易(international trade)是指在不同国家或地区之间，进行商品和服务的交换活动。国际贸易是国际经济活动的重要组成部分，具有举足轻重的地位。随着国际贸易的快速发展，其分类越来越多，统计指标也越来越全面。国际贸易可以按照不同纬度进行分类。

一、按贸易角度

对外贸易:一个国家或地区同其他国家或地区进行商品和服务的交换活动,也被称为海外贸易。

国际贸易:不同国家或地区之间商品和服务的交换活动,是世界各国或地区分工的表现形式,它反映了世界各国或地区在经济上的相互联系。国际贸易是从世界范围看商品和服务的交换活动,由不同国家或地区的对外贸易构成,是世界各国或地区对外贸易的综合。

二、按商品形态

有形贸易:实物商品的进出口。

无形贸易:无形商品的国际交换活动,主要包括运输、金融、旅游、技术转让等,也被称为服务贸易。

三、按贸易形式

一般贸易:国内企业单边进口或单边出口货物的贸易形式。

加工贸易:国内企业从境外进口全部或部分原辅材料、零部件、元器件、配件或包装物料等,经过加工或装配,将成品或半成品复出口的贸易形式,主要包括来料加工和进料加工两种方式。

四、按统计标准

总贸易:以货物进出国境作为统计标准的对外贸易。凡是进入一国国境的货物列为总进口,离开一国国境的货物列为总出口,总出口额加上总进口额为该国的总贸易额。中国、美国、英国、日本、澳大利亚等国采用进出国境作为对外贸易统计标准,即采用总贸易体系。

专门贸易:以货物进出关境作为统计标准的对外贸易。凡是进入一国关境的货物列为总进口,离开一国关境的货物列为总出口,总出口额加上总进口额为该国的总贸易额。德国、法国、意大利等国采用进出关境作为对外贸易统计标准,即采用专门贸易体系。

五、按商品流向

出口贸易:本国生产或加工的商品输往国外市场销售。

进口贸易:将国外市场购买的商品在本国市场销售。

过境贸易:甲国经过本国国境向乙国运送商品的行为。

六、按第三国是否参加

直接贸易:商品生产国与消费国不通过第三国,直接进行买卖商品的贸易。

间接贸易:商品生产国与消费国通过第三国进行买卖商品的贸易。

转口贸易:商品生产国与消费国通过第三国进行买卖商品的贸易,对第三国来说就是转口贸易。

第二节 国际贸易的基本理论

国际贸易理论的发展大致经历了古典贸易理论、新古典贸易理论、新贸易理论以及新兴古典贸易理论四大阶段。古典和新古典贸易理论以完全竞争市场等假设为前提，强调贸易的互利性，主要解释了产业间贸易。二战后，以全球贸易的新态势为契机，新贸易理论应运而生，从不完全竞争、规模经济、技术进步等角度解释了新的贸易现象。新兴古典贸易理论则从专业化分工的角度来解释贸易，力图将传统贸易理论和新贸易理论统一在新兴古典贸易理论的框架内。

一、古典贸易理论

古典贸易理论产生于18世纪中叶，是在批判重商主义的基础上发展起来的，主要包括亚当·斯密的绝对优势理论和大卫·李嘉图的比较优势理论，古典贸易理论从劳动生产率的角度说明了国际贸易产生的原因、结构和利益分配。

（一）重商主义

在15世纪末至16世纪初的资本主义原始积累时期，出现了重商主义(mercantilism)的观点，晚期重商主义也称贸易差额论，其核心是追求贸易顺差，代表人物有英国的托马斯·孟(Thomas Mun)。

重商主义把金银看作是财富的唯一形式，一国积累金银的多少是衡量一国富裕程度的唯一尺度，而获得金银的主要渠道就是国际贸易。各国认为通过奖励出口，限制入口求得顺差，使金银流入，国家就会富裕。

（二）重农学派

17世纪后期，法国出现了反对重商主义，主张经济自由和重视农业的思想，形成了重农学派(physiocratic school)，其创始人是弗朗斯瓦·魁奈(F. Quesnay)。

重农学派的核心思想是主张自由经济，包括自由贸易，他们认为“自然秩序”是保证市场均衡和物价稳定的重要机制。

（三）绝对优势理论

18世纪末，重商主义的贸易观点受到古典经济学派的挑战，亚当·斯密(Adam Smith)在生产分工理论的基础上提出了国际贸易的绝对优势理论。

在《国民财富的性质及原因的研究》一书中，亚当·斯密指出国际贸易的基础在于各国在商品生产上存在劳动生产率和生产成本的绝对差异，而这种差异来源于自然禀赋和后天的生产条件。

亚当·斯密认为在国际分工中，每个国家应该专门生产自己具有绝对优势的产品，并用其中一部分交换其不具有绝对优势的产品，这样就会使各国的资源得到最有效的利用，更好地实现分工和交换，使每个国家都获得最大利益。

（四）比较优势理论

鉴于绝对优势理论的局限性，大卫·李嘉图(David Ricardo)在《政治经济学及赋税原理》中提出了比较优势贸易理论。

李嘉图认为国际贸易产生的基础不限于绝对成本差异,即使一国在所有产品的生产中都处于全面优势或全面劣势的地位,只要有利或不利的程度有所不同,该国就可以通过相对差异较小的产品参加国际贸易,从而获得比较利益。

比较优势理论遵循"两优取其重,两劣取其轻"的原则,认为各国技术水平的相对差异产生了相对成本的差异,从而使各国在不同产品上具有比较优势,是构成国际贸易的原因,并决定着国际贸易的模式。

(五) 贸易保护理论

1841 年,德国经济学家弗里德里希·李斯特(Friedrich List)在《政治经济学的国民体系》一书中提出了基于国家主义的贸易保护理论,又称幼稚产业保护论,指出保护制度要与国家工业的发展程度相适应。与重商主义不同的是,他从保护生产力的高度把贸易和国家经济发展结合起来,形成以国家主义为基调的贸易保护理论,在贸易保护政策的实施方面也更加客观实际。

(六) 相互需求理论

李嘉图的比较优势理论只论证了建立在各国专业化生产前提下的互利贸易的基础和利益所在,没有说明总的贸易利益如何在贸易双方进行分配。

约翰·穆勒(John Stuart Mill)在《政治经济学原理》一书中,从相互需求的角度出发,确定了国际商品交换的价格问题,以解释两国间是如何分配贸易利益的。

相互需求理论实质上是指由供求关系决定商品价值,是对比较优势理论的完善和补充。该理论用两国商品交换比例的上下限解释双方获利的范围;用贸易条件说明在利益分配中双方各占的比例;用相互需求强度来解释贸易条件的变动。

二、新古典贸易理论

19 世纪末 20 世纪初,新古典经济学逐渐形成,在新古典经济学框架下对国际贸易进行分析的新古典贸易理论也随之产生。

(一) 要素禀赋理论

1919 年,瑞典经济学家埃利·赫克歇尔(Eil F Heckscher)提出了要素禀赋论的基本观点,指出了产生比较优势差异必备的两个条件。1930 年,这一观点被他的学生伯蒂尔·俄林(Bertil G. Ohlin)充实论证,其代表作《地区间贸易和国际贸易》进一步发展了生产要素禀赋理论,因而这一理论又称为 H-O 理论。

与古典贸易模型的单要素投入不同,H-O 模型以比较优势为贸易基础并有所发展,在需要投入两种或两种以上生产要素的框架下分析产品的生产成本,用总体均衡的方法探讨国际贸易与要素变动的相互影响。其核心内容为:在两国技术水平相等的前提下,产生比较成本的差异原因一是两国的要素充裕度不同,二是生产商品的要素密集度不同。各国应该集中生产并出口那些充分利用本国充裕要素的产品,以换取那些密集使用其稀缺要素的产品。这样的贸易模式使参与国的收益都能得到改善。

20 世纪 40 年代,保罗·萨缪尔森(Palua A. Samuelson)用数学方式演绎了 H-O 模型,指出国际贸易对各国收入差距的影响将必然使不同国家的生产要素的相对价格和绝对价格趋于均等化,被称为生产要素价格均等化定理或 H-O-S 定理(赫克谢尔—俄林—萨缪尔森定理)。

这一定理潜在认为，在没有要素跨国流动的条件下，仅通过商品的自由贸易也能实现世界范围内生产和资源的有效配置。和这一理论相关的还有另外两个基本定理。国际贸易对本国生产要素收益的长期影响由斯托尔珀—萨缪尔森定理归纳为：出口产品生产中密集使用的要素（本国充裕要素）的报酬提高；进口产品生产中密集使用的要素（本国稀缺要素）的报酬降低；不论这些要素在哪个行业中使用。罗伯津斯基定理认为在商品相对价格不变的前提下，某一要素的增加会导致密集使用该要素部门的生产增加，而另一部门的生产则下降。表明要素禀赋的变化决定着资源配置的变化。

这些定理均对 H-O 理论进行了重要的拓展。

（二）里昂惕夫悖论

按照 H-O 理论，美国是一个资本丰裕而劳动力相对稀缺的国家，其对外贸易结构应该是出口资本、技术密集型产品，进口劳动密集型产品。

20 世纪 50 年代初，美国经济学家里昂惕夫（Leontief）根据 H-O 理论，用美国 1947 年 200 个行业的统计数据对其进出口贸易结构进行验证时，却得出了与 H-O 理论完全相反的结论，被称为里昂惕夫悖论。

里昂惕夫悖论虽没有形成系统的理论观点，但它对原有国际分工和贸易理论提出了严峻的挑战，引发了对国际贸易主流思想的反思，推动了二战后新的国际贸易理论的诞生。

三、国际贸易的当代理论——新贸易理论

二战后，国际贸易的产品结构和地理结构出现了一系列新变化。同类产品之间以及发达工业国家之间的贸易量大大增加，产业领先地位不断转移，跨国公司内部化和对外直接投资兴起，这与传统比较优势理论所认为的贸易只会发生在劳动生产率或资源禀赋不同的国家间的经典理论是相悖的。古典与新古典国际贸易理论都假定产品市场是完全竞争的，这与当代国际贸易的现实也不相符合，在这样的国际环境下，新贸易理论应运而生。

（一）新生产要素理论

新生产要素理论赋予生产要素除土地、劳动和资本以外更丰富的内涵，认为它还包括自然资源、技术、人力资本、研究与开发、信息、管理等新型生产要素，从新要素的角度说明了国际贸易的基础和贸易格局的变化。

1. 自然资源理论

1959 年，美国学者凡涅克（J. Vanek）提出了以自然资源的稀缺解释里昂惕夫悖论的观点，认为美国进口自然资源后的开发或提炼耗费了大量资本，会使进口替代产品中的资本密集度上升。扣除自然资源的影响，美国资本密集型产品的进口就会小于其出口。

2. 人力资本理论

人力资本理论以基辛（D. B. Keesing）、凯南（P. B. Kenen）、舒尔茨（T. W. Schultz）为代表，对 H-O 理论作了进一步扩展，将人力资本作为一种新的生产要素引入。

通过对劳动力进行投资，提高其素质和技能，进而提升劳动生产率。人力资本充裕的国家在贸易结构和流向上往往趋向于出口人力资本或人力技能要素密集的产品。

3. 研究与开发学说

格鲁伯（W. Gruber）、维农（R. Vernon）认为研究与开发也是一种生产要素，一个国家出口

产品的国际竞争能力和该种产品中的研究与开发要素密集度之间存在着很高的正相关关系。各国研究与开发能力的大小可以改变它在国际分工中的比较优势，进而改变国际贸易格局。

4. 信息要素

信息虽然是一种无形资源，但它能够创造价值。现代信息技术对生产的影响越来越强，信息的利用状况会影响一个国家的比较优势，从而改变一国的国际分工和国际贸易地位。

(二) 偏好相似理论

1961 年林德(S. B. Linder)在《论贸易和转变》一书中提出了偏好相似理论，第一次从需求方面寻找贸易产生的原因。他认为要素禀赋学说只适用于解释初级产品贸易，工业品双向贸易的发生是由相互重叠的需求决定的。

偏好相似理论的基本观点有：产品出口的可能性取决于它的国内需求；两国的贸易流向、流量取决于两国需求偏好相似的程度，需求结构越相似则贸易量越大；平均收入水平是影响需求结构的最主要因素。

(三) 动态贸易理论

动态贸易理论主要从动态角度分析国际贸易产生与发展的原因。

1. 技术差距理论

技术差距理论又称创新与模仿理论，波斯纳(Michael V. Posner)和胡弗鲍尔(G. G. Hufbauer)将技术作为一个独立的生产要素，侧重于从技术进步、创新、传播的角度分析国际分工的基础，扩展了资源禀赋论中要素的范围。

技术差距指一国因技术创新和控制技术外流而形成的一种动态贸易格局，会对各国要素禀赋的比率产生影响，从而影响贸易格局的变动。

2. 产品生命周期理论

雷蒙德·弗农(Raymond Vernon)将市场营销学中的产品生命周期理论与技术进步结合起来阐述了国际贸易的形成和发展。1966 年他在《产品周期中的国际投资与国际贸易》一文中指出，美国企业的对外直接投资与产品生命周期有密切关系。

这一理论假设国家间的信息传递受到一定的限制、生产函数可变以及各国的消费结构不同，指出产品在其生命周期的不同阶段对生产要素的需要是不同的，而不同国家的生产要素富饶程度决定了该国的产品生产阶段和出口状况。

产品生命周期理论将比较优势论与资源禀赋论动态化，很好地解释了战后一些国家从某些产品的出口国变为进口国的现象。

3. 技术外溢效应

技术外溢理论将技术作为内生变量，罗默提出的“干中学”式的技术进步，大部分是从技术外溢中获得的，即从贸易或其他经济行为中自然引入了技术。

经克鲁格曼(Krugman)论证，若引进国将外溢国的技术用于比较优势产业，则对两国均有利；反之对两国均不利。假设国内技术外溢的速度高于国际技术外溢的速度，国家原先的领先产业就有加速发展的可能，原有的比较优势就会增强。技术的传播使各国的差异不断扩大，强调了技术变动对国际贸易的动态影响。

4. 动态比较优势理论

林毅夫等提出，一个国家的产业和技术结构根本上取决于国内要素禀赋，而资本存量的变化对一国要素禀赋的影响最大。资本存量的增加来自于积累,积累取决于储蓄倾向和经济剩余的规模。制度性决定的储蓄倾向是固定的,因而影响资本存量的关键是经济剩余的规模。如果一国的产业和技术结构能够充分利用其资源禀赋的优势,则其生产成本就较低,竞争能力就较强,进而创造更多的经济剩余,积累量也就越大。因此,通过发挥比较优势能够较快地实现资源结构的升级,从而加快产业结构升级。

(四)产业内贸易理论

产业内贸易理论又称差异化产品理论,以不完全竞争市场和规模经济为前提,从动态角度出发考虑需求情况,更符合实际。由于产业内贸易规模的不断扩大,80 年代以来许多经济学家陆续建立模型对这一问题从不同角度进行了探讨。

1. 新张伯伦模型

在产业内贸易理论的发展过程中,克鲁格曼(Krugman)具有开创性作用,他将迪克西特(Dixit)和斯蒂格利茨(Stiglitz)提出的将差异产品和内部规模经济考虑在内的垄断竞争模型推广到开放条件下,创立了“新张伯伦模型”。

新张伯伦模型证明了当市场结构从完全竞争变为不完全竞争,达到规模报酬递增阶段的时候,即使两国间没有技术和要素禀赋差异,产品水平差异性和规模经济也可推动国际贸易,增加两国的收益。

2. 兰卡斯特模型

兰卡斯特模型是基于简单的水平差异产品的产业内贸易模型,以产品特性和消费者偏好的唯一占优选择性为基础解释两国贸易。

兰卡斯特(Lancaster)认为,在具有相同特点的经济体之间,如果不存在贸易壁垒和运输成本,在规模收益最大化和消费偏好差异的影响下,两个经济体间仍能进行产业内分工和贸易。

3. 新赫克歇尔—俄林模型

新赫克歇尔—俄林模型基于垂直产品差异对产业内贸易予以解释。弗尔维(Falvey)等人通过对 H-O 模型假设前提的调整,让产品差异与劳动和资本等要素的不同组合之间建立联系,但仍用要素禀赋来预测贸易,因而又被称为“新要素比例学说”。

这一理论认为,资本相对充裕的国家出口同种产品中资本密集的高质量品种,劳动力相对充裕的国家则出口劳动密集的低质量品种,由此形成的产业内贸易实质上还是垂直分工的结果,在对传统贸易理论的最小偏离下,同时解释了产业间和产业内的贸易模式。

4. 布兰德—克鲁格曼模型

为解释标准化产品产业内贸易现象,布兰德(Brander)和克鲁格曼构造了“相互倾销模型(差别垄断模型)”。模型指出各国开展贸易的原因只在于垄断或寡头垄断企业的市场销售战略,国际贸易的结构既不受要素禀赋、产品成本差别的限制,也不受生产者和消费者对差异产品追求的限制。

此模型表明,贸易是扩大竞争的一种方式,不完全竞争市场中的企业可以通过贸易向别国的市场倾销以扩大销售,即使存在运输成本,也会存在双向贸易,并由两国间需求弹性的预期差异决定贸易量。这就为两国相互倾销的行为提供了解释途径。

5. 垂直型产业内贸易模型

与新 H-O 模型所不同的是,垂直型产业内贸易模型以寡头垄断市场的假定为前提。弗尔维认为一个产业包括依质量高低排列的一个"产品链",即垂直差异产品。

弗尔维(Falvey)和凯克斯基(H. Kierzkowski)建立的 F-K 模型表明,在完全的垂直型产业内贸易与完全没有这种贸易之间有许多过渡类型,垂直型产业内贸易的程度与特性依赖于要素禀赋、技术和收入分配情况对不同国家的相对影响。

费莱姆(Flamand)和赫尔普曼(Helpman)建立的费—赫模型提出了另一种观点。假设有两国均生产某种产品,生产效率不同,劳动力是唯一的生产要素。国际分工以产品差异性的形式体现,一国生产高质量的产品具有比较优势,另一国相反,决定产品质量的是劳动投入,即"人力资本"。如果两国生产结构和消费结构不吻合,就可能发生产业内贸易。

(五) 国家竞争优势理论

哈佛大学教授迈克尔·波特(Michel E. Porter)提出的国家竞争优势理论,从企业参与国际竞争这一微观角度解释国际贸易,弥补了比较优势理论在有关问题论述中的不足。

波特认为,一国的竞争优势就是企业与行业的竞争优势,一国兴衰的根本原因在于它能否在国际市场中取得竞争优势。而竞争优势的形成依赖于主导产业的优势,其关键就在于能否提高劳动生产率,国家是否具有适宜的创新机制和充分的创新能力。

波特提出的"国家竞争优势四因素论、两辅助因素模型"中,生产要素、需求状况、相关产业和支持产业、企业战略、结构和竞争对手、政府、机遇都是国家竞争优势的决定因素。

波特根据以上各要素建立了波特钻石模型,说明了各个因素间如何相互作用,促进或阻碍一个国家竞争优势的形成。从发展阶段来看,一个国家优势产业的发展可分为生产要素推动阶段、投资推动阶段、创新推动阶段,财富推动阶段。该理论对当今世界的经济和贸易格局进行了理论上的归纳总结。

四、新兴古典贸易理论

新兴古典经济学是 20 世纪 80 年代以来新兴的经济学流派,新兴古典贸易理论依托新兴古典经济学的框架,将贸易的起因归结为分工带来的专业化经济与交易费用两难冲突及相互作用的结果,从而对贸易的起因给出了新的解释思路。新兴古典贸易模型使贸易理论的核心重新回到分工引起的规模报酬递增,是一种内生动态优势模型,是使贸易理论和贸易政策统一的模型,是使国内贸易和国际贸易统一的模型,能够整合各种贸易理论,是贸易理论的新发展。

20 世纪 80 年代以来,以杨小凯为代表的一批经济学家用超边际分析法将古典经济学中关于分工和专业化的经济思想形式化,将消费者和生产者合二为一,发展成新兴古典贸易理论。

该理论使研究对象由给定经济组织结构下的最优资源配置问题转向技术与经济组织的互动关系及其演进过程的研究,力图将外生的比较利益因素引入到基于规模报酬递增的新兴古典经济学的贸易理论模型中,把传统贸易理论和新贸易理论统一在新兴古典贸易理论框架内。

此理论的内生分工和专业化新兴古典贸易模型(Sachs et al,1999)表明,随着交易效率从一个很低的水平提高到一个很高的水平,均衡的国际和国内分工水平从两国都完全自给自足转变到两国均完全分工,在转型阶段可能出现两种类型的二元结构。

经济发展、贸易和市场结构变化等现象都是劳动分工演进过程的不同侧面,贸易在交易效率的改进过程中产生并从国内贸易发展到国际贸易,两者的核心内在一致。

第三节 国际贸易的统计指标

一、贸易额和贸易量

贸易额是用货币表示的贸易金额。贸易量是剔除了价格变动影响之后的贸易额,这使得可以对不同时期的贸易规模进行比较。这里有三个概念需要掌握。

(一) 对外贸易额(value of foreign trade)

对外贸易额指一个国家在一定时期内的进口总额与出口总额的总和。一般用本国货币表示,也可用国际上习惯使用的货币表示,联合国发布的世界各国对外贸易额是以美元表示的,各国在统计有形商品时,出口额以 FOB 价格计算,进口额以 CIF 价格计算,无形商品不报关,海关没有统计。

(二) 国际贸易额(value of international trade)

国际贸易额是以货币表示的世界各国对外贸易值的总和,又称国际贸易值。它等于一定时期内世界各国用 FOB 价格计算的出口贸易额之和。

(三) 贸易量

贸易量是为了剔除价格变动影响,能准确反映国际贸易或一国对外贸易的实际数量而确立的一个指标。在计算时,是用报告期的贸易额除以以固定年份为基期而确定的价格指数,得到的就是相当于按不变价格计算(剔除价格变动的影响)的贸易额,即报告期的贸易量。

贸易量可分为国际贸易量和对外贸易量以及出口贸易量和进口贸易量。

二、贸易差额

贸易差额(balance of trade)是指一个国家在一定时期内(通常为一年)出口总额与进口总额之间的差额。

(一) 贸易顺差(favorable balance of trade)

我国也称贸易顺差为出超(excess of export over import),表示一定时期的出口额大于进口额。

(二) 贸易逆差(unfavorable balance of trade)

我国也称贸易逆差为入超(excess of import over export)、赤字,表示一定时期的出口额小于进口额。

(三) 贸易平衡

贸易平衡就是一定时期的出口额等于进口额。一般认为贸易顺差可以推进经济增长、增加就业,所以各国无不追求贸易顺差。但是,大量的顺差往往会导致贸易纠纷,例如日美汽车贸易大战等。

三、国际贸易条件

国际贸易条件(terms of international trade)是出口商品价格与进口商品价格的对比关系，又称进口比价或交换比价，表示出口一单位商品能够换回多少单位进口商品。很显然，换回的进口商品越多，越为有利。贸易条件在不同时期的变化通常是用贸易条件指数来表示，贸易条件指数是出口价格指数和进口价格指数的比值，计算公式是：出口价格指数除以进口价格指数，再乘以100(假定基期的贸易条件指数为100)。

报告期的贸易条件指数大于100，说明贸易条件较基期有所改善。报告期的贸易条件指数小于100，说明贸易条件较基期有所恶化。

四、贸易的商品结构

贸易的商品结构(composition of trade)就是各类商品在贸易总值中所占的比重。这里涉及商品分类的问题，一般有两种分类方法。

(一) 联合国秘书处的《国际贸易标准分类》(SITC)

SITC 把有形商品依次分为10大类，其中0～4类商品称为初级品，5～8类商品称为制成品，第9类为没有分类的其他商品。初级品、制成品在进出口商品中所占的比重就表示了贸易的商品结构。

(二) 按生产某种商品所投入的生产要素进行分类

按生产某种商品所投入的生产要素可分为劳动密集型商品、资本密集型商品等某种生产要素密集型商品。

五、贸易的地理方向

(一) 对外贸易地理方向(direction of foreign trade)

对外贸易地理方向是指某国进口商品原产国和出口商品消费国的分布情况，它表明某国同世界各地区、各国家之间经济贸易的联系程度。

(二) 国际贸易地理方向(direction of international trade)

国际贸易地理方向是指国际贸易的地区分布和商品流向，也就是各个地区、各个国家在国际贸易中所占的地位。通常用它们的出口额(或进口额)占世界出口贸易总额(或进口贸易总额)的比重来表示。

六、对外贸易依存度

对外贸易依存度(foreign dependence degree)是衡量一个国家(或地区)国民经济外向程度大小的一个基本指标，指对外贸易额在该国国民收入或国民生产总值中所占的比重。

第四节　对外贸易政策

对外贸易政策是指一国政府根据本国的政治经济利益和发展目标而制定的在一定时期内

的进出口贸易活动的准则。它集中体现为一国在一定时期内对进出口贸易所施行的法律、规章、条例及措施等。它既是一国总经济政策的重要组成部分，又是一国对外政策的重要组成部分。

一、对外贸易政策的含义与性质

对外贸易政策的含义：是一国政府在其社会经济发展战略的总目标下，运用经济、法律和行政手段，对对外贸易活动进行有组织的管理和调节的行为。

对外贸易政策的性质：是一国对外经济和政治关系政策和措施的总体，属于上层建筑的一部分。对外，它服务于一国的对外经济和政治的总政策；对内，它为发展经济服务，并随着国内外的经济基础和政治关系的变化而变化。

二、对外贸易政策的目的

（一）促进经济发展与稳定

（1）促进生产力的发展；

（2）实现经济增长；

（3）达到外部均衡；

（4）稳定经济，加强适应能力。

（二）加强和完善经济体制

经济体制不同，贸易政策也随之不同。科学的外贸政策能促进一个国家积极参与经济全球化，同时又能加强和完善市场经济体制。

（三）获得良好的国际经济与政治环境

贸易政策在调整、改善、巩固国与国之间经济与政治关系方面起着重要作用。

三、对外贸易政策的构成

一项完整的贸易政策应包括政策主体、政策客体、政策目标、政策内容和政策手段。从对外贸易政策的内部构成看包括以下三个层次。

（一）对外贸易总政策

对外贸易总政策（包括进口总政策和出口总政策）是根据本国国民经济的总体情况，本国在世界舞台上所处的经济和政治地位，本国的经济发展战略和本国产品在世界市场上的竞争能力以及本国的资源、产业结构等情况制定的在一个较长时期内实行的对外贸易基本政策。

（二）对外贸易国别（或地区）政策

对外贸易国别（或地区）政策是根据对外贸易总政策及世界经济政治形势，本国与不同国别（或地区）的经济政治关系分别制定的适应特定国家（或地区）的对外贸易政策。

（三）对外贸易具体政策

对外贸易具体政策（进出口商品政策）是在对外贸易总政策的基础上，根据不同产业的发展需要，不同商品在国内外的需求和供应情况以及在世界市场上的竞争能力，分别制定的适用于不同产业或不同类别商品的对外贸易政策。

对外贸易政策的制定一般反映本国统治阶级的利益和意志。在资本主义国家，占统治地位的资产阶级内部一般存在着若干不同的利益集团。在一定时期，某集团在政治上占上风，则该国的对外贸易政策就反映这个集团的利益和意志，主要为这个集团服务。因此，资本主义国家的不同利益集团之间常在对外贸易政策的制定上发生争吵。

一个国家对外贸易政策的制定一般是由该国的立法机构进行。在资本主义国家是由其议会直接通过贸易法案，或由议会授权总统或政府制定、颁布有关的法令或规章，如确定进出口商品关税的提高或降低、进出口商品的限额、是否实行许可证制、制定商品检验规章以及与外国签订贸易协定等。

在制定对外贸易政策以前，立法机构一般要征询各大企业集团的意见。大企业主也必然通过各种方式，包括通过其组织——企业主协会或商会向立法机构提出建议，施加影响。

在对外贸易政策的执行和贯彻方面，国家一般设立一系列专门机构，按照对外贸易政策的规定对进出口商品进行管理。如设立外贸部或商业部作为对外贸易的行政管理机构；在对外开放口岸设立海关作为进出口商品的通道，对商品进行监督查验、征收关税、查禁走私；设立进出口银行，从金融上支持商品的进出口，发放出口信贷，办理国际支付结算；设立商品检验局和卫生检疫机构，对进出口商品的质量、卫生和技术标准等方面进行把关。

四、对外贸易政策的类型

从国际贸易的历史进行考察，以国家对外贸的干预与否为标准，可以把对外贸易政策归纳为三种基本类型：自由贸易政策、保护贸易政策和管理贸易政策。

(一) 自由贸易政策

自由贸易政策是指国家对商品进出口不加干预。对进口商品不加限制，不设障碍；对出口商品也不给予特权和优惠，放任自由，使商品在国内外市场上自由竞争。自由贸易政策产生的历史背景是资本主义自由竞争时期(18 世纪至 19 世纪)，主要在英国、荷兰等首先进入资本主义，在经济上和竞争上居优势的国家实行，其主要代表人物是英国的古典经济学家亚当·斯密和大卫·李嘉图。

(二) 保护贸易政策

保护贸易政策是指国家对商品进出口积极加以干预，利用各种措施限制商品进口，保护国内市场和国内商品，使之免与国外商品竞争；对本国出口商品给予优待和补贴，鼓励扩大出口。保护贸易政策在不同的历史阶段，由于其所保护的对象、目的和手段不同，可以分为重商主义、保护幼稚工业论、超保护贸易政策、新贸易保护主义。

(三) 管理贸易政策

管理贸易政策，又称协调贸易政策，是指国家对内制定一系列的贸易政策、法规，加强对外贸易的管理，实现一国对外贸易的有序、健康的发展；对外通过谈判签订双边、区域及多边贸易条约或协定，协调与其他贸易伙伴在经济贸易方面的权利与义务。管理贸易政策是 20 世纪 80 年代以来，在国际经济联系日益加强且新贸易保护主义重新抬头的双重背景下逐步形成的。在这种背景下，为了既保护本国市场，又不伤害国际贸易秩序，保证世界经济的正常发展，各国政府纷纷加强了对外贸易的管理和协调，从而逐步形成了管理贸易政策。管理贸易是介于自由贸易和保护贸易之间的一种对外贸易政策，是一种协调和管理兼顾的国际贸易体制，是各国对外贸易政策发展的方向。

五、对外贸易政策的演变

(1) 20 世纪 50 年代到 70 年代，发达市场经济国家在美国主导下创建了《1947 年关税与贸易总协定》，推动了贸易自由化。

(2) 20 世纪 70 年代以后，发达国家出现了新贸易保护主义和战略贸易政策，抑制了贸易自由化的进程。发展中国家逐渐从保护幼稚工业的贸易政策转向接受贸易自由化。社会主义国家从 20 世纪 80 年代以前的国家高度垄断的贸易保护主义转向开放型的贸易政策和自由贸易政策。整体而言，贸易自由化是贸易政策的主流，而在经济发展不平衡和产业竞争力变化的情况下，会不时出现新贸易保护主义干扰贸易自由化。

六、对外贸易政策的制定与执行

(一) 制定对外贸易政策时考虑的因素

(1) 本国经济结构与比较优势；

(2) 本国产品在国际市场上的竞争能力；

(3) 本国与别国在经济和投资方面的合作情况；

(4) 本国国内物价和就业状况；

(5) 本国与别国的政治关系；

(6) 本国在世界经济、贸易组织中享有的权利与承担的义务；

(7) 各国政府领导人的经济思想与信奉的贸易理论；

(8) 政治和社会因素(多数选民的支持程度、利益密切社会阶层的集体行动和有效的游说、竞选贡献)。

(二) 对外贸易政策的执行方式

(1) 通过海关对进出口贸易进行管理；

(2) 国家广泛设立各种机构，负责促进出口和管理进口；

(3) 政府出面参与各种国际经济贸易组织，进行国际经济贸易等方面的协调工作。

七、对外贸易政策的影响因素

不同的对外贸易政策类型实际上是对对外贸易政策演变历史的总结。不同的对外贸易政策在各国经济发展的过程中曾有着不同的作用；同一国家在不同的历史阶段选择了不同的对外贸易政策。一个国家在一定时期采取何种对外贸易政策主要取决于以下因素。

(一) 国家经济发展水平及其在世界市场上的地位和力量对比

这包含两个方面的含义：一方面是指一个国家在经济发展的不同阶段，其国内的生产力水平和发展目标不同，制约着对外贸易政策。一般来说，处于工业经济发展初期的国家采取保护贸易政策；而处于工业经济发达阶段的国家采取自由贸易政策。另一方面是指一个国家在世界市场上的地位和力量对比制约着对外贸易政策。一般来说，处于劣势地位，商品竞争力弱的国家，采取保护贸易政策；而处于优势地位，商品竞争力强的国家，采取自由贸易政策。上述两个方面互有联系，但不完全一致。第一方面仅从自身发展所处的阶段考虑，第二方面强调的是国与国之间的实力对比。由于经济发展不平衡规律的作用，各国的对外贸易政策会随着各国的经济实力及地位和力量对比的变化而调整。20 世纪 70 年代，美国虽然处于经济发达阶段，且仍为世界头号经济强国，但由于面临日本和欧共体国家的强有力的竞争，转向保护贸易政策就是证明。

（二）国内经济状况和经济政策

从资本主义经济发展的规律来看，资本主义国家的经济发展总是呈周期性变化，波浪式前进的。资本主义经济发展的周期性变化，即在不同阶段，其国内经济状况不同，总经济政策不同，必然引起对外贸易政策的调整。一般来说，在资本主义经济发展的繁荣阶段，各国经济普遍高涨，如 19 世纪中叶和 20 世纪中叶，贸易自由化倾向就占上风；在资本主义经济发展的萧条阶段，如 20 世纪 30 年代和 20 世纪 70 年代，贸易保护主义倾向就会抬头和加强。

（三）统治集团内部的矛盾和斗争

一个国家的对外贸易政策是代表统治阶级中占上风的利益集团的利益的。因此，统治集团内部的矛盾和斗争也会带来对外贸易政策的变化。一般说来，商品市场主要在国外的资产阶级利益集团主张贸易自由化；相反，商品市场主要在国内，并面对进口商品激烈竞争的资产阶级利益集团则主张限制进口，采取保护贸易政策。

八、对外贸易政策的实施措施

各国的对外贸易政策是通过实施具体的措施实现的。这些具体措施主要包括关税措施、非关税措施、出口管理措施等。

（一）关税措施

关税(customs duties)是进出口商品经过一国关境时，由海关对进出口商品所征收的一种税。关境是一国征收关税的领域。关税的纳税人虽然是进出口企业，但是企业可用增加商品价格的方法，将关税负担转嫁到消费者身上，可以说消费者是关税的直接承担者。

（二）非关税措施

非关税措施是指关税以外的一切限制进口的措施。

（三）出口管理措施

出口管理措施主要有出口信贷、出口信贷国家担保制、出口补贴、商品倾销、外汇倾销等。

(1) 出口信贷是一个国家为了鼓励出口，增强商品的竞争能力，通过本国银行对本国出口商(卖方)及国外进口商或进口方银行(买方)提供的有优惠利率的贷款。

(2) 出口信贷国家担保制是国家为了扩大出口，对于本国出口商和商业银行向国外进口商或银行提供的信贷，由国家设立专门机构出面担保，当国外债务人拒绝付款时，该机构就按照承保金额给予补偿。通常保险公司不承保的出口项目都可向担保机构投保。出口风险一般分为政治风险和经济风险，前者的承保金额一般为合同金额的 85%～95%，后者一般为合同金额的 70%～80%。

(3) 出口补贴(出口津贴)是一国政府为了降低出口商品的价格，加强其在国外市场的竞争力，在出口某种商品时给予出口厂商的现金补贴或财政上的优惠待遇。需要指出的是，有些补贴会造成市场扭曲，属于不公平贸易行为，应根据有关承诺禁止使用。

出口退税可以降低出口商品的成本和价格，是国际贸易中常用的鼓励出口的措施，它不属于不公平贸易行为。出口退税就是在商品出口时，国家将其在国内生产流转过程中被征收的所有税款全部退还给出口商，使商品能够零税率出口。中国正在逐步提高出口退税税率。

(4) 商品倾销是指出口厂商以低于国内市场价格甚至低于成本的价格，在国外市场上大量抛售商品的行为。

(5) 外汇倾销是指利用本国货币对外贬值的机会扩大出口。

本国货币贬值，则用外币表示的本国出口商品的价格就会降低，本国出口商品竞争力提高，有利于扩大出口。同时，用本国货币表示的进口商品的价格增加，进口商品竞争力下降，有利于限制进口。但外汇倾销是有条件的：货币贬值的程度大于国内物价上涨的程度；他国不同时实行同等程度的货币贬值或采取其他报复措施。

(6) 鼓励出口的其他措施：政府利用国家财政经费举办出口商品展销会，邀请外国贸易代表团来访和组织本国贸易代表团出访，以促进商品出口；发布各种出口奖励政策；设置促进出口的行政机构，建立各类为出口厂商服务的信息网络；成立经济特区，鼓励开展出口加工贸易和转口贸易，促进对外贸易的发展。

(四) 出口管制措施

国家对有些商品的出口是实行管制的，出口管制的商品包括：

(1) 战略物资及先进技术资料。

(2) 国内生产所需的短缺的原材料、半成品及国内市场供应不足的某些必需品。

(3) 需要“自动”限制出口的商品。

(4) 实行出口许可证制的商品。

(5) 为了实行经济制裁而对某国或某地区限制甚至禁止出口的商品。

(6) 重要的文物、艺术品、黄金、白银等。

第五节 知识产权

一、知识产权的概念及范围

知识产权是指公民或法人对其在科学、技术、文化、艺术等领域的发明、成果和作品依法享有的专有权，也就是人们对自己通过脑力活动创造出来的智力成果所依法享有的权利。

一般来说，知识产权范围的划分有两种，即广义的知识产权和狭义的知识产权。广义的知识产权包括一切人类智力创作的成果，也就是《建立世界知识产权组织公约》中所划分的范围。该公约第二条第八款规定，知识产权包括有关下列项目的权利：文学、艺术及科学作品；表演艺术家的演出以及唱片和广播节目；人类一切活动领域内的发明；科学发现；工业品外观设计；商标、服务标记以及商业名称和标志；制止不正当竞争；以及在工业、科学、文学或艺术领域的智力创造活动中所产生的权利。狭义的知识产权，也称传统的知识产权，包括工业产权和著作权两大部分。工业产权包括专利权、商标权、禁止不正当竞争权等，著作权包括作者权和传播权等。

世界各国对工业产权的理解存在不同程度的差异，但比较一致的意见是：传统知识产权主要包括专利权、商标权与版权。

二、知识产权的特点

知识产权与一般意义上的财产权不同，其主要特点包括以下几点。

(一) 知识产权的无形性

知识产权的无形性是相对有形财产权而言的，这就决定了知识产权贸易只有使用权的转移，而没有所有权的转移。

(二) 知识产权的专有性

知识产权的专有性是指知识产权的独占性和排他性。知识产权只能归权利人所有，其他非权利人若想使用，必须经权利人同意。

(三) 知识产权的地域性

知识产权的确认与保护是依照某个国家的法律进行，所以它只在特定的区域内受到保护。

(四) 知识产权的时间性

知识产权仅在一个法定的期限内受到保护，超过此期限，任何人都可以任何方式使用而不会涉及侵权问题。

(五) 知识产权的可复制性

知识产权作为无形财产，必须通过一定的有形载体表现出来，这就决定了知识产权可以被复制。

三、《与贸易有关的知识产权协定》(简称《知识产权协定》)的产生背景

(一)《知识产权协定》产生的原因

1. 知识产权在国际贸易中的地位日益突出

随着科技发展和经济全球化的进一步加速，各国之间知识产权保护标准的巨大差异给国际贸易的发展带来严重的不利影响。造成该问题的主要原因有三点：

首先，科研与技术在工业生产中的地位日益突出。发达国家的出口产品成本中高科技和创新投入比重越来越大。发达国家主张将知识产权纳入关贸总协定的谈判中，使其在出口产品时，专利权受到东道国的保护，以便补偿研究和开发费用。

其次，发达国家通过许可或合资方式在发展中国家生产其专利产品的机会增多，而这种机会在很大程度上取决于东道国的知识产权机制。

最后，伴随国际贸易产品的技术改进而出现的技术进步使复制和仿制变得简单而经济。因此，在知识产权保护制度不完善的国家里，冒牌与盗版现象猖獗，这极大地损害了正当权利人的利益。

所以，越来越多的国家认识到，加强知识产权的保护对促进经济发展意义重大，《知识产权协定》就是在这一背景下产生的。

2.《知识产权协定》产生前国际知识产权公约的局限性

在“乌拉圭回合”谈判之前，已经有一些保护知识产权的国际公约，但这些国际公约都或多或少地存在一些不足，不能有效实现保护知识产权的目的。例如没有专门保护商业秘密的国际

公约;没有规定专利的最低保护期限;已有公约对假冒商品的处理力度不够;计算机软件和录音制品缺乏国际保护;缺乏一个有效的争端解决机制来处理与贸易有关的知识产权问题。

针对以往国际公约的不足,发达国家认为应当制定一项新的国际公约以解决这些问题。《知识产权协定》就是在参考和吸收前述公约的基础上,进行了有效的补充和修改后,成为世界范围内知识产权保护领域内涉及面广、保护水平高、保护力度大、制约力强的一项国际公约。

3.《知识产权协定》与美国“301 条款”

《知识产权协定》的产生与美国在谈判中的推动密不可分。20 世纪 70 年代初期,美国连年出现贸易逆差,美国政府认为这是由于美国的知识产权在世界范围内没有得到有效的保护,高技术的优势得不到发挥。于是,美国在《1974 年贸易法》中设立了“301 条款”,全称为“实施美国依贸易协定所享有的权利和回应外国政府的某些贸易作法”。根据“301 条款”,若外国政府不遵守其与美国政府签订的贸易协定或采取其他不公平的贸易作法,损害美国的贸易利益,美国政府可以采取强制性的报复措施。美国的“301 条款”包括三部分,即“一般 301 条款”“特别 301 条款”和“超级 301 条款”,其中“特别 301 条款”就是针对知识产权而制定的。

世贸组织的《知识产权协定》基本上是仿照美国的“特别 301 条款”制定的,可以说,它是将美国“特别 301 条款”国际化、扩大化和系统化的版本。

(二)有关《知识产权协定》的谈判

《1947 年关税与贸易总协定》规定,有关国民待遇、最惠国待遇、透明度等条款适用于对知识产权的保护,但直接涉及知识产权的条款和内容很有限。“东京回合”期间,美国曾就假冒商品贸易问题提出一个守则草案,但没有达成协议。

1986 年“乌拉圭回合”谈判之初,以美国、瑞士等为代表的发达国家,主张将知识产权列入多边谈判的议题。美国甚至提出,如果不将知识产权作为新议题,将拒绝参加关贸总协定的第八轮谈判。发达国家还主张制定所有知识产权的保护标准,并且必须纳入争端解决机制。以印度、巴西、埃及、阿根廷、南斯拉夫为代表的发展中国家则认为,保护知识产权是世界知识产权组织的任务,应把制止假冒商品贸易与广泛的知识产权保护区别开来。他们担心引入跨领域的报复机制会对合法贸易构成障碍;强化知识产权保护会助长跨国公司的垄断,特别是形成对药品和食品价格的控制会对公众福利产生不利影响。该轮谈判开始后,在关贸总协定总干事邓克尔的主持下,10 个发展中国家和 10 个发达国家组成的谈判组专门对此问题进行了谈判、协商。

1991 年,关贸总协定总干事邓克尔提出了“乌拉圭回合”最终文本草案的框架,其中《与贸易(包括假冒商品贸易在内)有关的知识产权协定》基本获得通过。由于该协定必然是包括假冒商品贸易问题的,因此该协定最后的标题中没有出现“假冒商品贸易”的字样。

《与贸易有关的知识产权协定》是建立在发达国家知识产权保护水平基础上的。相对于发展中国家的经济发展水平而言,该协定所规定的知识产权保护标准和要求是相当苛刻的,接受《与贸易有关的知识产权协定》是发展中国家在“乌拉圭回合”中所做出的主要让步之一。发展中国家接受《与贸易有关的知识产权协定》的主要原因是:

第一,“乌拉圭回合”一揽子协议包括了发展中国家所希望得到的一些好处,如《纺织品与服装协议》强化的争端解决机制等,因而接受《与贸易有关的知识产权协定》实际上是一种交换。

第二,许多发展中国家从 20 世纪 80 年代开始大量引进外资,需要对知识产权加强保护。

第三,发达国家同意给发展中国家一定的过渡期,以实施《与贸易有关的知识产权协定》。

第四，发展中国家还担心如果不接受《与贸易有关的知识产权协定》，美国国会将不会批准一揽子协议。

四、知识产权的国际保护

对知识产权进行国际保护是知识和技术交流日趋国际化的客观需要。1883 年制定的《保护工业产权巴黎公约》是知识产权国际保护的开端。1967 年《成立世界知识产权组织公约》在瑞典斯德哥尔摩签订。世界知识产权组织于 1970 年 4 月成立，在 1974 年成为联合国的一个专门机构，主管工业产权、著作权及商标注册的国际合作。现行的知识产权国际公约主要有：《保护工业产权巴黎公约》（简称《巴黎公约》）、《专利合作公约》《商标国际注册马德里协定》（简称《马德里协定》）、《保护文学艺术作品伯尔尼公约》（简称《伯尔尼公约》）、《保护表演者、录音制品制作者与广播组织公约》（简称《罗马公约》）和《集成电路知识产权条约》等。

随着国际贸易的不断发展，通过转让技术、专利、商标的使用权及版权许可，具有知识产权的产品在国际贸易中所占的比重越来越大。但由于各国对知识产权的保护水平不一致，法律法规不协调，假冒商品、盗版书籍和盗版电影等侵犯知识产权的现象时有发生，因此，加强与贸易有关的知识产权保护势在必行。

本章小结

本章作为《跨境电商基础与实务》课程的第一部分，介绍了国际贸易的概念、分类、基本理论和统计指标等。

第一节主要介绍了国际贸易的概念和分类。国际贸易是指在不同国家或地区之间，进行商品和服务的交换活动。国际贸易是各国之间分工的表现，反映了世界各国之间在经济上的相互共存。按照不同的分类标准，国际贸易可以分为对外贸易、国际贸易、有形贸易、无形贸易、一般贸易、加工贸易、总贸易、专门贸易、出口贸易、进口贸易、过境贸易、直接贸易、间接贸易、转口贸易等。

第二节主要介绍了国际贸易的基本理论：古典贸易理论、新古典贸易理论、新贸易理论、新兴古典贸易理论。

第三节主要介绍了国际贸易的统计指标：贸易额与贸易量、贸易差额、国际贸易条件、贸易的商品结构、贸易的地理方向、对外贸易依存度。

第四节主要介绍了对外贸易政策的含义、性质、目的、构成、类型、演变、制定与执行、影响因素和实施措施。

第五节主要介绍了知识产权的概念及范围、特点，《与贸易有关的知识产权协定》的产生背景和知识产权的国际保护。

本章练习题

一、单项选择题

1. 一国的国际贸易收支状况用（　　）来表明。

A. 服务贸易　　B. 贸易顺差　　C. 贸易差额　　D. 有形贸易

2. 某国某年的出口额为 270 亿美元，进口额为 120 亿美元，则该国该年的贸易差额为（　　）。

A. 净出口 150 亿美元　　B. 贸易顺差 150 亿美元

C. 贸易逆差 150 亿美元　　D. 入超 150 亿美元

3. 能够比较确切地反映一国对外贸易的实际规模，便于各个时期进行比较的是（　　）指标。

A. 对外贸易地理方向　　B. 对外贸易额

C. 对外贸易商品结构　　D. 对外贸易量

4. 以货物通过国境为标准统计的进出口标准称为（　　）。

A. 有形贸易　　B. 无形贸易　　C. 总贸易体系　　D. 专门贸易体系

5. 转口贸易又称（　　）。

A. 间接贸易　　B. 进口贸易　　C. 出口贸易　　D. 对外贸易

6. 当一定时期内一国进口总额超过出口总额时，称为（　　）。

A. 贸易顺差　　B. 贸易逆差　　C. 贸易失衡　　D. 贸易平衡

7. 下面剔除了价格变动的影响，单纯反映对外贸易实际规模的是（　　）。

A. 对外贸易量　　B. 对外贸易额　　C. 进出口总额　　D. 货物贸易额

8. 以货物通过海关结关作为统计进出口的标准，称为（　　）。

A. 总贸易体系　　B. 专门贸易体系　　C. 转口贸易体系　　D. 对外贸易体系

9. 贸易顺差是指（　　）。

A. 出口总额大于进口总额　　B. 进口总额大于出口总额

C. 国际收支为正　　D. 国际收支为负

10. 我国内地纺织品出口经中国香港商人之手转卖到非洲，对于中国香港商人来讲，这种国际贸易形式称为（　　）。

A. 直接贸易　　B. 间接贸易　　C. 转口贸易　　D. 服务贸易

11. 某国的国内生产总值为 1000 亿美元，商品进口值为 120 亿美元，出口值为 80 亿美元，则该国对外贸易依存度为（　　）。

A. 12%　　B. 11%　　C. 20%　　D. 8%

12. 对外贸易依存度反映的是（　　）。

A. 一国国民经济对进出口贸易的依赖程度　　B. 一国国民经济对出口贸易的依赖程度

C. 一国国民经济对进口贸易的依赖程度　　D. 一国对外贸易对国民经济的依赖程度

二、判断题

1. 总贸易体系和专门贸易体系都是以国境为标准统计进出口货物。（　　）

2. 当出口总值大于进口总值时，出现贸易盈余，称贸易顺差或者是净出口。（　　）

3. 货物的生产国与货物的消费国通过第三国进行货物买卖的行为，对于生产国和消费国来讲，称为间接贸易。（　　）

4. 国际贸易额是以货币表示的，而国际贸易量是以数量表示的。（　　）

5. 对外贸易量剔除了价格变动的因素。（　　）

6. 生产国与货物消费国通过第三国进行的贸易，对第三国来说是转口贸易。（　　）

第二章

国际贸易实务基础知识

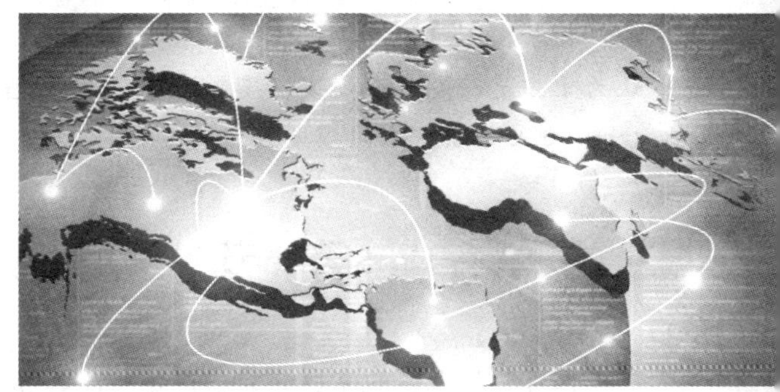

KUAJING DIANSHANG
JICHU YU SHIWU

学习目标

- 熟悉国际贸易业务的基本流程
- 熟悉国际贸易法律、条约和惯例
- 掌握国际贸易术语
- 掌握国际贸易支付工具和方式
- 掌握国际货物运输与保险

案例导入

2017 年 6 月，澳大利亚 A 公司应中国 B 公司的请求，报出铁矿石初级产品 2000 吨，每吨 500 美元，即期装运的实盘。中方接到澳方报盘后，未作还盘，而是一再请求澳方增加数量，降低价格，并延长有效期。澳方将数量增加到 3500 吨，每吨价格为 CIF 上海 480 美元，有效期经三次延长，最后延长至 9 月 25 日，中方公司于 9 月 20 日去电表示接受该盘。

澳方接到该电报时，得知国际市场铁矿石价格上扬，因此决定拒绝成交，于是向中方发电称："由于国际市场铁矿石价格发生变化，货物已于接到你方电报时售出。"中方对此拒绝接受，认为中方是在发盘有效期内接受了澳方发盘，坚持要求按发盘的条件执行合同，澳方如不执行合同，则要赔偿中方的损失。

第一节　国际贸易业务的基本流程

国际贸易业务的流程分为出口贸易流程和进口贸易流程，出口贸易和进口贸易都需要经过交易前准备、交易磋商与签订合同、履行合同这三个步骤。

一、出口贸易流程

（一）出口交易前的准备

（1）国际商务信息的收集与整理；

（2）对国际市场的调查研究；

（3）落实出口货源；

（4）出口商品经营方案的制订；

（5）建立业务关系；

（6）经贸洽谈人员的选派与洽谈内容的确定；

（7）出口商品的广告宣传；

（8）出口商品的商标注册与企业域名注册。

（二）交易磋商与签订合同

交易磋商与签订合同包括询盘、发盘、还盘和接受四个过程。其中发盘和接受是达成交易、合同成立不可缺少的两个基本环节和必经的法律步骤。在交易磋商的过程中，一方发盘经另一方接受以后，交易即可成立，买卖双方就构成了合同关系，接下来就是签订书面合同。

(三) 履行出口合同的一般程序

(1) 申请领取出口许可证(外经贸机构批准);

(2) 申请原产地证书(贸促会批准);

(3) 接受法定检验或委托鉴定,取得检验报告或鉴定证书(商检提供);

(4) 催证、审证、改证;

(5) 制作各类单据(如汇票、发票等);

(6) 办理托运手续;

(7) 投保;

(8) 报关,缴纳关税;

(9) 装运,换取提单;

(10) 缮制单据,缮制单据后提交至银行,接下来就是审单复单—结汇—退税—合同归档。

二、进口贸易流程

(一) 进口交易前的准备

(1) 对国内外市场的调查研究,包括商品价格变化趋势和供应商资信;

(2) 进口成本核算;

(3) 进口货物许可证的申领;

(4) 进口用汇;

(5) 委托代理进口;

(6) 选择交易商品和对象。

(二) 交易磋商与签订合同

询盘、发盘、还盘、接受,签订外贸合同。

(三) 履行进口合同的一般程序

(1) 信用证的开立和修改;

(2) 委托装运;

(3) 装运前验货;

(4) 索要商检证书;

(5) 运输和保险;

(6) 审单和付款;

(7) 进口报关纳税;

(8) 进口商品检验;

(9) 提货。

第二节　国际贸易法律、条约和惯例的适用

国际贸易按照交易内容可以分为货物贸易、服务贸易和技术贸易。目前货物贸易在世界贸

易中的比重较大,并且货物贸易作为有形贸易是通过各国海关结关的,对贸易数据的统计比较清晰。因此,本书在介绍国际贸易各项流程时以货物贸易为主。

一、国际货物买卖适用的法律

(一)国际货物买卖适用法律的特点

(1) 调整国际货物买卖的主要法律是合同法,合同法最重要的特点是契约自由。这意味着参与国际贸易的当事人可以选择适用的公约、国内法或国际惯例。只有在进口方和出口方没有在合同中进行约定的情况下,法院或者仲裁机构才会按照合同最密切联系原则确定合同适用的法律,即当事人约定优先。例如,《中华人民共和国合同法》(以下简称《合同法》)规定,涉外合同的当事人可以约定处理争议所适用的法律(法律另有规定的除外),涉外合同当事人没有约定的,适用与合同联系最密切的国家的法律。

(2) 当事人选择的适用法律一般应是实体法,而不包括国际私法规则,以避免产生适用法律的不确定性,违反当事人的意思表示。中华人民共和国最高人民法院曾明确指出涉外经济合同中处理争议所适用的法律是实体法,而不包括程序法。1985 年 11 月在海牙国际私法会议上正式通过了《国际货物销售合同适用法律公约》。该公约所指的适用法律是某一国家的现行实体法,不包括该国的国际私法规则。该公约规定了适用法的确定原则。

(3) 合同当事人选择的用于处理合同争议所适用的规范可以是国际公约、某一国内法,也可以是国际惯例。

(二)各国关于货物买卖的立法概况

(1) 在普通法系国家,既有立法机关制定的成文的货物买卖法,又有法院以判例形式确立的判例法。判例法往往比成文法具有更强的适用性,成文法的实施需借助于判例法的解释。

(2) 在大陆法系国家,情况又有不同。由于历史原因,有的国家采取民商合一的方式,不存在单独调整买卖合同的法律,而统一适用民法典总则,如意大利;有的国家采取民商分立的方式,有单独的商法调整商事交易,包括货物买卖,如法国。

(3) 中国没有单独的买卖合同法,买卖合同适用《合同法》的规定。除《合同法》总则适用于买卖合同外,在分则中有一章对买卖合同作了规定,统一适用于国内买卖合同和国际买卖合同。

二、调整货物买卖的国际公约

为了适应国际贸易发展的需要,联合国及相关机构制定了很多关于调整货物买卖的国际公约,其中有代表性的包括:国际统一私法协会制定的关于《国际货物销售的统一法公约》(ULIS),《国际货物销售合同成立的统一法公约》(ULF),联合国国际贸易法委员会主持制定的《联合国国际货物销售合同公约》(CISG)。

(一)《国际货物销售的统一法公约》

《国际货物销售的统一法公约》(ULIS)主要规定了合同双方的基本义务,如货物的交付、货物与合同规定相符、价款的支付、不履行的免责、违约救济和损失风险等。该公约于 1972 年 8 月 18 日生效,参加或批准该公约的国家有 9 个,但是,意大利、德国、荷兰、比利时、卢森堡 5 国相继退出了该公约,实际上只剩下英国、圣马力诺、以色列、冈比亚 4 国。

ULF 于 1972 年 8 月生效,主要规定了要约和承诺、要约的撤销、反要约等有关问题,批准或参加国与 ULIS 相同。

(二)《联合国国际货物买卖时效公约》

《联合国国际货物买卖时效公约》于 1974 年在纽约联合国总部召开的外交会议上通过，1980 年根据《联合国国际货物销售合同公约》通过了《关于修正〈联合国国际货物买卖时效期限公约〉的议定书》。截至 2004 年 8 月，前者有成员国 25 个，后者有成员国 18 个。该公约对其适用范围、时效期限的期间和起始、时效期限的停止和延长、当事人对时效期限的变更、时效期限的一般限制、时效期限届满的后果以及时效期限的计算等作了规定。

该公约规定时效期间一般自请求权产生之日起计算，由于违约而引起的请求权在违约行为发生之日产生，由于货物有瑕疵或不符合合同规定而引起的请求权在货物实际交付买方或买方拒绝接受之日产生，基于欺诈行为而引起的请求权在该项欺诈被发现或理应被发现之日产生。无论时效期限如何停止和延长，都应自起算之日起 10 年内届满。时效期限届满后的请求权在任何法律程序中均不予承认或执行。

(三)《国际货物销售代理公约》

《国际货物销售代理公约》(CAISG)于 1983 年在日内瓦召开的外交会议上通过。该公约适用于调整代理中的外部关系，即代理人或本人与第三人的关系；代理中的内部关系留给国内法调整。无论代理人以他自己的名义或以被代理人本人的名义实施行为，该公约都适用。

该公约还规定了代理权的设定和范围、代理人实施的行为的法律效力、代理权限的终止。该公约需 10 个国家批准或加入方能生效。

三、国际贸易惯例

国际贸易惯例是指在国际贸易的长期实践中，在某一地区或某一行业逐渐形成的为该地区或该行业所普遍认可、适用的商业做法或贸易习惯，可以作为确立当事人权利、义务的规则，对适用的当事人有约束力。

国际贸易惯例具有可选择性、变更性，当事人选择适用的国际贸易惯例，其适用的部分即对当事人产生约束力，并按该惯例通常的含义进行解释。

国际贸易中的国际惯例很多，涉及不同方面。例如，在贸易术语方面，有国际商会制定的《国际贸易术语解释通则》、国际法协会制定的《1932 年华沙—牛津规则》和《1941 年美国对外贸易定义修订本》；在结算方面，有《托收统一规则》《跟单信用证统一惯例》；在国际货物运输方面，有国际上使用广泛的提单文本、租船合同；在保险方面，有保险协会的保险条款。

四、当事人约定与法律、惯例的关系

在合同法以及国际货物买卖方面，世界各国都承认应该尊重当事人的约定。

一般来说，只有在当事人约定采用某公约、国内法或惯例，当事人约定的事项不明确或没有约定时，才适用该公约、国内法或惯例的规定。

如果当事人在同一事项上同时选择了多种标准，那么国内法或公约的效力并不比惯例的效力优先，国内法的效力也并不比公约的效力优先，惯例、公约和国内法的效力是依次递减的。

在公约和国内法的关系上，各国的规定并不一致。但在商事合同方面，一般都承认公约的优先效力。

《中华人民共和国民法通则》规定，中国缔结或者参加的国际条约与中华人民共和国的民事法律有不同规定的，适用国际条约的规定，但中华人民共和国声明保留的条款除外。

第三节 国际贸易术语及相关国际惯例

国际货物贸易是在不同国家间进行的，货物的运输距离长，贸易过程要经过多道关卡，办理多道手续，涉及多方面的工作。因此，买卖双方在履约时存在很多需要解决的问题，例如：

- 卖方在什么地方完成交货义务，以什么方式将指定货物交给买方？
- 买卖双方由谁负责办理租船订舱及支付运费？
- 买卖双方由谁负责办理货物运输保险并支付保险费？
- 货物在运输途中发生损失或灭失的风险由谁承担？
- 买卖双方在交易过程中需要提供哪些相关单据？

交易双方需要就各项交易条件进行磋商并达成一致，最后通过订立书面合同来明确各自的责任和义务。如果双方就上述问题一一进行磋商，必然耗时费力，不利于交易的达成。贸易术语正是为了解决这些问题，在长期的贸易实践中逐渐产生和发展起来的。

一、贸易术语的含义

贸易术语（trade terms）又称贸易条件、价格术语（price terms），是在长期贸易实践中形成的，以英文缩写表示商品价格的构成，说明交货地点，确定买卖双方的责任、费用、风险划分等问题的专门术语。贸易术语一旦确定下来，双方在贸易合同中的权利和义务也就确定下来了。

买卖双方在磋商中使用贸易术语，既可以节省交易磋商的时间和费用，又可以简化交易磋商的内容。利用贸易术语有利于交易的达成和贸易的发展。

二、贸易术语的作用

国际贸易术语的作用主要包括以下几个方面。

（一）有利于买卖双方核算价格和成本

由于贸易术语表明了价格的构成因素（如运费、保险费、装卸费、关税等其他费用），明确了买卖双方各自负担的有关费用，所以有利于买卖双方进行比价和加强成本核算。

（二）简化磋商内容，节省业务费用

每一种贸易术语都有其特定的含义，买卖双方按照何种贸易术语成交，即可明确彼此在交接货物方面所应承担的责任、费用和风险。这就简化了交易手续，缩短了交易磋商的时间，有利于买卖双方迅速达成交易和订立合同，为国际贸易的进行提供了便利，促进了国际贸易的顺利进行。

（三）有利于解决合同履约过程中的争议

利用国际贸易术语可以解释或补充合同条款的不足。买卖双方在商定合同时，如对合同条款考虑欠周全，使某些事项不明确或不完备，致使履约当中产生的争议不能依据合同的规定解决，在此情况下，就可以援引有关贸易术语的惯例来处理。

三、有关贸易术语的国际惯例

早在1812年，在国际贸易中已开始使用贸易术语。最初，各国对贸易术语并无统一的解释，后来，某些国际组织及商业团体为了消除贸易术语的不同解释和做法而引起的误解和争议，对贸易术语做出了统一的解释，订立了一些规则。这些解释和规则为较多国家的法律界和工商界承认和运用，并在国际上被广泛采用，成为一般的国际贸易惯例。

目前在国际上有较大影响的有关贸易术语的惯例有四种。

(一)《1932年华沙—牛津规则》

《1932年华沙—牛津规则》是国际法协会专门为解释CIF合同而制定的。这一规则对CIF的性质、买卖双方所承担的风险、责任和费用的划分以及所有权转移的方式等问题都做了比较详细的解释。该规则的使用前提是必须在买卖合同中明确表示采用此规则。

根据《1932年华沙—牛津规则》，CIF合同买卖双方的主要任务是：在正当的单据被提交时，卖方必须接受单据，并按买卖合同的规定支付价款。买方有权享有检查单据的合理机会和做该项检查的合理时间。在正当的单据被提交时，卖方无权以没有机会检验货物为借口拒绝接受单据，或拒绝按照买卖合同的规定支付价款。虽然这一规则现在仍得到国际上的承认，但实际上已很少被使用。

(二)《1941年美国对外贸易定义修正本》

1919年美国九大商业团体共同制定了《美国出口报价及其缩写条例》，随后得到了世界各国买卖双方的广泛承认和使用。后因贸易习惯发生了很多变化，在1940年举行的美国第27届全国对外贸易会议上对其作了修订，并于1941年7月31日经美国商会、美国进口商协会和美国全国对外贸易协会所组成的联合委员会通过，定名为《1941年美国对外贸易定义修正本》，该修正本于同年为美国商会、美国全国进口商协会和美国全国对外贸易协会所采用，并由全国对外贸易协会发行。该修正本对以下6种贸易术语做了解释。

1. Ex(port of origin)原产地交货

按照Ex术语，所报价格仅适用于原产地交货，卖方同意在规定的日期或期限内在双方商定的地点将货物置于买方控制之下。

2. FOB(Free On Board)在运输工具上交货

FOB术语可分为六种解释：

(1) 在指定内陆发货地点的指定内陆运输工具上交货；

(2) 在指定内陆发货地点的指定内陆运输工具上交货，运费预付到指定的出口地点；

(3) 在指定内陆发货地点的指定内陆运输工具上交货，扣除至指定地点的运费；

(4) 在指定出口地点的指定内陆运输工具上交货；

(5) 船上交货(指定装运港)；

(6) 在指定进口国内陆地点交货。

3. FAS(Free Along Side)在运输工具旁交货

卖方所报价格包括将货物交到各种运输工具旁边，如果在FAS后面加上Vessel字样，则表示船边交货。

4. C&F(Cost and Freight)成本加运费

卖方所报价格包括将货物运到指定目的地的运输费用。

5. CIF(Cost, Insurance and Freight)成本加保险费、运费

卖方除了必须承担C&F术语下的所有责任外，还必须办理海运保险并支付费用，以及提供保险单或可转让的保险凭证。

6. Ex Dock(Port of Importation)目的港码头交货

卖方所报价格包括货物的成本和将货物运到指定进口港的码头所需的全部费用，并缴纳进口税。

(三)《2000年国际贸易术语解释通则》

《2000年国际贸易术语解释通则》为国际贸易中普遍使用的贸易术语提供了一套解释规则，以避免因各国不同解释而出现的不确定性，或至少在相当程度上减少这种不确定性。该惯例涉及以下方面。

(1)《2000年国际贸易术语解释通则》只涉及销售合同中买卖双方的关系，即只限于销售合同当事人的权利义务中与已售的有形货物交货有关的事项。

(2)《2000年国际贸易术语解释通则》涉及为当事人设定的若干特定义务，如卖方将货物交给买方处置，或将货物交由第一承运人或在目的地交货的义务，以及当事人之间的风险划分等。

(3)《2000年国际贸易术语解释通则》涉及货物的进口和出口清关、货物包装的义务，买方受领货物的义务，以及提供各项义务得到完整履行的证明义务。

《2000年国际贸易术语解释通则》按卖方承担义务的大小形成了E、F、C、D四组较为系统的体系，共13个贸易术语。第一组为"E"组，指卖方仅在自己的地点为买方备妥货物；第二组为"F"组，指卖方须将货物交至买方指定的承运人；第三组为"C"组，指卖方须订立运输合同，但对货物灭失或损坏的风险以及装船和启运后发生意外所发生的额外费用，卖方不承担责任；第四组为"D"组，指卖方须承担把货物交至目的地国所需的全部费用和风险。

(四)《2010年国际贸易术语解释通则》

2010年9月27日，国际商会在巴黎召开国际贸易术语解释通则2010全球发布会，正式推出刚刚完成修订的Incoterms 2010。这标志着被经贸界使用了近10年的Incoterms 2000即将被新版本所取代。新版本于2011年1月1日起正式生效。

1.《2010年国际贸易术语解释通则》中贸易术语的分类

在《2010年国际贸易术语解释通则》中，根据运输方式将11种贸易术语划分为适用于任何运输方式或多种运输方式的术语和适用于海运及内河水运的术语。

(1) 适用于任何运输方式或多种运输方式的术语：EXW 工厂交货，FCA 货交承运人，CPT 运费付至，CIP 运费、保险费付至，DAT 运输终端交货，DAP 目的地交货，DDP 完税后交货。

以上7种贸易术语，不论选用何种运输方式，也不论是使用一种或多种运输方式，均可使用，甚至没有海运时也可使用。重要的是，当船舶用于部分运输时，也可以使用这些术语。

(2) 适用于海运及内河水运的术语：FAS 船边交货、FOB 船上交货、CFR 成本加运费、CIF 成本、保险费加运费。

以上4种贸易术语，交货地点和将货物交至买方的地点都是港口，因此被划分为适用于海运及内河水运的术语。在FOB、CFR和CIF这3种贸易术语中，《2000年国际贸易术语解释通

则》中以船舷作为交货点的表述，而《2010 年通则》则以货物到达船舱时构成交货取而代之。后一规定更符合当前的商业现实，而且能避免以往风险围绕着船舷这条虚拟线来回摇摆的情形出现。

虽然 Incoterms 2010 已于 2011 年 1 月 1 日正式生效，但是并非 Incoterms 2010 实施之后 Incoterms 2000 就自动作废。因为国际贸易惯例本身不是法律，对国际贸易当事人不产生必然的强制性约束力。国际贸易惯例在适用的时间效力上并不存在“新法取代旧法”的说法，当事人在订立贸易合同时仍然可以选择适用 Incoterms 2000 甚至 Incoterms 1990。

国际贸易术语表(Incoterms 2010)见表 2.1。

表 2.1 国际贸易术语表(Incoterms 2010)

组别	术语	英文	中文名	交货地点	风险转移界限	签订运输合同及支付运费	保险责任及费用	出口报关责任及费用	进口报关责任及费用	适用运输方式	详细概念
E组	EXW	Ex Works	工厂交货(插入指定地点)	车间、仓库、工厂所在地	买方处置货物后	买方	买方	买方	买方	任何运输方式或多式联运	指当卖方在其所在地或其他指定地点将货物交由买方处置时，即完成交货。代表卖方最低义务
F组	FCA	Free Carrier	货交承运人(插入指定交货地点)	出口国的地点或港口	承运人或运输代理人处置货物后	买方	买方	卖方	买方	任何运输方式或多式联运	指卖方在其所在地或其他指定地点将货物交给买方指定的承运人或其他人
	FOB	Free on Board	船上交货(插入指定装运港)	指定的装运港口	货物交到船上时	买方	买方	卖方	买方	海运或内河水运	指卖方以在指定装运港将货物装上买方指定的船舶或通过取得已交付至船上货物的方式交货
	FAS	Free Alongside Ship	船边交货(插入指定装运港)	指定的装运港口	卖方将货物交到船边时	买方	买方	卖方	买方	海运或内河水运	指当卖方在指定的装运港将货物交到买方指定的船边(例如，置于码头或驳船上)时，即为交货

续表

组别	术语	英文	中文名	交货地点	风险转移界限	签订运输合同及支付运费	保险责任及费用	出口报关责任及费用	进口报关责任及费用	适用运输方式	详细概念
C组	CFR	Cost and Freight	成本加运费(插入指定目的港)	指定的装运港口	货物交到船上时	卖方	买方	卖方	买方	海运或内河水运	指卖方在船上交货或以取得已经这样交付的货物方式交货。CFR＝FOB＋F运费
	CIF	Cost Insurance and Freight	成本、保险费加运费(插入指定目的港)	指定的装运港口	货物交到船上时	卖方	卖方	卖方	买方	海运或内河水运	指在装运港当货物越过船舷时卖方即完成交货。CIF＝FOB＋保险费＋运费,俗称“到岸价”
	CPT	Carriage Paid to	运费付至(插入指定目的地)	国内陆路口岸或港口	在交货地点,买方指定的承运人控制货物后	卖方	买方	卖方	买方	任何运输方式或多式联运	指卖方将货物在双方约定地点交给买方指定的承运人或其他人。CPT＝FCA＋运费
	CIP	Carriage and Insurance Paid to	运费、保险费付至(插入指定目的地)	国内陆路口岸或港口	在交货地点,买方指定的承运人控制货物后	卖方	卖方	卖方	买方	任何运输方式或多式联运	指卖方将货物在双方约定地点交给买方指定的承运人或其他人。CIP＝FCA＋运费＋保险费

续表

组别	术语	英文	中文名	交货地点	风险转移界限	签订运输合同及支付运费	保险责任及费用	出口报关责任及费用	进口报关责任及费用	适用运输方式	详细概念
D组	DAP	Delivered At Place	目的地交货(插入指定目的地)	指定目的地	买方处置货物后	卖方	卖方	卖方	买方	任何运输方式或多式联运	指卖方在指定的目的地交货,只需做好卸货准备无须卸货即完成交货。卖方应承担将货物运至指定的目的地的一切风险和费用(除进口费用外)
	DAT	Delivered At Terminal	运输终端交货(插入指定港口或目的地的运输终端)	指定港口或目的地的运输终端	买方处置货物后	卖方	卖方	卖方	买方	任何运输方式或多式联运	指当卖方在指定港口或目的地的指定运输终端将货物从抵达的载货运输工具上卸下,交由买方处置时,即为交货。“运输终端”意味着任何地点,而不论该地点是否有遮盖,例如码头、仓库、集装箱堆积场或公路、铁路、空运货站。卖方应承担将货物运至指定的目的地或目的港的集散站的一切风险和费用(除进口费用外)
	DDP	Delivered Duty Paid	完税后交货(插入指定目的地)	进口国国内目的地	买方处置货物后	卖方	卖方	卖方	卖方	任何运输方式或多式联运	指当卖方在指定目的地将仍处于抵达的运输工具上,但已完成进口清关,且已做好卸货准备的货物交由买方处置时,即为交货。代表卖方最大责任

Incoterms 2010 与 Incoterms 2000 的主要区别：

(1) 新增两种贸易术语 DAT 和 DAP，取消了 DAF、DES、DEQ 和 DDU 这四种；

(2) 贸易术语的数量由原来的 13 种变为 11 种；

(3) 加入了术语的使用范围，强调也适用于国内贸易；

(4) 加入连环贸易(或称销售)条款，对 2000 通则的不足之处进行了补充。

(5) 术语分类由原来的 EFCD 四组调整为两类，即适用于各种运输方式和水运；

第四节　国际贸易支付工具

国际贸易中买卖双方远隔千山万水，通过何种工具及方式来完成交易是买卖双方都不可能忽视的问题。随着国际贸易的不断发展壮大，单纯依靠现金进行支付已经不能满足需要，买卖双方必须找到一种双方都能接受的工具及方式来完成交易。票据就是目前国际贸易中经常用到的一种支付工具。票据起源于古希腊和古罗马时代，产生于中世纪，盛行于资本主义时代。古希腊和古罗马时代的"自笔证书"被认为是票据的雏形，持有人提示并得到偿付后将证书退还给债务人，这同现代票据的设权性和返还性一致。12 世纪，意大利商人所使用的由货币兑换商签发的兑换证书与现代的本票和汇票十分接近。到了资本主义时期，票据的应用日益普遍，逐步有了背书、承兑等制度。随着银行业的发展，又出现了专门由银行付款的支票。

一、票据的定义

票据有广义和狭义之分。广义上的票据是指商业上的权利单据(document of title)，可作为不在某人实际占有下的金钱或商品的所有权的证据，包含货币支付凭证和商业凭证两类。狭义上的票据仅指货币支付凭证。

民间实务一般采用狭义定义。即票据是一种货币支付凭证，也称金融单据(financing documents)或流通票据(negotiable instrument)，是由出票人签发的，承诺自己或委托他人在见票时或在指定日期向收款人或持票人无条件支付一定金额的货币，且可以流通转让的一种有价证券。它是适应商业需要而产生和发展起来的，经历了漫长的演变过程。

二、票据的种类

票据包括汇票、本票、支票，在国际结算中使用最广泛的是汇票，如商业汇票。本票和支票常出现在国际非贸易结算中，如小额国际本票和旅行支票。

(一) 汇票

汇票最能反映票据的性质和特征，集中体现了结算凭证、流通和支付功能。因此，它是票据的典型代表，汇票和支票可以说是从其演化而来的。

《英国票据法》定义：汇票是由一人开致另一人的书面的无条件支付命令，由发出命令的人签名，要求受票人在见票时，或在固定时间，或在可以确定的将来时间，把一定金额的货币支付给一个特定的人或其指定人或来人。A bill of exchange is an unconditional order in writing, addressed by one person to another, signed by the person giving it, requiring the person to whom it is addressed to pay on demand or at a fixed or determinable future time, a sum certain in money to or to the order of a specified person, or to bearer. 有的书上用比较简洁的语言对汇票进行定义，即汇票是一人签发给另一人的，要求后者无条件支付一定款项的命令书。

《中华人民共和国票据法》定义：汇票是指由出票人签发的，委托付款人在见票时或在指定日期无条件支付确定的金额给收款人或持票人的票据。

汇票的必要项目包括：①写明“汇票”字样；②无条件的支付命令；③出票地点和日期；④付款期限；⑤一定金额的货币；⑥付款人名称和付款地点；⑦收款人名称；⑧出票人名称和签字。信用证项下汇票式样见图 2.1。

BILL OF EXCHANGE

NO. 12345

Exchange for CNY50000.00 Xiangyang, April, 2015

① ⑤ ③

At sight of this First of exchange(Second of the same tenor and date being unpaid)

④

pay to the order of Bank of China the sum of CNY fifty thousand only.

② ⑦ ⑤

Drawn under Bank of xxx Letter of Credit NO. 68122015 Dated Aug. 25th, 2015.

To: bank of xxx, London.

⑥

ABC CO. Ltd

(signature)

⑧

图 2.1 信用证项下汇票式样

（二）本票

《英国票据法》定义，本票是一人向另一人签发的，保证即期或定期或在可以确定的将来时间，对某人或持票来人支付一定金额的货币的无条件的书面承诺。

A promissory note is an unconditional promise in writing made by one person to another, signed by the maker, engaging to pay on demand or at a fixed or determinable future time, a sum certain in money to or to the order of a specified person or to bearer.

我国票据法定义：本票是出票人签发的，承诺自己在见票时无条件支付确定的金额给收款人或持票人的票据。本票式样见图 2.2。

PROMISSORY NOTE
Promissory Note for USD 5000.00　　　　Dalian, March 20th, 2015
On demand we promise to pay the order of B Company the sum of Five Thousand USD only.
Bank of Dalian, (Signed)

图 2.2　本票式样

(三) 支票

由于国际结算中很少使用支票,常见的旅行支票又归类于本票,这里就只做简单的介绍。

《英国票据法》定义:简单地说,支票是以银行作为付款人的即期汇票。详细地说,支票是银行存款客户向自己开有账户的银行签发的,授权该银行即期支付一定数量的货币给一个特定人或其指定人或来人的无条件的书面支付命令。

Briefly speaking, a cheque is a bill of exchange drawn on a bank payable on demand. Detailedly speaking, a cheque is an unconditional order in writing addressed by the customer to a bank signed by that customer, authorizing the bank to pay on demand a sum certain in money to or to the order of a specified person or to bearer.

三、票据的性质

票据作为一种有价证券,最重要的是流转性,这是票据的基本特性;其次是无因性和要式性,它们是为流转性服务的。受让人往往无从了解票据产生或转让的原因,但票据是否符合法定要式却一目了然,要"式"不要"因"的目的就在于能使票据的授受更加方便地进行,以保证票据流通的正常。

(一) 设权性

设权性是指持票人的票据权利随票据的设立而产生,离开了票据就不能证明其票据权利。票据权利的产生要作成票据,权利的转移要交付票据,权利的行使要提示票据。这里的票据权利是指付款请求权、追索权及转让权等。

(二) 要式性

要式性指票据的形式(票据上记载的项目)必须符合规定。票据的作成,必要项目的记载必须齐全,各个必要项目又必须符合规定,方可使票据产生法律效力。

(三) 无因性

无因性是指债权人持票行使票据权利时,可以不明示产生票据权利关系的原因。票据原因包括出票人与付款人之间的资金关系,以及出票人与收款人、票据背书人与被背书人之间的对价关系。当事人的权利义务不受票据原因影响,无须调查票据原因,只要要式齐全,受让人就能取得票据文义上载明的权利。

（四）流通转让性

票据通过背书或交付就可自由地转让、流通，其权利的转让无须通知债务人，债务人不能以没接到通知为由拒绝承担义务。受让人在取得票据权利后，如遭拒付有权起诉所有的当事人，且正式持票人的票据权利不受前手权利缺陷的影响。《英国票据法》第 8 条规定：除非票据上写有“禁止转让”的字样，或明确表示其不可转让的意旨以外，对于一切票据，不论它是采用何种形式支付票款给持票人，该持票人都有权把它转让给别人并进行流通。

（五）可追索性

当合格票据遭到拒付或拒绝承兑时，正当持票人有权通过法定程序向债务人追索，要求得到票据权利。

（六）提示性

票据上的债权人（持票人）请求债务人（付款人）履行票据义务时，必须向付款人提示票据，才能请求付款人偿付票款。

（七）返还性

持票人收到支付的款项后，应将签收的票据交还付款人。当付款人是主债务人时，票据关系消灭；如是次债务人，付款后可向前手追索。如拒绝交还，债务人可不付款。

四、票据的作用

票据作为国际结算的主要工具，主要有提供结算凭证依据的作用，此外，还有流通和融资作用。

第五节　国际贸易支付方式——汇付

要顺利完成国际结算，除了要运用结算工具（比如汇票、本票和支票）外，还需要采取一定的结算方式（比如汇付、托收和信用证等）。

一、汇付概述

汇付（remittance）由于操作手续简单，银行手续费较低，已日益成为国际贸易和国际非贸易结算的一种重要支付方式。

（一）汇付的含义

汇付也称汇款，是汇出行（remitting bank）应汇款人（remitter）的要求，以一定的方式，把一定的金额通过汇入行（paying bank）付给收款人（payee）的一种结算方式。

汇款属于顺汇方式，可单独使用，也可与其他结算方式结合使用。既适用于贸易结算，也适用于非贸易结算，凡属外汇资金的调拨都可采用汇款方式，它是外汇银行的主要业务之一。

（二）汇付的当事人

汇付的基本当事人有汇款人、汇出行、汇入行和收款人。

（1）汇款人（remitter）即债务人，在国际贸易合同中通常是进口商。

(2) 汇出行(remitting bank)是受汇款人委托对外汇出款项的银行,一般是汇款人所在地的银行。汇出行按照汇款人填写的汇款申请书办理向国外汇款的业务,直至该笔汇款有了结果为止。

(3) 汇入行(paying bank)即解付行,办理汇入汇款的业务,一般是国外收款人所在地的银行,受汇出行委托将款项支付给收款人。

(4) 收款人(beneficiary)即债权人,是汇款人委托银行交付汇款的对象。在国际贸易中,收款人即出口商,其权利是凭证取款。

二、汇付的种类

按照汇付使用的支付工具不同,汇付可以分为电汇(telegraphic transfer,T/T)、信汇(mail transfer,M/T)和票汇(demand draft,D/D)三种方式。在目前实际业务操作中已经很少使用信汇,票汇一般用于小额支付,电汇使用的最多。

(一) 电汇

电汇(T/T)是银行应汇款人的申请,用加押电报(cable)、电传(telex)或 SWIFT 发给国外的汇入行,指示其解付一定金额给收款人的一种汇款方式。

电汇是目前普遍采用的汇款方式,其最大的优点是资金调拨速度快且安全,但费用相对比较高。在进出口贸易中电汇业务流程如图 2.3 所示。

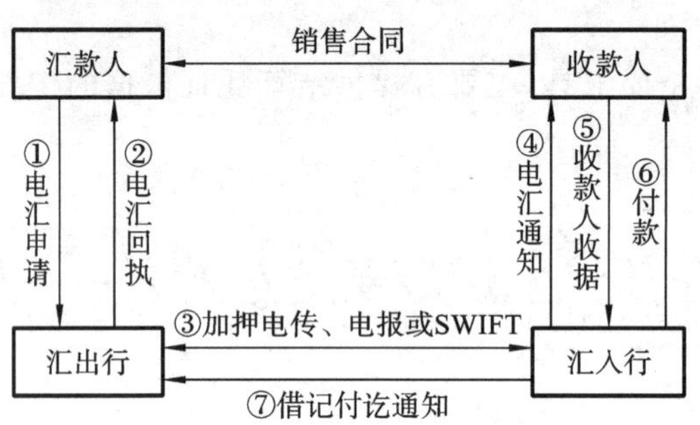

图 2.3　电汇业务流程

业务流程说明:

①汇款人填写电汇汇款申请书,交款给汇出行,支付汇款手续费。

②汇款人取回电汇回执。

③汇出行发出加押电报、电传或 SWIFT 给汇入行,委托国外汇入行解付资金给收款人。

④汇入行收到电报,核对密押无误后,缮制电汇通知书,通知收款人收款。

⑤收款人收到通知书后,在收款联上盖章,交汇入行。

⑥汇入行借记汇出行账户,将资金支付给收款人。

⑦汇入行将借记付讫通知书寄给汇出行,通知它汇款解付完毕。

(二) 信汇

信汇(M/T)是汇出行应汇款人申请,将信汇委托书(M/T advice)或支付委托书(payment order)邮寄给汇入行,授权其解付一定金额给收款人的一种汇款方式。

信汇方式的费用低,但速度慢,目前在进出口贸易中很少使用。

（三）票汇

票汇(D/D)是汇出行应汇款人的申请，代汇款人开立以其分行或代理行为解付行的银行即期汇票(banker's demand draft)，支付一定金额给收款人的一种汇款方式。

票汇和信汇一样需要邮寄，时间较长，收费较低。但汇票本身是一张独立的票据，可以对其进行背书而实现流通和转让。这样一来，收款人就可以向任何一家愿意接受汇票的银行转让汇票而获得资金。

汇票遗失或被窃的可能性较大，一旦发生这样的情况，需要挂失止付，颇为麻烦，所以金额相对小、时间不急迫的汇款可以采取票汇方式。在进出口贸易中票汇业务流程如图 2.4 所示。

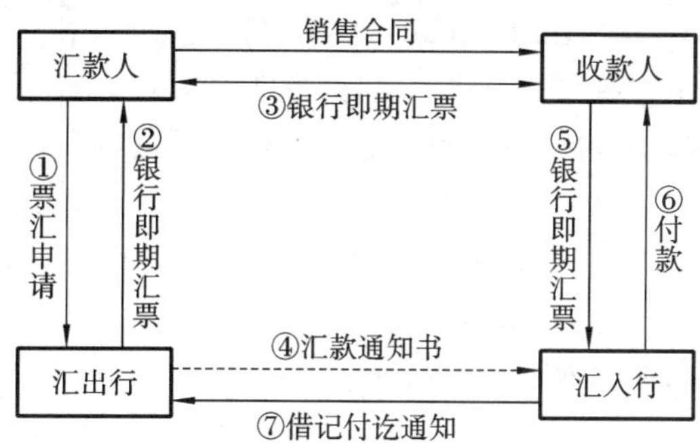

图 2.4　票汇业务流程

业务流程说明：

①汇款人填写票汇汇款申请书，交款付费给汇出行。

②汇出行开立一张以汇入行为付款人的银行即期汇票交给汇款人。

③汇款人将汇票寄给收款人。

④汇出行将汇票通知书寄汇入行。

⑤收款人提示银行即期汇票给汇入行要求付款。

⑥汇入行借记汇出行账户，取出头寸，解付汇款给收款人。

⑦汇入行将借记付讫通知书寄给汇出行，通知它汇款解付完毕。

三种汇付方式的比较如表 2.2 所示：

表 2.2　三种汇付方式比较

项目	电汇	信汇	票汇
支付工具	电报、电传、SWIFT 密押证实	信汇委托书，签字证实	银行即期汇票，签字证实
成本费用	高	低	低
安全性	高	次于电汇	丢失或毁损
汇款速度	最快捷	慢	次于电汇

三、汇付在国际贸易中的应用

国际贸易中采用汇付方式结算，银行提供的是划拨资金的服务，与买卖双方交接货物无关，因此，对银行来说，它与普通的非贸易汇款业务完全相同。但对买卖双方来说可分为三种支付方式：预付货款、货到付款和交单付现。

(一) 预付货款

预付货款(payment in advance)是进口商先将货款的一部分或全部汇交出口商,出口商收到货款后,立即或在一定时间内发运货物的一种汇款结算方式。预付货款是针对进口商而言,对出口商来说则是预收货款。

预付货款实际上是出口商向进口商收取的预付定金(down payment),通常需要预付货款的商品多是热门货。

预付货款的结算方式有利于出口商,而不利于进口商。

(二) 货到付款

货到付款(payment after arrival of goods)是出口商先发货,待进口商收到货物后,立即或在一定期限内将货款汇交出口商的一种汇款结算方式。此种方式下,出口商向进口商提供信用,承担进口商不按期付款或不付款的风险,资金负担重;而进口商在收货后或收货后一段时间内付款,不但掌握主动权,而且资金负担小。这是卖方给予买方的优惠贸易条件,因此进口商的信誉必须良好。货到付款有时还可称为赊销方式(sell on credit)或记账赊销方式(open account)。

货到付款在国际贸易上可分为售定和寄售两种。

售定(be sold out)是指买卖双方已经成交,货物售妥发运,进口商收到货物后再将货款汇交出口商。货到付款多指售定方式。这种方式对进口商有利而对出口商不利,因为货物出口后,出口商就失去货物的控制权,如进口商不付款,出口商将会货款两失。

寄售(consignment)是指出口商先将货物运至进口国,委托进口国的商人在当地市场代为销售,待货物售出后被委托人将货款按规定扣除佣金后全部汇交出口商。寄售的出口商称为委托人,接受委托寄售的国外商人称为受托人。寄售的装运单据多由委托人直接寄给受托人,有时也通过银行寄单。

已经售定的货到付款交易采用汇款支付货款的结算方式,简称汇付方式。为了便利贸易,银行可以办理汇付融资即出口发票融资业务。

(三) 凭单付汇

凭单付汇是进口商通过银行将货款汇给出口商所在地银行(汇入行),并指示该行凭出口商提供的某些商业单据或某种装运证明付款给出口商。该汇款是可以撤销的,在货款尚未被支取之前,汇款人随时可以通知汇款行将货款退回,因此,出口商在收到银行的汇款通知后,应尽快发货、交单及收汇。

第六节　国际贸易支付方式——托收

一、托收的定义

托收是指债权人(出口商)提交金融票据或商业单据,委托出口商所在地银行通过其在进口地的分行或代理行向债务人(进口商)收取货款的一种国际结算方式。

国际商会第 522 号出版物《托收统一规则》总则第 2 条中对托收的定义如下。

"Collection" means the handling by banks of documents as defined in sub-Article 2(b), in accordance with instructions received, in order to:

Ⅰ. obtain payment and/or acceptance, or

Ⅱ. deliver documents against payment and/or against acceptance, or

Ⅲ. deliver documents on other terms and conditions.

托收是指银行根据所收到的指示处理下述第(2)款所界定的单据,以便:

a. 取得付款和/或承兑;或

b. 付款交单和/或承兑交单;或

c. 按照其他条款和条件交付单据。

单据是指金融单据或商业单据。

金融单据是指汇票、本票、支票或其他用于取得付款的凭证。商业单据是指发票、运输单据、物权单据或其他类似单据,或者一切不属于金融单据的其他单据。URC522 中的定义是对托收方式的广义概括,适用于国际贸易结算和非贸易结算。本章主要介绍国际贸易项下的托收方式。

托收是以商业信用为基础的结算方式,银行参与结算,但不提供信用。委托人最终能否取得货款,依赖于付款人的信用,银行仅提供服务,只要本身没有过失,就不承担责任。托收方式下,出口商主动催收款项,票据流动方向与资金流动方向相反,属于逆汇。

二、托收的当事人

托收业务中有四个基本当事人:委托人、托收行、代收行和付款人,还可能有以下两个当事人:提示行和需要时的代理人。

(一) 委托人

委托人(principal)是委托银行办理托收业务的当事人。委托人可以是出口商(exporter)、卖方(seller)、出票人(drawer)和托运人(consignor),也可以是托收汇票的收款人(payee)。

委托人受两类合同的约束。委托人在贸易合同下的责任是按时、按质、按量装运货物,并提供符合合同要求的单据。委托人在委托代理合同下的责任:①填写委托申请书,指示明确,并将托收申请书和金融单据和/或商业单据一并交给托收行;②对意外情况及时指示;③负担费用,承担收不到货款的损失。

(二) 托收行

托收行(remitting bank)也称为寄单行,是指受委托人的委托而办理托收业务的银行。托收行通常为出口方银行(exporter's bank)。

托收行一方面受委托人的委托办理托收业务,另一方面,委托国外的联行或代理行向付款人收款。它可以是托收汇票的收款人(payee of the collection bill),也可以是托收汇票的被背书人(endorsee)。

托收行的责任和义务如下:①缮制托收指示或跟单托收指示,核验单据;②遵循国际惯例处理业务。③承担过失责任。

(三) 代收行

代收行(collecting bank)是指接受托收行的委托,参与办理托收业务的银行。它还是进口方银行(importer's bank)、托收汇票的被背书人或收款人。

代收行在托收业务中承担的责任与托收行基本相同,另外,代收行还有以下责任:①执行托收指示;②单据的处理;③托收指示规定的支付货币;④放单;⑤保证汇票承兑的完整性与正确性;⑥收取利息、手续费和费用;⑦保证资金的及时划转。

(四) 付款人

托收业务中的付款人(payer)是(交易中的)进口商(importer),也是汇票的受票人(drawee)。当汇票提示给付款人时,如为即期汇票,应见票即付;如为远期汇票,应承兑汇票,并于到期日付款。

(五) 提示行

当付款人要求与它有账户往来关系的银行作为向它提示汇票的银行时,就有了提示行(presenting bank)。代收行应将汇票单据交给提示行,由它向付款人做出提示。如果付款人没有要求,则无提示行,代收行自行办理提示工作。

(六) 需要时的代理人

需要时的代理人(agent in necessity)是委托人指定的在付款地代为照料货物存仓、转售、运回或改变交单条件等事宜的代理人。

托收业务中有关当事人存在两个契约关系:①委托人与托收行之间以托收申请书确立的委托代理关系;②托收行和代收行之间在一笔具体的托收业务中以委托银行缮制的托收指示为基础确立的委托代理关系。如图 2.5 所示。

图 2.5 托收业务中有关当事人的契约关系

三、托收的分类

托收分为光票托收、跟单托收和直接托收。在实际业务中应用最广泛的是跟单托收。

(一) 光票托收

光票托收(clean collection)指不附带商业单据的金融票据的托收,是委托人向银行提交作为收取款项的凭证的金融票据,要求托收行通过其联行或代理行向付款人提示付款的一种结算方式。光票托收业务中货运单据由卖方直接寄交买方,汇票则委托银行托收。

光票指不附带任何货运单据的汇票,包括国际汇票、银行支票、本票等。

(二) 跟单托收

跟单托收(documentary bill for collection)指附有货运单据的托收,可能使用汇票,也可能因进口商为避免印花税的负担而不使用汇票。

跟单托收最实质的要件是代表物权的货运单据。国际贸易中货款的托收大多采用跟单托收,根据银行交单条件的不同,跟单托收可分为付款交单和承兑交单两种。

1. 付款交单

付款交单(documents against payment,D/P)指被委托的代收行必须在进口商付清货款以后,才能将货运单据交给进口商的一种托收方式。其特点是先付款后交单,在付款人付款之前,出口商仍然掌握着对货物的支配权,因此风险较小。根据托收汇票付款期限的不同,付款交单又有即期付款交单和远期付款交单之分。

即期付款交单(D/P at sight)指委托人开立即期汇票(欧洲大陆国家为避免印花税不开汇票,以发票替代),在代收行向付款人提示汇票后,付款人只有立即付清货款才能获得货运单据。其业务基本流程如图 2.6 所示。

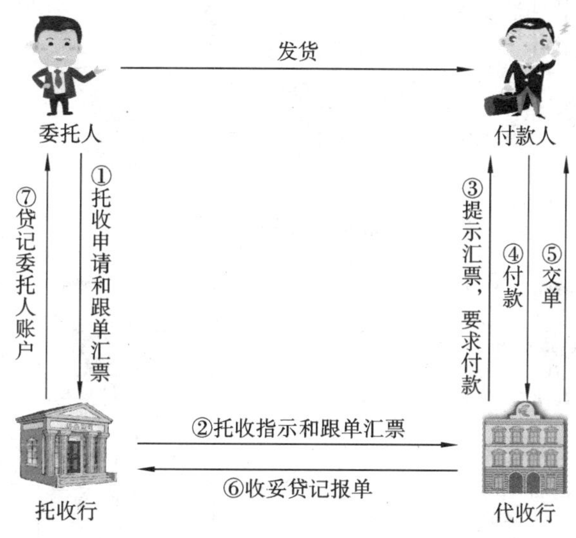

图 2.6　即期付款交单业务基本流程

远期付款交单(D/P after sight)指委托人开立远期汇票,代收行在向进口商提示汇票时,进口商立即承兑汇票,代收行收回汇票并保管货运单据,直至到期日,代收行再提示,进口商付款后,代收行才交出货运单据。其业务基本流程如图 2.7 所示。

远期付款交单的缺点是在“远期”的时间范围内,如果货物已经抵达目的港,而买方尚未付款,就不能得到单据,无法提取货物,导致货物滞留港口码头,易遭受损失或罚款。国际商会明确表示不赞成远期付款交单的托收方式。

URC522 第 7a 条款提到:托收应不包含有远期付款的汇票,并指示商业单据凭付款而交出。第 7c 条款提到:如果托收包含有远期付款的汇票,且托收指示注明商业单据凭付款而交出,则单据只能凭该项付款才可交出,代收行对延迟交单所产生的任何后果将不负责任。由此可见,URC522 是不鼓励远期付款交单的。

2. 承兑交单

承兑交单(documents against acceptance,D/A)指被委托的代收行根据托收指示,于付款人承兑汇票后,将货运单据交给付款人,付款人在汇票到期时履行付款责任的一种托收方式。它适用于远期汇票的托收,对出口商而言风险较大。其业务基本流程如图 2.8 所示。

(三) 直接托收

直接托收(direct collection)是指委托人从托收行获得托收指示的空白表格后,自行填制,

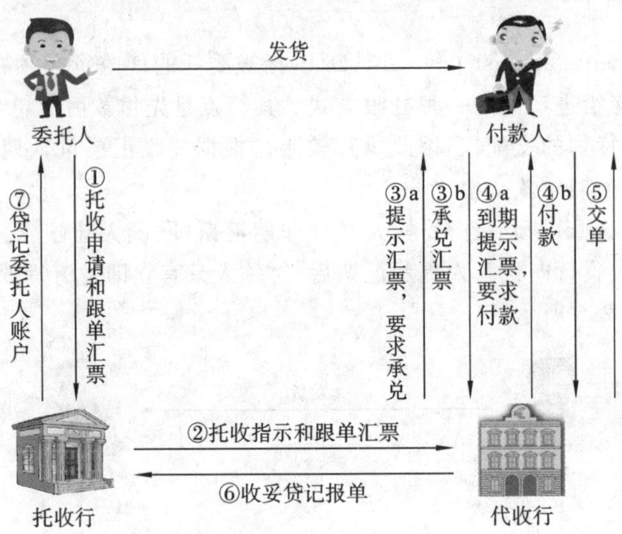

图 2.7 远期付款交单业务基本流程

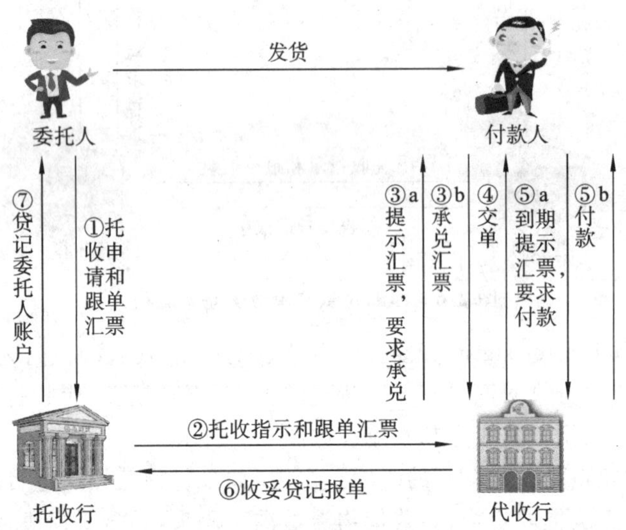

图 2.8 承兑交单业务基本流程

连同其他单据直接寄给代收行，由代收行向付款人提示以代收货款，即绕开托收行办理托收业务。

从理论上讲，直接托收最大的好处在于缩短了托收业务的办理流程，节约了时间。但是，直接托收也存在一系列的问题：

(1) 委托人与代收行之间没有代理协议，委托人难以把握代收行的资信。

(2) 很多国家法律规定，都不允许本国企业私自在境外银行开立账户，导致代收行无法直接将所收的货款贷记委托人账户，而仍然需要通过汇款方式汇给委托人。

(3) 国际商会的《托收统一规则》(URC522)没有对直接托收做出规定，表明国际商会不赞成直接托收的做法。

四、《托收统一规则》

国际商会为统一托收业务的做法，减少托收业务各有关当事人可能产生的矛盾和纠纷，曾于 1958 年草拟《商业单据托收统一规则》(*The Uniform Rules for Collection*，*ICC Publication No*. 322)；1995 年对该规则进行了修订，称为《托收统一规则》国际商会第 522 号出版物(URC522)，1996 年 1 月 1 日实施。《托收统一规则》自公布实施以来，被各国银行所采用，已成为托收业务的国际惯例。需要注意的是，该规则本身不是法律，因而对一般当事人没有约束力。只有在有关当事人事先约定的条件下，才受该惯例的约束。

《托收统一规则》(URC522)共 7 部分，26 条。包括总则及定义，托收的形式和结构，提示方式，义务与责任，付款，利息、手续费及其他费用、以及其他规定。根据《托收统一规则》规定，托收是指银行根据所收到的指示，处理金融单据或商业单据，目的在于取得付款和/或承兑，凭付款和/或承兑交单，或按其他条款及条件交单。上述定义中所涉及的金融单据是指汇票、本票、支票或其他用于付款或款项的类似凭证；商业单据是指发票、运输单据、物权单据或其他类似单据，或除金融单据之外的任何其他单据。

《托收统一规则》中关于托收指示的内容如下：

Article 4 Collection Instruction

A i. All documents sent for collection must be accompanied by a collection instruction indicating that the collection is subject to URC522 and giving complete and precise instructions. Banks are only permitted to act upon the instructions given in such collection instruction, and in accordance with these Rules.

第四款　托收指示

1. 所有送往托收的单据必须附有一项托收指示，注明该项托收遵循 URC522 文件并且列出完整和明确的托收指示。银行只允许根据该托收指示中的命令和本规则行事；

ii. Banks will not examine documents in order to obtain instructions.

2. 银行不会为了取得指示而审核单据；

iii. Unless otherwise authorized in the collection instruction, banks will disregard any instructions from any party/bank other than the party/bank from whom they received the collections.

3. 除非托收指示中另有授权，银行将不理会来自除了委托托收的有关人/银行以外的任何有关人/银行的任何指令。

It is the responsibility of the party preparing the collection instruction to ensure that the terms for the delivery of documents are clearly and unambiguously stated, otherwise banks will not be responsible for any consequences arising therefrom.

缮制托收指示的有关方应有责任清楚无误地做出说明，确保单据交付的条件，否则的话，银行对此所产生的任何后果将不承担责任。

第七节　国际贸易支付方式——信用证

信用证付款是随着国际贸易的发展，在银行和金融机构参与国际结算的过程中逐步形成的一种支付方式。目前，该支付方式已成为国际贸易中普遍采用的一种支付方式。

采用信用证结算，应在合同中对开证时间、开证行、受益人、种类、金额、装运期和到期日等进行明确规定。合同中信用证支付有关条款举例如下：

The buyers shall open through a bank acceptable to the sellers an Irrevocable Sight Letter of Credit to reach the sellers 30 days before the month of shipment. Valid for negotiation in China until the 15th day after the month of shipment.

Drawee will accept and discount usance drafts drawn under this Credit. All charges are for buyer's account, usance draft payable at sight basis.

买方应通过卖方所接受的银行于装运月份前 30 天内开出不可撤销的即期信用证并送达卖方，于装运月份后 15 天内在中国议付有效。

本信用证项下的远期汇票由付款人承兑和贴现，所有费用由买方负担，远期汇票可即期收款。

一、信用证的定义、性质

(一) 信用证的起源

信用证起源于旅行信用证。旅行信用证是银行为了便利旅客到国外旅行时就地支取旅费、杂费所开立的信函式的信用证，旅客既是信用证申请人，也是受益人。19 世纪中叶，海上运输业的发展推进了提单的使用，使货物单据化。保险、公证、检验中介服务机构的发展，推进了保险单、检验证、履约证书的使用，形成了商业跟单信用证。

(二) 信用证统一惯例的沿革

《跟单信用证统一惯例》(*Uniform Customs and Practice for Documentary Credits*, UCP)是在长期的贸易实践中发展起来的，由国际商会(International Chamber of Commerce, ICC)制定的一套国际惯例，旨在确保信用证在世界范围内成为可靠支付工具的一套国际惯例。

1933 年 5 月，在维也纳举行的 ICC 第七次年会上通过了关于采用《商业跟单信用证统一惯例》的决定。1951 年 1 月，ICC 在里斯本举行的第十三次年会上对 UCP 进行了第一次修订。1962 年 4 月，在墨西哥城举办的第十九次年会上，ICC 通过了新版 UCP。1974 年 ICC 再次对 UCP 进行了修订，公布 ICC 第 290 号出版物(即 UCP290)。1983 年 ICC 再度进行了修订，后公布 ICC 第 400 号出版物(即 UCP400)。1993 年 3 月 10 日，ICC 公布第 500 号出版物(即 UCP500)，并于 1994 年 1 月 1 日起生效。2007 年 7 月 1 日，ICC 正式启用了 UCP600。

UCP600 的条文编排参照了 ISP98 的格式，对 UCP500 的 49 个条款进行了大幅度的调整及增删，变成现在的 39 条。

第 1～5 条为总则部分，包括 UCP 的适用范围、定义条款、解释规则、信用证的独立性等；第 6～13 条明确了有关信用证的开立、修改、各当事人的关系与责任等问题；第 14～16 条是关于单据的审核标准、单证相符或不符的处理的规定；第 17～28 条属单据条款，包括商业发票、运输单据、保险单据等；第 29～32 条规定了有关款项支取的问题；第 33～37 条属银行的免责条款；第 38 条是关于可转让信用证的规定；第 39 条是关于款项让渡的规定。

（三）信用证的定义

国际商会对信用证所下的一般定义为：跟单信用证是银行有条件的付款承诺；详细地说，信用证是开证银行根据申请人的要求和指示向受益人开立的，在一定期限内凭规定的符合信用证条款的单据，即期或在一个可以确定的将来日期承付一定金额的书面承诺。

UCP600 关于信用证的定义为：信用证是指一项不可撤销的安排，无论其名称或描述如何，该项安排构成开证行对相符交单予以承付的确定承诺。根据这一定义，一项约定如果具备了以下三个要素就是信用证：

第一，信用证应当是开证行开出的确定承诺文件。

第二，开证行承付的前提条件是相符交单。

第三，开证行的承付承诺不可撤销。

（四）信用证的特性

跟单信用证应贯彻独立和分离的原则（independent and abstraction principle）。

1. 开证行负第一性付款责任

开证行承担第一性付款责任是指只要有规定的单据提交给被指定银行或开证行，并且构成相符交单，则开证行必须承付。根据 UCP600 第 7 条，如果信用证为以下情形之一，开证行负第一性付款责任。

（1）信用证规定由开证行即期付款、延期付款或承兑；

（2）信用证规定由被指定银行即期付款但其未付款；

（3）信用证规定由被指定银行延期付款但其未承诺延期付款；或其虽承诺延期付款，但未在到期日付款；

（4）信用证规定由被指定银行承兑，但其未承兑以其为付款人的汇票；或虽承兑了汇票，但未在到期日付款；

（5）信用证规定由被指定银行议付但其未议付。

2. 信用证是独立文件，与销售合同分离

信用证是与买卖合同相分离的独立文件。UCP600 第 4 条 A 款规定：就其性质而言，信用证与可能作为其开立基础的销售合同或其他合同是相互独立的交易，即使信用证中含有对此类合同的任何援引，银行也与该合同无关，且不受其约束。因此，银行关于承付、议付或履行信用证项下其他义务的承诺，不受申请人基于其与开证行或与受益人之间的关系而产生的任何请求或抗辩的影响。受益人在任何情况下不得利用银行之间或申请人与开证行之间的合同关系。

UCP 第 4 条 B 款规定：开证行应劝阻申请人试图将基础合同、形式发票等文件作为信用证组成部分的做法。

3. 信用证是单据化业务

信用证业务是单据买卖。在信用证业务中的所有各方，包括银行和商人所处理的都是单据，而非货物。受益人要保证收款就一定要提供与信用证相符的单据，开证行拒付只能以单据上的不符点为由。

(五) 信用证的作用

(1) 信用证解决了贸易双方互不信任的矛盾。

(2) 保证出口商安全收汇。

(3) 保证进口商安全提货。

(4) 进、出口双方均可在信用证项下获得资金融通。

二、信用证的当事人

信用证业务涉及的基本当事人有三个:开证申请人、开证行和受益人。除此以外,还可能涉及保兑行、通知行、被指定银行、转让行和偿付行等。

(一) 开证申请人

在国际贸易中,开证申请人(applicant)通常是进口商。开证申请人(买方)的权利和义务为:

(1) 开立信用证的义务。

(2) 付款责任。

(3) 得到合格单据的权利。

(4) 对于受益人利用信用证的欺诈行为,开证申请人也有权请求银行拒付,或请求法院颁布禁令强制停止银行对信用证的支付。这就是信用证欺诈例外原则(fraud exception principle)。

(二) 开证行

开证行(issuing bank)指应开证申请人要求,为其开立信用证的银行。

开证行受三个合同的约束:①与开证申请人之间的付款代理合同;②与受益人之间的信用证;③与通知行或指定银行之间的代理协议。

其主要权利和义务如下。

(1) 根据开证申请人的指示开证。

(2) 承担第一性付款责任。

(3) 对相符单据付款后,开证行有权从开证申请人处获得偿付。

(4) 审核单据的义务。

(5) 保管单据的义务。

(三) 受益人

受益人(beneficiary)一般是出口商或中间商,是接受信用证并享受其利益的一方。受益人受两个合同的约束:①与开证申请人之间的贸易合同;②与开证行之间的信用证。

其权利和义务如下。

(1) 受益人所提交的单据,必须做到单单一致、单证一致,必须符合 UCP600 和 ISBP 的规定,受益人权利的兑现以提交相符单据为前提。

(2) 受益人有要求改证的权利。

(四) 通知行

通知行(advising bank)一般是开证行在受益人当地的代理行。其具体责任如下:

(1) 验明信用证的真实性。通知行通知信用证或修改的行为表示其已确信信用证或修改的表面真实性。

(2) 通知行的审证责任。通知行与开证行是委托代理关系，通知行接受开证行指示，及时传递信用证并证明其真实性，此外，并不承担任何责任。

UCP600 增加了第二通知行的概念。通知行可以通过另一银行(第二通知行)向受益人通知信用证及修改。第二通知行通知信用证或修改的行为表明其已确信收到的通知的表面真实性，并且其通知准确地反映了收到的信用证或修改的条款。

(五) 被指定银行

被指定银行(nominated bank)是指除了开证行以外，信用证可在其处兑用的银行，如信用证可在任一银行兑用，则任一银行均为被指定银行。被指定银行可以是即期付款行、延期付款行、承兑行、保兑行，也可以是议付行。

UCP600 第 12 条规定：

第一，除非被指定银行是保兑行，对被指定银行发出的承付或者议付的授权并不赋予指定银行承付或者议付的义务，除非该被指定银行明确同意并照此通知受益人。

第二，开证行通过指定一家银行承兑汇票或者做出延期付款承诺，即表明授权该被指定银行预付或者购买经其承兑的汇票或者由其做出延期付款责任的承诺，被指定银行对于承兑信用证和延期付款信用证这两种远期信用证可以办理贴现。

第三，非保兑行身份的被指定银行接受、审核并寄送单据的行为既不使该被指定银行具有承付或者议付的义务，也不构成承付或者议付。

(六) 保兑行

根据开证行的授权或要求对信用证加具保兑(add confirmation)的银行，即为保兑行(confirming bank)。保兑信用证下的受益人可获得开证行和保兑行的双重独立付款保证。

保兑行的责任和义务如下：

(1) 如果规定的单据被提交至保兑行或者任何其他被指定银行并构成相符交单，保兑行必须根据信用证的种类予以承付。

(2) 自从为信用证加具保兑之时起，保兑行即不可撤销地受到承付或者议付责任的约束。

(3) 保兑行偿付另一家银行的承诺独立于保兑行对受益人的承诺。

(4) UCP600 规定，被授权加具保兑的银行有权不予照办，但是必须毫不迟疑地通知开证行，并仍可通知此份未经加具保兑的信用证。

在未经开证行授权或要求的情况下，一家银行与受益人达成协议(往往在受益人的要求下)对信用证加具保兑的行为，习惯上被称为沉默保兑(silent confirmation)。沉默保兑行并不享有 UCP 中规定的保兑行的权利，除非在它与受益人达成的协议中另行规定。

(七) 偿付行

开证行若授权另一家银行代为偿付被指定银行、保兑行(均称为索偿行)的索偿时，则该银行为偿付行(reimbursing bank)。偿付行一般是信用证结算货币清算中心的联行或者代理行，主要是为了头寸调拨的便利。

在指定偿付行的情况下，索偿行一方面向偿付行邮寄索偿书，另一方面向开证行寄单，开证行若收到与信用证不符的单据，有权向索偿行追回已经偿付的款项，但开证行不得向偿付行追索。

三、信用证的业务流程

即期付款信用证基本业务流程如图 2.9 所示。

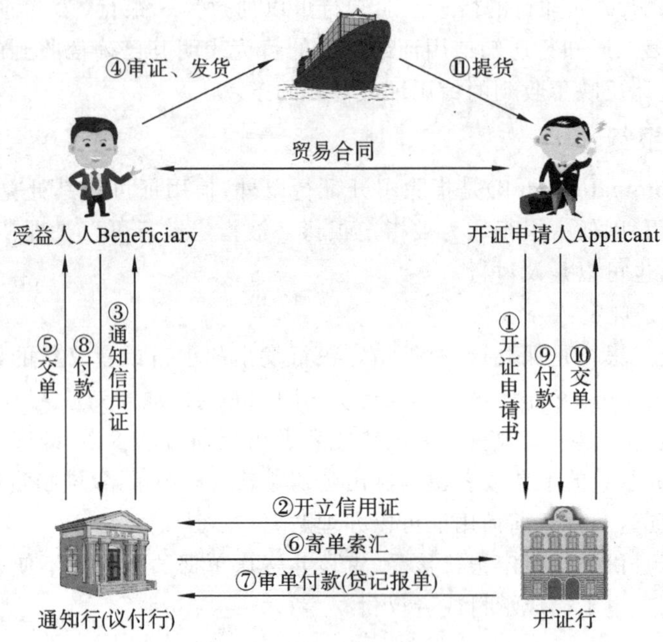

图 2.9 即期付款信用证基本业务流程

业务流程说明：

①开证申请人(即进口商)根据贸易合同填写开证申请书，并缴纳开证押金和手续费，或提供其他保证，请银行开证。

②开证行根据开证申请书的内容向通知行(即出口地银行)开立信用证，并寄交通知行。

③通知行核对信用证上的印鉴或密押无误后，将信用证转交受益人(即出口商)。

④受益人审核信用证上的内容与合同规定相符后，按照信用证上规定的期限装运货物，缮制信用证所要求的单据，开具汇票。

⑤受益人在信用证有效期内，向议付行(即信用证中指定的出口地银行)交单议付。

⑥议付行将汇票和货运单据寄开证行或指定的银行(付款行)要求偿付。

⑦开证行审核单据无误后，向议付行付款。

⑧议付行将货款支付给受益人，受益人办理结汇。

⑨、⑩开证行通知开证申请人付款赎单。

⑪开证申请人凭单提货。

四、信用证的内容和开证形式

(一) 信用证的开证形式

按照开立的手段来分，信用证有信开和电开两种形式。

1. 信开信用证

信开信用证(mail credit)就是开证行以书信格式缮制并通过邮寄方式送达通知行的信用证。

信开信用证是传统的信用证开立形式。信开信用证一般一式两份或两份以上,开证行用函寄方式与其出口地的代理银行联系,要求该行通知信用证给受益人(出口商)。

2. 电开信用证

电开信用证(teletransmission credit)就是用电讯方式开立和通知的信用证。电开信用证的具体形式还可以进一步分为电报方式、电传方式和 SWIFT 方式。

电报和电传方式下,开证行将信用证内容以加注密押的电报或电传通知出口商所在地的通知行,分为简电本和全电本两种情况。

简电本(brief cable)即将信用证金额、有效期等主要内容用电文预先通知出口商,目的是使出口商早日备货。但由于内容不完整,简电本不是有效的信用证,在简电本后一般都注有"随寄证实书"字样。证实书是随后寄来的信开信用证。

全电本(full cable)是以电文形式开出的完整的信用证。开证行一般会在电文中注明"This is an operative instrument no airmail confirmation to follow."后面不带"随寄证实书"字样。这样的信用证是有效的,可凭以交单议付。

SWIFT 方式是根据"环球同业银行金融电讯协会"(Society for Worldwide Interbank Financial Telecommunication,SWIFT)提供的标准电文格式——MT700/MT701 来开立跟单信用证。

SWIFT 电文格式共划分为十大类,MT700/701 是其中的第七大类,用于跟单信用证和保函。

SWIFT 电报由五部分组成,各部分的开头均以大括号标注。

{1:BASIC HEADER BLOCK} 基本报头

{2:APPLICATION HEADER BLOCK} 应用报头

{3:USER HEADER BLOCK} 用户报头

{4:TEXT BLOCK} 电报正文

{5:TRAILER BLOCK} 报尾

(二) 信用证的内容

在国际贸易中,各国银行开立的信用证并没有统一的格式,有繁有简,有标准格式的,也有非标准格式的,但其内容基本相似。

标准跟单信用证格式中规定的开证申请书所要求具备的项目如下。

27:电文页次 sequence of total

40A:跟单信用证类型 form of documentary credit

20:跟单信用证号码 documentary credit number

23:预通知编号 reference to pre-advice

31C:开证日期 date of issue

31D:有效期和有效地点 date and place of expiry

51A:开证银行 applicant bank

50:开证申请人 applicant

59:受益人 beneficiary

32B:币别代号与金额 currency code,amount

40E:适用规则 applicable rules

41A:指定有关银行及兑付方式 available with ... by ...

42C:汇票汇款期限 drafts at...

42A:汇票付款人 drawee

43P:分批装运条款 partial shipments

43T:转运条款 transshipment

44A:装船/发运/接受监管的地点 loading on board / dispatch/taking in charge

44B:货物发送最终目的地 for transportation to...

44C:最迟装运日期 latest date of shipment

45A:货物/劳务描述 description of goods and/or services

46A:单据要求 documents required

47A:附加条款 additional conditions

71B:费用 charges

48:交单期限 period for presentation

49:保兑指示 confirmation instructions

78:给付款行/承兑行/议付行的指示 instructions to pay/accept/negotiate bank

72:附言 sender to receiver information

五、信用证的种类

(一) 跟单信用证及光票信用证

以信用证项下的汇票是否附有货运单据划分为跟单信用证及光票信用证。

跟单信用证(documentary credit)是凭跟单汇票或仅凭单据付款的信用证。此处的单据指代表货物所有权的单据(如海运提单等),或证明货物已交运的单据(如铁路运单、航空运单、邮包收据)。

光票信用证(clean credit)是凭不随附货运单据的光票(clean draft)付款的信用证。银行凭光票信用证付款,也可要求受益人附交一些非货运单据,如发票、垫款清单等。在国际贸易的货款结算中,绝大部分使用跟单信用证。

(二) 不可撤销信用证和可撤销信用证

不可撤销信用证(irrevocable L/C)指信用证一经开出,在有效期内,未经受益人及有关当事人的同意,开证行不能片面修改和撤销,只要受益人提供的单据符合信用证规定,开证行必须履行付款义务。

可撤销信用证(revocable L/C)指开证行不必征得受益人或有关当事人同意便有权随时撤销的信用证,信用证上应注明"可撤销"字样。但 UCP500 规定:只要受益人依信用证条款规定已得到了议付、承兑或延期付款保证时,该信用证即不能被撤销或修改。它还规定,如信用证中未注明是否可撤销,应视为不可撤销信用证。

最新的UCP600规定银行不可开立可撤销信用证。(注:常用的都是不可撤销信用证。)

(三)保兑信用证和不保兑信用证

以有无另一银行加以保证兑付为依据,可以分为保兑信用证和不保兑信用证。

保兑信用证(confirmed L/C)指开证行开出的信用证,由另一银行保证对符合信用证条款规定的单据履行付款义务。对信用证加以保兑的银行,称为保兑行。

不保兑信用证(unconfirmed L/C)指开证行开出的信用证没有经另一家银行保兑。

(四)即期信用证、远期信用证和假远期信用证

根据付款时间不同,可以分为即期信用证、远期信用证和假远期信用证。

即期信用证(sight L/C)指开证行或付款行收到符合信用证条款的跟单汇票或装运单据后,立即履行付款义务的信用证。

远期信用证(usance L/C)指开证行或付款行收到信用证的单据时,在规定期限内履行付款义务的信用证。

假远期信用证(usance credit payable at sight)指信用证规定受益人开立远期汇票,由付款行负责贴现,并规定一切利息和费用由开证人承担。这种信用证对受益人来讲,实际上仍属即期收款。

(五)可转让信用证和不可转让信用证

根据受益人对信用证的权利可否转让,可分为可转让信用证和不可转让信用证。

可转让信用证(transferable L/C)指信用证的受益人(第一受益人)可以要求授权付款、承担延期付款责任,承兑或议付的银行(统称"转让行"),或当信用证是自由议付时,可以要求信用证中特别授权的转让银行,将信用证全部或部分转让给一个或数个受益人(第二受益人)的信用证。开证行在信用证中要明确注明"可转让"(transferable),且只能转让一次。

不可转让信用证指受益人不能将信用证的权利转让给他人的信用证。凡信用证中未注明"可转让"字样,即为不可转让信用证。

(六)循环信用证

循环信用证(revolving L/C)指信用证被全部或部分使用后,其金额又恢复到原金额,可再次使用,直至达到规定的次数或规定的总金额为止。它通常在分批均匀交货的情况下使用。在按金额循环的信用证条件下,恢复到原金额的具体做法有:

(1)自动式循环,指每期用完一定金额,不需等待开证行的通知,即可自动恢复到原金额。

(2)非自动循环,指每期用完一定金额后,必须等待开证行通知到达,信用证才能恢复到原金额。

(3)半自动循环,指每次用完一定金额后若干天内,开证行未提出停止循环使用的通知,自第×天起即可自动恢复至原金额。

(七)对开信用证

对开信用证(reciprocal L/C)指两张信用证申请人互以对方为受益人而开立的信用证。两张信用证的金额相等或大体相等,可同时互开,也可先后开立,多用于易货贸易或来料加工和补偿贸易业务。

(八) 对背信用证

对背信用证(back to back L/C)又称转开信用证，指受益人要求原证的通知行或其他银行以原证为基础，另开一张内容相似的新信用证，对背信用证的开证行只能根据不可撤销信用证来开立。对背信用证的开立通常是中间商转售他人货物，或两国不能直接办理进出口贸易时，通过第三者以此办法来沟通贸易。原信用证的金额(单价)应高于对背信用证的金额(单价)，对背信用证的装运期应早于原信用证的规定。

(九) 预支信用证

预支信用证(anticipatory credit)指开证行授权代付行(通知行)向受益人预付信用证的全部或部分金额，由开证行保证偿还并负担利息，即开证行付款在前，受益人交单在后，与远期信用证相反。预支信用证凭出口人的光票付款，并要求受益人附一份负责补交信用证规定单据的说明书，当货运单据交付后，付款行在付剩余货款时将扣除预支货款的利息。

第八节　国际贸易支付方式——不同支付方式的结合使用

在国际贸易中每笔交易通常只采用一种支付方式，但根据不同的国家和地区、不同的客商、不同的市场状态和不同货源国的情况，为了把商品打入国际市场，可灵活地综合运用多种支付方式，旨在实现按时安全收汇，加速资金周转，争取好的经济效益。

在进出口业务中一般都采用即期信用证，但为了推销产品，出口商给进口商提供优惠条件时，可以采用远期信用证方式成交，亦可采用付款交单托收方式成交。为了处理货源国或出口方的积压商品或库存商品或错过货物销售季节的滞销商品，把这类商品变成外汇，可采用托收承兑交单方式成交。

除灵活采用上述方式成交外，还可采用不同支付方式相结合的办法来支付货款。

一、不同支付方式的结合

(一) 信用证与汇付相结合

信用证与汇付相结合是指部分货款采用信用证结算，剩余货款采用汇付结算。例如，成交的契约货物是散装物，如矿砂、煤炭、粮食等，进出口商同意采用信用证支付总金额的 90%，10%余款待货到后经过验收，确定其货物的计数单位后，采用汇付方式支付。

合同中采用信用证与汇付相结合的支付方式举例如下：

合同签订生效后 7 天内，买方以电汇方式预付全部货款的 10%作为定金，余款(总金额的 90%)采用不可撤销即期跟单信用证方式结算。

The buyers shall pay 10% of the total value of the contract as deposit within 7 days after conclusion of the contract. The other payment(that is 90% of the total valued of the contract) shall pay by irrevocable documentary sight letter of credit.

合同签字生效后 15 天内，买方按发票金额(合同总金额)的 85%开出不可撤销即期信用证，该信用证有效期至装运日期后天在中国议付有效。其他 15%货款在买方收到货物后 15 天内以电汇方式付至卖方指定账户。

The buyer shall open an irrevocable documentary sight letter of credit covering 85% of the invoice value(total value of the contract) within 15 days after conclusion of the contract. The above L/C shall be valid for negotiation in China until days after the month of shipment. Other payment, i. e. 15% of the invoice value, shall be paid by the buyer by T/T to the seller's account 15 days after arrival of the goods.

(二) 信用证与托收相结合

信用证与跟单托收相结合的支付方式是指部分货款采用信用证支付，剩余货款采用跟单托收结算。

一般的做法是在信用证中规定出口商须签发两张汇票，一张汇票是依信用证项下部分，货款凭光票付款，另一张汇票须附全部规定的单据，按即期或远期托收。在信用证中需列明如下条款：

货款的50%应开具不可撤销信用证，其余50%见票付款交单，全套货运单据应附在托收部分项下。于到期时全数付清发票金额后方可交单。

50% of the value of goods by irrevocable letter of credit and remaining 50% on collection basis at sight, the full set of shipping documents are to accompany the collection item. All the documents are not to be delivered to buyer until full payment of the invoice value.

采用不可撤销信用证与跟单托收相结合的支付方式的优点如下。

对进口商来讲，可减少开证保证金，用少量的资金实现高于投资额几倍的贸易额，有利于资金的周转，而且可节约银行费用。

对出口商来讲，采用信用证与托收相结合的支付方式，虽然托收部分须承担一定的风险，但以信用证作保证提供了保全的办法。除此之外，还有其他保全措施，即全部货运单据须附在托收汇票项下，开证银行或付款银行收到单据与汇票时，由银行把住关口，进口商付清全部货款后才会将提单交给进口商，保证安全收汇，防止进口商于信用证项下部分货款付款后就取走提单。

在买卖契约、开证申请书及信用证中必须载明，进口商必须付清发票全部金额，才能取得单据。若不付清发票全部金额则装运单据须由银行控制，并凭出口商旨意，予以办理。在信用证上表示上述功能的文句如下：

兹开立本信用证规定50%发票金额凭即期光票支付，余50%即期付款交单。100%发票金额的全套装运单据随附于托收项下，于进口商付清发票全部金额后交单。若进口方不付清全部金额，则装运单由开证银行（或付款银行）控制，凭出口商旨意予以办理。

We hereby issue this credit stipulating that 50% of the invoice value is available against clean draft at sight while the remaining 50% of documents be held against payment at sight under this credit. The full set of the shipping documents of 100% invoice value shall accompany the collection item and shall only be released after full payment of the invoice value. If the importer fails to pay full invoice value, the shipping documents shall be held by the issuing bank(or paying bank) at the seller's disposal.

在实务中还有另一种支付方式，可减少进口商拒付的风险。

(三) 跟单托收与提交预付金相结合

跟单托收与提交预付金相结合是指采用跟单托收并由进口商提交预付款或一定数量的押

金作为保证。契约货物装运后,出口商通过银行可获得部分货款。若托收遭到进口商拒付时,出口商可将货物运回,并从已获款项中扣除来往运费、利息及合理的损失费用。关于预付金或一定数量的押金的数目,应经协商方式视情况而定。为表示上述功能,在契约和信用证中必须明确如下内容:

装运货物系以第××号即期信用证规定的电汇或信汇方式向卖方提交预付金或一定数量的押金××为前提,其余部分采用托收凭即期付款交单。

Shipment to be made subject to an advanced payment or payment amounting×× to be remitted in favour of seller by T/T or M/T with indication of S/C No. ×× and the remaining part on co11ection basis,documents will be re-leased against payment at sight.

(四)不同支付方式与分期付款、延期付款相结合

在国际贸易中,进出口双方经谈判达成大型设备、成套机械及大型交通工具的成交时,可采用不同支付方式与分期付款、延期付款相结合的方式。这种特定的贸易方式特点是契约货物金额大,制造生产周期长,检验手段复杂,交货条件严格及产品质量保证期较长等,例如:

1. 进出口商双方对开保函与分期付款相结合。

进口商依契约规定开具银行保函(letter of guarantee),依生产进度分期交付货款。

进口商为了保障本身的利益,防止出口商延迟交货,或产品质量与契约不符,或因故违约等,故亦要求出口商提供保函。

2. 预付定金与延期付款相结合

依契约由进口商提交一定数额的定金,并按规定延期付款。延期付款的金额是在交货后若干年内进行支付的,亦称赊购支付方式。进口商必须支付延期付款期间的利息。

(五)国际信用卡支付与 PayPal、西联、TT 等的结合

据不完全统计,全球有 1 亿多 PayPal 使用者,而信用卡的用户也达到 13 亿之多。商家适当选择一些在线收汇方式,对开发新客户是比较有帮助的。在销售的过程中要非常注重和客户的沟通以及产品的质量,遇到不放心的客户就保存聊天记录以及发货单据,还有就是让客户传信用卡的正反面过来。这样如果以后发生纠纷,也可以有证据证明。根据不同客户的需求选择不同收款方式,不仅能提高交易量,使自己的业绩有很大的提高,而且各种收汇方式互相补充也避免客户会因自己外贸网站的收汇不齐全而流失。

在实务中,除采用上述办法作为支付方式外,还可以运用一些其他的方式,如采用部分现汇、部分托收或部分金额采用信用证作为支付方式等。

二、出口企业选择结算方式考虑的因素

在每一笔交易中,出口商必须针对不同的国家、不同的交易对象进行全面衡量,既要发展业务,争取市场,又要保证收汇安全。出口企业对结算方式的选择主要考虑以下因素。

(一)进口商的资信

在国际贸易中,出口商首先应根据交易对手的资信状况选择支付方式。一般而言,在签订合同时,必须首先对国外客户进行信用调查,交易对手的资信情况对交易的顺利进行起着关键性的作用,这是选择结算方式成败的关键和基础。如果对进口商的信用不了解(如初次交易),或调查结果表明其信誉不佳时,出口商尽量选择风险较小的支付方式,如预付货款、信用证结算

方式或多种方式并用等。而当对方信用好，交易风险较小时，可选择对交易双方都有利的手续少、费用少的方式，这对加强和巩固客户关系有良好的促进作用。

(二) 合同中的贸易术语

在国际商会编写的《2010 年国际贸易术语解释通则》中，共列举了 13 种贸易术语供交易当事人选择。每个术语都有各自的特点与适用情形，我们可以按照交货条件的不同将贸易术语分为两大类，象征性交货和实际交货。如果使用实际交货术语，卖方以直接向买方交付货物的方式来履行交货义务，买方只有在实际收到货物之后才有义务付款，这种情况就不适合托收或信用证这种凭单付款的结算方式。若使用象征性交货术语，转移货物所有权以单据为媒介，出口方就可以选择信用证，若进口方资信好时，也可考虑托收。

(三) 运输单据

运输单据是承运人收到货物后签发给出口商的重要单据。在不同的运输方式下，运输单据的性质不完全相同。由于有些运输单据是物权凭证，有些运输单据是非物权凭证，所以运输单据的性质对于结算方式的选择也会产生影响。货物通过海上运输或者多式联运时，出口商装运货物后可得到海运提单或可转让的多式联运提单，只要出口商能控制单据，货物所有权就能得到有效控制，可以选择信用证和托收方式结算货款。货物通过航空、铁路邮包运输时，出口商得到的单据一般为非物权凭证的航空运单、铁路运单、邮包收据，在这种情况下，不宜选择托收结算方式，如果选择信用证，应规定直接向开证行或指定银行提交单据，以便银行能控制货物。

此外，在选择结算方式时，还应考虑进口国国家或地区的商业习惯、商品竞争情况、交易数额大小、货币因素、出口方在销售地点是否设有代表机构等因素以减少风险。

第九节　国际货物运输

一、国际货物运输概述

(一) 国际货物运输的概念、性质和特点

1. 国际货物运输的概念

国际货物运输是指在国家与国家、国家与地区之间的运输。国际货物运输又可分为国际贸易商品运输和非贸易商品运输。贸易商品运输是为国际的商品交换服务的，是实现国际货物贸易的重要手段，因此，国际货物运输对一个国家而言可以称为对外贸易运输；非贸易商品运输是为非贸易商品（如展览品、个人行李、办公用品、援外物资等）的跨国间移动服务的，在国际货物运输中占极小部分。

2. 国际货物运输的性质

运输业作为特殊的独立生产部门，所生产的是商品的空间位置的变动。商品在空间上的流通，即通过运输使商品位置发生位移，改变了商品的使用价值，使商品的交换价值增大，从而使其可以按照高于原产地的价格出售。由运输追加到商品中的价值等于使商品的使用价值发生位移所需的劳动量，这个劳动量一部分是物化劳动量（即运输工具的价值转移），另一部分是活劳动量（即运输劳动的价值追加），这同其他商品的价值增加过程是一样的。

然而，作为一个独立的物质生产部门，国际货物运输同国内货物运输一样，有着自己的特殊性。这种特殊性主要体现在三个方面。

(1) 物质产品的生产是运输生产的基础，运输生产是物质产品生产过程在流通领域中的延续。没有物质产品的生产就没有运输生产，反之，没有运输将生产的产品运到消费地点，产品的使用价值就无法实现，物质产品的生产就没有意义。

(2) 运输业生产的产品是无形的。在运送商品的过程中，运输不能改变劳动对象(即商品)的形状和性质，也不能生产出独立形态的产品。因此，运输在国际贸易中被划为服务贸易范畴。

(3) 国际货物运输增加了商品的价值。国际贸易中，商品价格包含了商品的运价，运价一般是以商品的运输距离和运输量来确定的，与商品的价值无太大的关系。由此看来，运价在低价值商品价格中所占的比重就大一些，如运价在原料型商品的价格中会占50%以上甚至100%的比重，而在高价值的制成品价格中一般只占10%～40%的比重。因此，从事商品贸易的人不得不重视商品的运输价值。

3. 国际货物运输的特点

(1) 运输环节多。国际货物运输需要经过许多运输环节，主要包括货物输出和输入国的存储、运输和装卸，出口和进口港的存储和装卸，国际中途港的转运和装卸以及这些环节间不同运输方式的转换等。其中任何一个环节发生问题，就会影响整个国际货物运输的进程。

(2) 涉及面广，情况复杂多变。国际货物运输涉及国内外很多部门，需要与不同国家和地区的货主、交通运输部门、商检机构、保险公司、银行或其他金融机构、海关、港口及各种中间代理商等打交道。同时，由于各国和地区的政治、法律法规、金融货币制度、政策规定的多样化，贸易、运输习惯和经营做法的差异，加之经济和自然条件的变化，都会对国际货物运输产生较大的影响。

(3) 时间性强。现今国际市场竞争异常激烈，商品价格瞬息万变，安全、快捷的运输已经成为贸易竞争的重要手段。各国的合同法及相关国际公约几乎都把及时交付货物作为合同的重要义务，如不能及时交付货物，出口人及承运人将承担法律责任；一些鲜活商品、季节性商品和敏感性强的商品若不能及时运抵目的地，将产生重大经济损失或影响到商人的信誉。

(4) 政策性强。国际货物运输是国际贸易的一个组成部分，在组织货物运输的过程中，需要经常同国外发生直接或间接的业务联系，这种联系不仅是经济上的，也涉及政治问题以及由政治问题引发的社会问题，所以说它是一项政策性很强的涉外活动。

(5) 国际货物运输环节多，运输距离长，运输工具经常穿越不同的气候带，停靠不同国家和地区，使得国际货物运输必然面临相对大的自然风险和政治风险。为避免国际货物运输中的风险损失，给各种进出口货物和运输工具提供保障，投保国际货物运输险对于国际货物买卖来说就尤为重要。

二、国际货物运输的任务和要求

(一) 国际货物运输的任务

1. 按时、按质、按量地完成进出口货物运输

"按时"就是根据贸易合同上的装运期和交货期条款的规定履行合同；"按质"就是按照贸易合同质量条款的要求履行合同；"按量"就是尽可能地减少货损、货差，保证达到贸易合同中货物

数量条款的规定。如果违反了上述合同条款，就构成了违约，有可能导致赔偿、罚款等严重的法律后果。因此，国际货物运输部门必须重合同、守信用，保证按时、按质、按量地完成进出口货物运输任务，保证国际贸易合同的履行。

2. 节省运杂费用，为国家积累建设资金

由于国际货物运输是国际贸易的重要组成部分，而且运输距离长、运输环节较多，各项运杂费用开支较大，所以节省运杂费用的潜力较大，途径也较多。因此，从事国际货物运输的企业应该不断改善经营管理，节省运杂费用，提高企业的经济效益和社会效益，为国家积累更多的建设资金。

3. 为国家节约外汇支出，增加外汇收入

国际货物运输是一种无形的国际贸易，它是国家外汇收入的重要来源之一。国际贸易选择海上运输时一般采用 CIF 和 FOB 等贸易术语成交。按照 CIF 术语，货价内包括运费、保险费，由卖方派船将货物运至目的港；按照 FOB 术语，货价内不包括运费和保险费，由买方派船将货物运至目的港。为了国家和企业的利益，出口货物时多争取采用 CIF 术语，进口货物时多争取采用 FOB 术语，这样可以节省外汇支出，增加外汇收入。国际货物运输企业为了国家利益，首先应依靠国内运输企业的运力和我国的方便旗船，再考虑我国的租船、中外合资船公司和侨资班轮的运力，充分调动和利用各方面的运力，使货主企业同运输企业有机衔接，争取为国家节约外汇支出，增加外汇收入。

4. 严格遵循国家的对外政策

国际货物运输是国家涉外活动的重要组成部分，它的任务之一就是在平等互利的基础上，密切配合外交活动，在实际工作中具体体现和切实贯彻我国的各项对外政策。

(二) 国际货物运输的要求

1. 选择最佳的运输路线和最优的运输方案，组织合理运输

各种货物运输方式有着各自比较合理的适用范围和不同的技术经济特征，选择时必须进行比较和综合分析。首先要考虑商品的性质、数量的多少、运输距离的远近、市场需求的缓急、风险程度等因素。比如鲜活商品、季节性商品要求运输速度快、交货及时，以免贻误销售时机；贵重货物因商品价值高，要求严格地保证运输质量等。另外，还要考虑运输成本的高低和运输速度的快慢。比如货价较低的大宗商品要求低廉的运输费用，以降低运输成本，增加竞争能力。同一运输方式，如铁路和公路运输可根据不同商品选择不同类型的车辆，海运可选择班轮或不定期船，并充分利用回空运输工具来运输货物。

正确选择运输路线和装卸、中转港口。一般来说，应尽量安排直达运输，以减少运输装卸、转运环节，缩短运输时间，节省运输费用。必须中转的进出口货物应选择适当的中转港、中转站。进出口货物的装卸港一般应尽量选择班轮航线经常停靠的，自然条件和装卸设备较好、费用较低的港口。进口货物的卸货港应根据货物流向和大宗货物用货地来考虑；出口货物的装运港还应考虑出口货物产地或供货地点，以减少国内运输里程，节约运力。

1) 合理运输

所谓合理运输，是指物质产品实体从生产地至消费地转移的过程中，充分有效地运用各种运输工具的运输能力，消耗最少的人和财物，及时、迅速、按质按量地安全完成运输任务。其标志是，运输距离最短，运输环节最少，运输时间和运输费用最省。

运输合理化的影响因素很多，起决定性作用的有以下因素：

(1) 运输距离。运输时间、运输货损、运费、车辆或船舶周转等运输的经济指标都与运输距离有一定的关系，运距长短是运输是否合理的一个最基本因素。缩短运输距离从宏观、微观角度都会带来好处。

(2) 运输环节。每增加一个运输环节，不但会增加起运的运费和总运费，而且会增加运输的附属活动，如装卸、包装等，各项技术经济指标也会因此下降。所以，减少运输环节，尤其是同类运输工具的环节，对合理运输有促进作用。

(3) 运输工具。各种运输工具都有其适用的优势领域，对运输工具进行优化选择，按运输工具的特点进行装卸运输作业，最大限度地发挥所用运输工具的作用，是运输合理化的重要一环。

(4) 运输时间。运输是物流过程中时间花费较多的环节，尤其是远程运输，在全部物流时间中，运输时间占绝大部分，所以运输时间的缩短对整个流通时间的缩短有决定性作用。此外，运输时间短有利于运输工具的加速周转，能充分发挥运力的作用，有利于货主资金的周转，有利于运输线路通过能力的提高，对运输合理化有很大的贡献。

(5) 运输费用。运费在全部物流费用中占很大比例，运费的高低决定了整个物流系统竞争能力的高低。实际上，运输费用的降低无论对货主企业来讲，还是对物流经营企业来讲，都是运输合理化的一个重要目标。运费的高低也是各种合理化实施是否行之有效的最终判断依据之一。

2) 不合理运输

所谓不合理运输，是指未达到在现有条件下可以达到的运输水平，从而造成运力浪费、运输时间增加、运费超支等问题的运输形式。

根据各方面收集的实例，主要归纳为以下几种情况：

(1) 生产、加工、包装、仓储选点布局不合理，造成迂回、过远运输。

(2) 对外签订的进出口合同的运输条款规定的不合理，如未考虑货源的产地和销售地的情况，港口选择不当，导致履约上的困难和运输费用的增加。

(3) 货物和运输工具以及运输方式不配套，如铁路沿线地区的长途运输使用汽车，而短途运输反而使用火车，宜水从路，宜路从水，能直达的却中途卸货，这些情况都会偏离合理运输的目标，货物和运输工具不相适应也会造成运输容积的浪费和可能的货损。

(4) 出口货物在产地检验不严或单证不全的情况下盲目发运，货到口岸不能及时出口，以致压车、压船、压库，结果就地处理或原货退回，造成无效运输、往返运输。

(5) 计划调度不当，增加不必要的中转环节，造成迂回运输或对流运输；车船调度不当，一方面有货无车(船)而另一方面却是车(船)等货，使运力得不到充分的发挥。

(6) 出口包装不合理可能造成货物的耗损和运输容积的浪费，运输包装要牢固、经济、科学和标准化，危险品的包装更要注意。

(7) 国家运输条件紧张，运输计划管理人员素质不高，各部门信息不能沟通或配合不当。

2. 树立系统观念，加强与有关部门配合协作，努力实现系统效益和社会效益

在国际货物运输的过程中，要切实加强货主、运输企业、商检、海关、金融、港口、船务代理和货运代理等部门之间的联系，相互配合、密切协作，充分调动各方面的积极性，形成全局系统观念，共同完成国际货物运输任务。特别是货运代理企业，还要综合运用各方面的运力，以综合运

输系统和国际贸易整体的系统利益出发,除了努力争取本企业的经济利益之外,还要考虑系统效益和社会效益,在完善企业自身的同时考虑企业的社会责任。

3. 树立为货主服务的观点,实现“安全、迅速、准确、节省、方便”

根据国际货物运输的性质和特点,中国外运集团经过多年的实践提出的国际货物运输要“安全、迅速、准确、节省、方便”的十字方针,已被广大货运代理企业和有关部门所认可。

二、国际货物运输的组织体系和运输方式

(一) 国际货物运输的组织体系

1. 货主

货主(cargo owner)是指专门经营进出口商品业务的国际贸易商,或有进出口权的工贸、地贸公司以及“三资”企业。它们为了履行国际贸易合同必须组织办理进出口商品的运输,是国际货物运输中的托运人(shipper)或收货人(consignee)。

2. 承运人

承运人(carrier)是指专门经营水上、铁路、公路、航空等客货运输业务的交通运输部门,如轮船公司、铁路或公路运输公司、航空公司等。它们一般都拥有大量的运输工具,为社会提供运输服务。

3. 货运代理人

货运代理人(forwarding agent,freight forwarder)是指根据委托人的要求代办货物运输的业务机构。它们有的代表承运人向货主揽取货物,有的代表货主向承运人办理托运,有的兼营两方面的业务,属于运输中间人的性质,在承运人和托运人之间起着桥梁作用。

(二) 国际贸易运输方式

1. 按运输工具分类

1) 海洋运输

目前在国际货物运输中,海洋运输(ocean transport)量在国际货物运输总量中占70%以上。海洋运输之所以被广泛采用,是因为它与其他国际运输方式相比,有通过能力大、运量大、运费低等鲜明优点。

海洋运输虽然有许多优点,但是也存在不足之处。例如,海洋运输受气候以及自然条件的影响较大,航期不准确,而且风险较大。另外,海洋运输的速度也相对较低。

2) 铁路运输

在国际货物运输中,铁路运输(rail transport)是仅次于海洋运输的主要运输方式,海洋运输的进出口货物大多是靠铁路运输进行货物的集中及扩散的。

铁路运输有许多优点,它一般不受气候条件影响,可保障全年的正常运输,而且运量较大,速度较快,有高度的连续性,运转进程中可能遭受的风险也较小。办理铁路货运手续比海洋运输简单,而且发货人和收货人可以在就近的始发站(装运站)以及目的站办理托运以及提货手续。

3) 航空运输

航空运输(air transport)是一种现代化的运输方式,它与海洋运输、铁路运输相比,拥有运输速度快、货运质量高,且不受地面条件的限制等优点。因此,它最适合运送急需物品、鲜活商

品、精密仪器以及贵重物品。

4）邮包运输

邮包运输(parcel post transport)是一种较简便的运输方式。各国邮政部门之间订有协议及合约，通过这些协议以及合约，各国的邮件包裹可以相互传递，从而构成国际邮包运输网。因为国际邮包运输拥有国际多式联运以及“门到门”运输的性质，加上手续简便，费用也不高，故其已成为国际贸易中普遍采取的运输方式之一。

5）管道运输

管道运输(pipeline transport)是利用管道输送气体、液体和粉状固体的一种特殊的运输方式，它随着石油原油的生产而产生。管道运输是运输通道和运输工具合二为一的专门的运输方式。

2. 按运输作用分类

按运输作用分类，分为集货运输和配送运输。

(1) 集货运输是将分散的货物集中运输，集货运输是干线运输的一种补充形式。

(2) 配送运输是将节点中已按用户要求配好的货物分送给各个用户的运输。

3. 按运输的协作程度分类

按运输的协作程度分类，分为一般运输、联合运输、多式联运。

(1) 一般运输是指孤立地采用不同的运输工具或同类运输工具而没有形成有机协作关系的一种运输，如汽车运输、火车运输等。

(2) 联合运输简称联运，它是将两种或两种以上运输方式或运输工具联合起来，实现多环节、多区段相互衔接的接力式运输。

(3) 多式联运是在集装箱运输的基础上发展起来的一种综合性的连贯运输方式，它一般是以集装箱为媒介，把海、陆、空各种传统的单一的运输方式有机地结合起来，组成一种国际间的连贯运输。

4. 按运输中途是否换载分类

按运输中途是否换载分类，分为直达运输和中转运输。

(1) 直达运输是利用一种运输工具从起运站(港)一直到到达站(港)，货物中途不换载且不入库储存的运输形式。

(2) 中转运输是在组织货物运输时，货物运往目的地的过程中在途中的车站、港口、仓库进行转运换装的运输形式。

我国对外贸易进出口货物绝大部分是通过海洋运输，少部分通过铁路运输或者公路运输，也有些货物是通过管道或邮政运输。随着航空事业的发展，航空运输的货运量近年来有较大的增长，货物的种类和范围也不断扩大。

各种运输方式各有其特点。在对外贸易工作中，应根据进出口货物的性质、运量的大小、路程的远近、需要的缓急、成本的高低、装卸地的条件、法令制度与惯例、气候与自然条件以及国际社会与政治状态等因素审慎选择，以便高效、顺利地实现外贸运输的目的。

三、国际货物运输代理

(一) 国际货物运输代理的概念

国际货物运输代理简称“国际货运代理”或“国际货代”。关于国际货物运输代理的定义，目前国际上还没有一个权威的统一界定。

国际货运代理协会联合会(FIATA)的有关文件将货运代理人定义为:"根据客户指示,并为客户的利益而揽取货物的人,其本人并非承运人。"

《FIATA 国际货运代理服务示范法》(FIATA *Model Rules for Freight Forwarding Service*)中定义:"货运代理是指与客户达成货运代理协议的人,代理服务是指各类与运输、拼装、积载、管理、包装或分拨相关的服务,以及相关的辅助和咨询服务,包括但不限于海关和财政业务、官方的货物申报、货物保险、取得有关货物的单证及支付相关费用等。"

《中华人民共和国国际货物运输代理业管理规定实施细则》(2004 年 1 月 1 日由中华人民共和国商务部颁布)第 2 条规定:

"国际货物运输代理企业(以下简称国际货运代理企业)可以作为进出口货物收货人、发货人的代理人,也可以作为独立经营人,从事国际货运代理业务。

国际货物代理企业作为代理人从事国际货运代理业务,是指国际货运代理企业接受进出口货物收货人、发货人或其代理人的委托,以委托人名义或者以自己的名义办理有关业务,收取代理费或佣金的行为。

国际货物代理企业作为独立经营人从事国际货运代理业务,是指国际货运代理企业接受进出口货物收货人、发货人或其代理人的委托,签发运输单证、履行运输合同并收取运费以及服务费的行为。"

理解以上定义应把握两个重要属性,即货运代理人基本上可划分为两大类:一类仍将货运代理人限定在纯粹代理的范畴,即货运代理人只能作为代理人以委托人的名义代办货物运输及相关业务;另一类突破了货运代理人只能作为代理人的界限,允许货运代理人作为独立经营的当事人开展业务,从而使货运代理人具有多重属性。

在我国,国际货物运输代理人的定义是:接受进出口货物收货人、发货人的委托,以委托人的名义或者以自己的名义为委托人办理国际货物运输及相关业务并收取服务报酬的人。

(二) 国际货运代理的业务特点

从《中华人民共和国国际货物运输代理业管理规定》及其实施细则来看,我国的国际货运代理具有如下特点:

(1) 国际货运代理企业并不仅限于称为"货运代理"的公司,只要名称中包含有"货运代理""运输代理""集运"或"物流"等相关字样即可。

(2) 注册资本最低限额的规定。经营海上国际货运代理业务的最低限额为 500 万元人民币,经营航空国际货运代理业务的最低限额为 300 万元人民币,经营陆路国际货运代理业务或国际快递业务的最低限额为 200 万元人民币,经营上述两种以上业务的注册资本最低限额为其中最高一项的限额。

(3) 业务经营范围既有地域限制,也有运输方式的限制。有些国际货运代理只能在某一区域内从事某种运输方式的货运业务,而有些国际货运代理则可以从事多种运输方式的货运业务。

(4) 国际货运代理人与船务代理人、航空销售代理人、无船承运人、多式联运经营人、专业报关等其他运输中间人存在一定的交叉业务。

(三) 国际货物运输代理的种类

运输代理种类繁多,按照代理业务的性质和范围的不同,可分为租船代理、船务代理、货运代理和咨询代理四大类。

1. 租船代理

租船代理(shipping broker)又称租船经纪人,是指以船舶为商业活动对象而进行船舶租赁业务的人。其主要业务是在市场上为租船人寻找合适的运输船舶或为船东寻找运货对象,以中间人身份使租船人和船东双方达成租赁交易,从中赚取佣金。因此,根据租船代理所代表的委托人身份的不同又分为租船代理人和船东代理人。其业务范围如下:

(1) 按照委托人(船东或货主)的指示,为其提供最合适的对象和最有利的条件,并促成租赁交易的成交;

(2) 根据双方洽谈确认的条件制成租船合同并按委托人的授权代签合同;

(3) 提供委托人航运市场行情、国际航运动态以及有关资料信息等;

(4) 为当事人双方斡旋调解纠纷,公平合理地解决问题。

租船代理佣金按照惯例是由租金收入方支付的,即由船东支付,佣金一般按照租金的1%~2.5%在租船租约中加以约定。

2. 船务代理

船务代理(shipping agent)是指接受承运人的委托,代办与船舶有关的一切业务的人。其业务范围很广,主要包括船舶进出港业务、货运业务、船舶供应及其他服务性工作等。

船务代理一般按规定的收费标准向委托人收取代理费用。船舶代理费一般按船舶登记吨位计收,如我国船舶每登记净吨0.80元,进出口各收一次,不足500吨,按500吨计收。船舶来港若不装卸货物,进出口合并一次计收。货物代理费一般规定按船舶装卸货物吨数和货物种类计收。

船务代理关系根据委托方式的不同,一般分为航次代理和长期代理两种。前者指委托人的委托和代理人的接受均以每船一次为限,后者则是指船方和代理人之间签订有长期(1~5年或更长时间)的代理协议。

3. 货运代理

货运代理人(freight forwarder)接受货主的委托并代表货主办理有关货物报关、交接、仓储、调拨、检验、包装、转运、订舱等业务。他们与货主之间的关系是委托与被委托的关系,他们以货主的代理人身份对货主负责,同时又以所提供的服务向货主收取代理费。

货运代理的业务范围有:①订舱揽货代理;②货物装卸代理;③货物报关代理;④转运代理;⑤理货代理;⑥储存代理;⑦集装箱代理。

4. 咨询代理

咨询代理(consulting agent)是专门从事咨询工作,按委托人的需要,提供有关国际贸易运输的情况、情报、资料、数据和信息服务而收取一定报酬的人。这类代理人不仅拥有研究人员和机构,而且与世界各贸易运输研究中心有广泛的联系,所以消息十分灵通,诸如设计经营方案,选择合理、经济的运输方式和路线,核算运输成本,研究解释规章法律以及调查有关企业财政信誉等,都可根据委托提供专题报告和资料。

以上各项代理仅仅是从各自业务的侧重面加以区别,实际上,它们之间的业务往往相互交错,业务范围划分得并不是很清楚。例如,不少船务代理也兼营货运代理,有些货运代理也兼营船务代理。

(四) 国际货物运输代理的独立经营人业务

国际货物运输代理的独立经营人业务是指国际货运代理以承运人的身份接受进出口货物收货人、发货人或其代理人的货载，签发运输单证、履行运输合同并收取运费以及服务费。其业务范围主要有无船承运人业务(包括独立经营海运班轮、租船业务、空运集运业务)和国际多式联运。

1. 无船承运人

无船承运人有狭义和广义之分。狭义的无船承运人是指自己无运输船舶，却以承运人身份从事海上货物运输的人。广义的无船承运人是指无运输工具，却以承运人身份从事各种方式的货物运输的人，如国际多式联运经营人。

2. 国际多式联运经营人

国际多式联运是指国际货运代理独立经营人中的广义无船承运人业务，其业务的根本性质为承运业务，国际多式联运经营人的法律地位为承运人。

3. 独立经营人与代理人的区别

作为独立经营人从事货运代理业务，与纯代理人的主要区别在于：

(1) 法律地位不同。纯代理业务的国际货运代理，不论是直接代理行为还是间接代理行为，其代理人的法律性质没有改变，委托人需要承担代理人的行为后果。而作为独立经营人的国际货运代理，其业务行为的性质已经发生改变，已经从代理人的性质转变为独立经营人，或者说无船承运人的性质，需要对托运人独立承担承运人的义务和责任，托运人也不再是委托人，而是独立经营人的运输合同的相对人。

(2) 合同性质不同。合同性质不同决定了国际货运代理的合同义务不同。纯代理业务中，实际托运人与纯代理人的合同性质是代理合同，适用有关代理的法律规定。独立经营业务中，实际托运人与独立经营人的合同性质是运输合同，适用有关运输合同及无船承运人的法律规定。

(3) 运输单证不同。纯代理业务中，国际货运代理一般不签发运输单证，代理货物的存储、国内运输、保管所签发的有关单证也不具有国际货物运输单证的性质。在独立经营人业务中，独立经营人以自己的名义签发运输单证，此种单证在海运中称为“货代提单(house B/L)”，在空运中称为“分运单(house air waybill)”。该单证具有运输合同或运输合同证明的性质。

(4) 服务费用的性质不同。纯代理业务中，国际货运代理收取的服务费用为代理费；独立经营人业务中，国际货运代理收取的服务费用为运费。

(5) 业务形式不同。纯代理业务中，国际货运代理无须以承运人身份参与运输，不一定需要建立全球服务网络；而作为独立经营人的无船承运人需要组织货物的全程运输，需要建立全球服务网络，其业务流程更为复杂。

(6) 执业条件不同。由于业务性质不同，世界上几乎所有国家都对作为独立经营人的无船承运人在执业条件上做出了特殊规定。例如，《中华人民共和国国际海运条例》就对国际货运代理经营无船承运人业务做出了诸如特殊审批、提单备案、保证金缴付、运价管理等特殊规定。

第十节　国际货物运输保险

一、国际货物运输保险基础知识

在国际货物运输、装卸的过程中可能会遇到许多人类自身无法控制的自然灾害或意外事故，从而导致损失，一旦发生风险并带来损失，买方或卖方就会减少或完全失去贸易中的利益。在长期的贸易实践中，人们创造了一种转嫁货物在运输过程中的风险损失的办法，即货物运输保险。货物通过投保将不定的损失变为固定的费用，在货物遭到承保范围内的损失时，可以从保险公司及时得到经济上的补偿，这不仅有利于进出口企业加强经济核算，而且也有利于进出口企业保持正常经营，从而有效地促进国际贸易的发展。

国际货物运输保险是以各种运输工具装载的国际货物作为保险标的(subject of insurance)的保险，即投保人对某一特定的运输货物(包括用海轮、火车、飞机、汽车、邮包运输及联运的各种货物)，按一定的险别和规定的费率，向保险公司办理投保手续并缴纳保险费，保险公司依约承保并发给投保人保险单证作为凭据，一旦运输货物在运输途中遭受各类风险事故，就由保险公司负责赔偿因风险事故所致的损失。

(一) 国际货物运输保险简史

现代的国际货物运输保险源自海上保险制度。海上保险制度是历史上最为悠久的保险制度，但它从何时何地开始已无法考证。人们只能根据现有的资料进行推测，认为海上保险制度是从古代的“共同海损”及“船舶抵押借贷”等习惯产生的。

“共同海损”原则和“船舶抵押借贷”制度的产生可以追溯至公元前2000年的欧洲地中海地区。当时的海上贸易，船主和货主常常会在同一条船上航行，货船遇到危险的情况经常发生，在遇到危险时人们通常采取的措施就是把一部分货物抛入海中以减轻船舶的负担。为了避免抛货时产生争议，逐渐形成一种习惯做法，即在紧急情况下由船主做出抛弃货物的决定，因抛弃货物所造成的损失由获益的船主和货主共同分摊。这种“一人为众，众为一人”的习惯做法就是“共同海损”原则，这一原则后来逐渐发展成为今天的共同海损分摊原则。

此外，海上保险的产生还与当时的“船舶抵押借贷”制度有关。当时，为了修理船舶和补充给养，船主往往以船货做抵押向当地商人借款，抵押借款的办法是：如果船主的船舶安全抵达目的地，则船主负责归还本息；如果船舶和货物在航行中因海难或海盗遭受损失，则按照损失的程度免除船主的部分或全部债务。这种借贷制度因为债权人要承担较大风险而利率相当高，债务人付出的高借贷利息部分就相当于现代保险中的保险费支出，后来，人们把这种抵押借贷制度逐步完善为现代的海上保险制度。

13世纪末，意大利商人控制了东方和西方的中介贸易。这时，意大利北部的地中海沿岸各城市如伦巴第、热那亚、佛罗伦萨、比萨、威尼斯等逐渐成为海上贸易中心，海上保险便首先在这些地区得到了发展。1316年，商人们在布鲁日成立了保险商会，并订立了货物海运的保险费率。现存世界上最古老的保险单就是1347年10月23日由意大利商人乔治·勒克维伦出立的，承保“圣·克勒拉”号航船从热那亚到马乔卡的航程。

15 世纪以后，随着资本主义萌芽的出现，有了海上保险的法律。1435 年，西班牙的巴塞罗那颁布法规对海上保险作出规定，这是最早的海上保险法。随后，其他海运国家亦先后颁布了类似的法律。到了伊丽莎白女王时代，海上保险在英国已得到普遍推广和使用，1575 年首次成立了保险协会。

17 世纪，伦敦的保险人养成了一种习惯，喜欢聚集在他们当时经常光顾的咖啡馆内进行商业交往，讨论共同关心的问题。1688 年，爱德华·劳埃德(Edward LIoyd)在伦敦泰晤士河畔开设了一家咖啡馆，船主、船员、商人、银行老板、高利贷者等常在咖啡馆交换航运消息，交谈商业新闻，商洽海上保险业务。老板爱德华·劳埃德抓住这个机会，努力为买卖保险的双方提供便利，进而将咖啡馆变成了保险市场。1691 年，劳埃德咖啡馆由伦敦塔街迁往金融中心伦巴第街经营保险业务，并于 1696 年创办了专门报道海事航运消息的小报——《劳埃德新闻》。后咖啡馆逐渐发展成为一家保险中心，即当代世界保险市场最大的保险垄断组织之一的“劳合社(Lloyd’s)”。

（二）国际货物运输保险的特点与作用

1. 国际货物运输保险的特点

国际货物运输保险的目的在于货物在水路、铁路、公路运输和联合运输的过程中，遭受保险责任范围内的自然灾害或意外事故所造成的损失能够及时得到经济补偿，并通过加强货物运输的安全防损工作便利商品的生产和流通。国际货物运输保险与其他保险相比，具有以下一些特征。

1）承保范围的综合性

从范围上看，国际货物运输保险既有海上保险，又有陆上保险。从风险上看，既有自然灾害和意外事故引起的客观风险，又有外来原因引起的主观风险。简言之，国际货物运输保险承保的种类多、范围大，是其他保险所不能比拟的，充分显示了它的综合性。

2）承保标的的流动性

国际货物运输保险是为运输和贸易提供风险保障的，其保障的对象主要是国际贸易活动。国际货物运输保险承保的标的以货物为主，在国际运输中，交通运输工具和货物要从一出口装运地(港口)到达另一进口目的地(港口)。因此，无论是交通运输工具还是货物都经常处于流动状态，国际货物运输保险的标的具有一定的流动性。

3）承保对象的多变性

由于国际贸易是一种单证业务，国际货物运输保险允许保险单背书转让，而无须征得保险人的同意，这样的做法便于保险权益可以随物权单据的转移而随之转让。随着保险单持有人的转移，也就使得保险对象变化不定，因此，国际货物运输具有承保对象多变性的特征。

4）保险险别和险种的多样性

国际货物运输保险由于货物的运输方式不同，因此有不同的保险种类，包括海上货物运输、陆上货物运输、航空货物运输等几十种。不同的种类又包括不同的险别和险种，如海运保险在险别上有基本险和附加险之分，基本险又有平安险、水渍险、一切险等险种。

5）保险的国际性

国际货物运输活动是在国际范围内进行的，因而相应的保险也具有国际性特征，涉及有关国际法规和有关国家的法律适用问题，以及管辖权、诉讼、仲裁等方面的一系列法律问题。

2. 国际货物运输保险的作用

国际货物运输保险作为一种经济补偿的手段，具有转移风险、均摊损失、实施补偿的功能。货物运输保险的具体作用体现在以下几个方面。

1）转移风险

自然灾害、意外事故造成的经济损失一般都是巨大的，是受灾个人难以应付和承受的。买保险就是把自己的风险转移出去，为众多有风险顾虑的人提供保障，而接受风险的机构就是保险公司。转移风险并非灾害事故真正离开了投保人，而是保险公司借助众人的财力，给遭灾受损的投保人补偿经济损失。

2）均摊损失

国际货物运输保险是由保险公司组织参加保险的单位，以缴付保险费的形式集中相当数量的保险基金，以此来承担所保风险。保险公司以收取保险费用和支付赔款的形式，将少数人的巨额损失分散给众多的被保险人，从而使个人难以承受的损失变成多数人可以承担的损失，这实际上是把损失均摊给有相同风险的投保人。

3）实施补偿

实施补偿要以双方当事人签订的合同为依据，其补偿的范围主要有：投保人因灾害事故所遭受的财产损失；投保人因灾害事故依法应给予他人的经济赔偿；灾害事故发生后，投保人因施救保险标的所发生的一切费用。

二、保险的基本原则

保险的基本原则是在保险业务的发展过程中逐步形成的并为国际保险业所公认的准则，这些准则有利于维护保险双方的合法权益，更好地发挥保险的职能和作用。

（一）保险利益原则

1. 保险利益的含义

保险利益（insurable interest）是指投保人或被保险人对所投标的所具有的法律上的或事实上的利益。保险利益原则是指只有具有保险利益的人才能投保，在签订和履行保险合同的过程中，投保人或被保险人必须对保险标的具有可保利益，否则合同是非法或无效的。

保险利益和保险标的具有密切关系，但两者的性质并不相同。保险标的是指保险合同中载明的投保对象，如财产保险中的建筑物、原材料等有价物及相关利益，以及人的寿命和身体等。而保险利益体现为投保人和保险标的之间的利益关系。保险标的因保险事故而损毁或伤亡时，保险人赔偿或给付的是被保险人因此而遭受的经济损失。也就是说，保险利益以保险标的的存在为条件，只要保险标的存在，投保人或被保险人的经济利益也就存在，但如果保险标的遭受损失，投保人或被保险人也将承受经济上的损失。即被保险人对该保险标的所具有的保险利益并非保险标的本身，保险合同真正保障的是保险利益。

2. 保险利益成立的前提

1）保险利益必须是法律承认的利益

投保人或被保险人对保险标的所具有的利益必须是法律认可并受法律保护的利益，即在法律上可以主张的利益。违法行为取得的利益不能成为保险利益。例如，走私货物不具有保险利益，不能得到保险保障，即便订立保险合同也是无效的。

2）保险利益必须是确定的利益

保险利益必须是既得利益或是预期利益，且必须是客观上可以实现的利益，仅凭主观臆测或推断将来可能获得的利益不能成为保险利益。例如，处于国际运输中的货物，其预期利润在投保时还未实现，但该利润在国际贸易合同顺利履行后确实能够实现，所以被保险人对预期利润具有保险利益，即预期利润可以成为保险金额的一部分。

3）保险利益必须是具有经济价值的利益

保险利益必须具有经济价值是指被保险人对保险标的所具有的利益必须可以用货币衡量。财产保险以补偿损失为目的，保障的是被保险人经济上的损失，如果某项财产的价值不能用货币计量，一旦发生损毁，无法计算被保险人的经济损失，则无法进行保险赔偿，因此不具有保险利益。例如，油轮上的机器设备、货物等财产的价值均可以用货币计量，因此具有保险利益；油轮上的日志、图纸等财产的损失难以用货币进行衡量，因此不具有保险利益。

3. 保险利益的表现

保险利益具体表现在以下几方面：

(1) 现有利益是指被保险人对财产已享有且可继续享有的利益。被保险人对财产具有的合法的所有权、保管权、抵押权、留置权等关系均具有保险利益。船舶所有人、货物所有人、船舶或货物的受押人等均可以是海上保险合同的被保险人。

(2) 预期利益是指因财产的现有利益而存在确实可得的未来一定时期的利益，包括利润利益、租金收入利益、运费收入利益等。例如，若在运输途中发生风险事故致使货物受损，承运人的运费收入就会减少，则承运人对于预期的运费具有保险利益。

(3) 责任利益是指被保险人因其对第三方的民事损害行为依法应承担赔偿责任，因承担赔偿责任而做出经济赔偿和支付其他费用的人具有责任保险的保险利益。例如，承运人对货损、货差承担责任，船东对船员、乘客承担责任，都具有责任保险利益。

(4) 合同利益是指基于有效合同而产生的保险利益。如在国际贸易中，卖方将货物发运后，买方可能因自身原因拒付货款，使卖方遭受经济损失。因此，卖方对买方的信用具有保险利益。

4. 保险利益原则的作用

现代保险制度起源于海上保险。在海上保险产生初期，航海还是一种冒险行为，曾出现过一些人将与自己毫无利益关系的船舶、货物作为保险标的投保，一旦船舶、货物因海事而受损，这些人就可以得到保险赔款。由于这种保险赔款并不是用于补偿被保险人的损失，而是投机者以少量的保险费支出获得大大超过保险费的不当收益，从而使保险成为一种赌博手段，与其补偿损失的职能相悖。为了制止这一现象，英国及其他各国的法律均规定，禁止订立不具有保险利益的保险合同，在保险业务活动中逐渐形成了保险利益原则。保险业务必须遵循保险利益原则，其作用主要体现为以下几点。

1）防止赌博行为

从保险利益原则的起源可知，遵循这一原则能有效地防止赌博行为的产生。保险利益原则规定，投保人或被保险人对保险标的必须具有保险利益才可订立有效的保险合同。换言之，若投保人或被保险人对保险标的不具有保险利益，则订立的保险合同无效，不能获得保险人的保险赔偿或给付。

2）防止道德风险的发生

道德风险(moral hazard)，又称道德危险，是指保险合同的当事人或关系人品行不端，为获得保险赔偿或保险金给付，故意促成保险事件发生的风险。

3）限制保险保障的最高额度

保险利益是投保人或被保险人与保险标的之间的经济利益关系，具有经济价值。以其作为保险保障的最高限度，一方面能够使被保险人得到充分的补偿；另一方面又使被保险人不会因保险而不当得利。保险作为一种经济补偿制度，其主要目标就是补偿被保险人因保险事故发生而遭受的经济损失，但不允许被保险人通过保险而额外获利。由此可见，保险利益既为被保险人得到保险保障提供了客观依据，也为保险人提供保险补偿提供了客观依据，维护了保险的经济补偿职能。

5. 保险利益原则在国际货物运输保险中的应用

在国际贸易中，各国法律对货物所有权何时由卖方转移给买方的规定不尽相同，因此，在国际货物运输保险(以下简称"国际货运险")的规定中，货物所有权并非保险利益的来源，承担货物灭失或损坏风险的一方才具有保险利益。因为不同的贸易术语对风险何时由卖方转移给买方有不同的规定，而风险转移的时间又决定了货物保险利益转移的时间，因此货物自起运地卖方仓库运至目的地买方仓库的运输过程中，哪一方具有保险利益，能享有在事故发生时向保险人索赔的权利，取决于买卖双方在国际贸易合同中所采用的贸易术语。下面将分析国际商会制定的《2010 年国际贸易术语解释通则》(以下简称《2010 年通则》)中 13 种贸易术语的保险利益转移时间。

(1) 在 EXW 术语项下订立的国际贸易合同，卖方在其所在地或其他指定的地点(如工场、工厂或仓库等)将货物交给买方处置时，即完成交货。货物灭失或损坏的风险自交货时起由卖方转移给买方承担。因此，对货物的保险利益也于此时转移给买方。

(2) 在 FAS 术语项下，卖方将已办理清关手续的货物运至指定的装运港的船边，即完成交货。货物损坏或灭失的风险于此时转移至买方，买方从受领货物那一刻起已具有保险利益，可通过办理国际货运险转嫁风险。

(3) 采用 FOB、CFR 和 CIF 术语订立的国际贸易合同，当货物在指定的装运港装上船时，卖方即完成交货。从该点起买方必须承担货物灭失或损坏的一切风险，具有对货物的保险利益。这三个术语只适用于海洋运输和内河运输方式。

在 FOB 和 CFR 术语项下，卖方没有投保国际货运险的义务，买方应自己办理保险，以转嫁运输途中的风险。若货物的损失发生在装运港装船之前，由卖方承担风险，若卖方希望得到保险保障，它需要自行办理从起运港仓库至装船前这一段运输过程的保险。若货物损失发生在装船之后，且买方已投保国际货运险，则可向保险公司索赔。

在 CIF 术语项下，规定卖方必须自付费用以取得货物保险。卖方办理保险后，按照各国海洋运输保险的习惯做法，保险人承担责任的期限包括货物运离起运地发货人仓库至运达目的地收货人仓库的整个运输过程。因此，当货物在装运港装上船之前的运输途中发生损失时，卖方承担风险，有权向保险人索赔货损。若货物在装船之后发生损失，买方具有保险利益，可凭卖方提供的保险单向保险人索赔货损。

(4) 采用 FCA、CPT 和 CIP 贸易术语订立的国际贸易合同，卖方将经过出口清关手续的货物在指定的地点交给买方指定的承运人(FCA 术语)或自己指定的承运人(CPT 及 CIP 术语)，即完成交货。货物的风险自交货时起转移给买方承担，对货物的保险利益也于此时转移给买方。

在FCA和CPT术语项下，卖方没有办理国际货运险的义务。如果买方事先已投保国际货运险，若货物损失发生在承运人接管货物之前，由于买方不具有保险利益，则无权向保险人索赔；若货物损失发生在承运人接管货物之后，作为被保险人即可向保险人索赔货款。

在CIP术语项下，卖方负有订立保险合同并支付保险费的义务。在卖方已经办理国际货运险的情况下，若货物在运输途中发生损失，当损失发生在承运人接管货物之前时，卖方承担风险，具有对该货物的保险利益，可向保险人索赔货物损失；当损失发生在承运人接管货物之后时，买方承担风险，享有对该货物的保险利益。由于货运保险单可通过卖方背书转让给买方，买方即可凭已转让的保险单向保险人索赔。

(5) 根据《2010年通则》的解释，DAP、DAT与DDP术语均属到达术语。DAP为目的地交货；DAT为运输终端交货；DDP为已完税交货。按上述术语达成的国际贸易合同，卖方交货时货物已完成国际运输，到达买方所在国，货物损坏和灭失的风险于交货时转移给买方，在此之前的风险由卖方承担，因此卖方应自负费用投保国际货运险。如损失发生在卖方交货之前，卖方享有保险利益，可向保险人索赔货物损失；如损失发生在卖方交货之后，买方享有保险利益，必须另行办理保险才能获得保险保障。

(二) 最大诚信原则

1. 最大诚信原则的含义

世界各国的立法均要求民事合同的各方当事人在行使权利和履行义务时遵循诚实信用原则，保险合同自然也不例外。《中华人民共和国民法通则》第4条规定，民事活动应当遵循自愿、公平、等价有偿、诚实信用的原则。《中华人民共和国保险法》第5条也规定，保险活动当事人行使权利、履行义务应当遵循诚实信用原则。诚信就是诚实和守信用。诚实是指任何一方当事人对另一方当事人不得隐瞒、欺骗；守信用是指任何一方当事人都必须善意地、公平地、全面地按约定履行自己的义务。

所谓最大诚信原则，是指保险合同双方当事人在订立和履行合同时，必须以最大的诚意履行约定义务，恪守承诺，互不欺骗，互不隐瞒。英国《1906年海上保险法》第17条规定，海上保险契约以最大诚信为基础，倘若任何一方不遵守最大诚信原则，另一方可以声明此项契约无效。

最大诚信原则最初起源于海上保险，现在已成为所有保险合同中各方需遵循的基本原则。从前为实现国际贸易，海上运输需要跨越国界在不同国家之间进行，必然出现作为保险标的的船舶、货物与保险人所在之处相距甚远的情形。由于保险人对承保标的的实际情况往往一无所知，对承保的风险难以控制，只能根据投保人的申报内容判断风险程度，从而决定承保与否及保险费率的高低。而保险标的一般处于投保人的控制和掌握之下，投保人应当了解、熟悉保险标的的有关情况。因此，投保的告知是否真实、全面对保险人极为重要，最大诚信原则由此逐渐成为保险业务活动的基本原则之一。

2. 最大诚信原则的主要内容

最大诚信原则主要涉及三个方面的内容，即告知、陈述和保证。由于告知与陈述的内容相近，我国《海商法》和《保险法》将两者合并，统称为告知。

1）告知

订立保险合同时，投保人和保险人都应向对方履行告知义务。要求保险人告知的意义在于使投保人充分了解保险合同的内容以决定是否投保。要求投保人告知的意义在于使保险人充分了解保险标的的风险程度，以考虑决定是否同意承保以及确定保险费率。因此，告知义务应当在保险合同成立之前履行。

（1）告知的概念：告知（disclosure）是指投保人在投保时，应将其所知道的有关保险标的的重要事实（material facts）全部告诉保险人，而且投保人所做的每次陈述都必须是真实的。换言之，投保人必须在诚信的基础上做出关于事实的基本正确的陈述，或对其所信任和期望的事实做出反应。告知是投保人应尽的义务之一。

关于重要事实，英国《1906年海上保险法》第18条规定："凡能影响谨慎的保险人确定保险费的决定，或决定是否承保的事项，均为重要事实。"由此可见，重要事实是指对保险人决定承保与否以及确定保险条件有影响的事项，即关系保险风险大小的事实。例如，人身保险中被保险人的年龄、身体健康状况、既往病史等，船舶保险中船舶的船级、船龄等情况均为重要事实。

（2）告知的形式：根据各国的法律传统和保险业发展水平的不同，国际上主要有两种告知制度，即询问告知制度和无限告知制度。

①询问告知是指投保人对保险人询问的问题做出如实回答，即已履行告知义务，若保险人没有询问，则投保人无须告知。在具体实务中，保险人询问的方式包括要求投保人填写投保单、告知书以及口头询问等。相应地，投保人只要逐项如实地填写投保单、告知书或做出口头回答，即已履行了告知义务。

目前，大多数国家的保险立法适用的是询问告知制度。《中华人民共和国保险法》第16条规定，订立保险合同，保险人就保险标的或者被保险人的有关情况提出询问的，投保人应当如实告知。这表明我国保险法适用的是询问告知制度。

②无限告知是指对告知的内容不做具体规定，投保人应主动将其所知的或应知的与保险标的危险状况有关的任何重要事实告知保险人，而且其所做的陈述必须与客观事实相符。

无限告知对投保人的要求较高。法国、比利时以及英美法系国家的保险立法均采用无限告知制度。例如，英国《1906年海上保险法》第18条规定，在契约订立时，被保险人应将其所知悉的各项重要事实告知保险人。我国海上保险的立法也规定采用无限告知制度，《中华人民共和国海商法》第222条规定，合同订立前，被保险人应当将其知道的或者在通常业务中应当知道的有关影响保险人据以确定保险费率或者确定是否同意承保的重要情况，如实告知保险人。

在保险实务中，主动告知并不是由投保人、被保险人凭自己的判断和认识任意进行告知。保险人同样向投保人提供投保单，投保单中的各个事项均被视为重要事项，投保人应如实告知，但应告知的事项不限于保险人的上述询问，如果有其他重要事项，投保人也应主动如实告知。

2）保证

保证（warranty）是指保险人要求投保人或者被保险人对某一事项的作为或不作为以及某种事态的存在或不存在等做出承诺。保证是针对投保人或被保险人的要求，保险人通过要求被保险人遵守某项或某几项保证的内容以控制风险，确保保险标的及其周围环境处于良好的状态。保证的内容是保险合同的重要条款之一。

（1）按保证存在的形式，保证可分为明示保证和默示保证。

①明示保证以书面的形式载明于保险合同中，成为保险合同的条款。例如，船舶保险单中

附有“被保险人保证船舶不去南极、北极、大湖区、波罗的海”的条款，就是被保险人对船舶航行区域所做的明示保证。

②默示保证又称绝对保证，是指根据有关法律或国际惯例产生的，不载明于保险合同中，习惯上或社会公认的被保险人必须遵守的保证。

(2) 违反保证的法律后果：保险合同中的保证事项均为重要事项，是订立保险合同的条件和基础，因而各国立法对被保险人遵守保证事项的要求极为严格，通常规定被保险人若违反保证，不论其是否有过失，保险人均有权自被保险人违反保证之时解除合同，不承担保险赔偿责任。

(三) 近因原则

1. 近因原则的含义

近因(proximate cause)原则是在保险标的发生损失时，确定对保险标的所受损失是否应予以赔偿的基本原则。

在保险实务中，各种保险责任条款通常规定：“下列原因造成保险标的损失，保险公司负责赔偿。”各种免责条款通常规定：“下列原因造成保险标的损失，保险公司不负责赔偿。”由于导致损害事故的原因可能并不是单一的，而是有多个原因同时发生作用或先后发生作用或交叉发生作用，此时需运用近因原则判断保险公司是否对损失承担保险责任。

1) 近因的定义

英国学者约翰·T·斯蒂尔对近因做了以下定义：“近因是指引起一系列事件发生，由此出现某种后果的能动的、起决定作用的因素；在这一因素作用的过程中，没有来自新的独立渠道的能动力量的介入。”

由以上定义可知，近因不是指时间上最接近的原因，而是指导致保险事故发生的最有效、最直接、最主要的或起决定作用的原因。近因是一种起因，它与结果之间经历的时间可长可短，也可能引起一连串事故，只要中间没有新的力量打破或中断这一因果连锁关系，这一起因就是近因。所谓没有新的力量打破这一因果连锁关系，是指由起因至结果之间的每个事故都是先前事故的自然结果。

2) 近因原则的含义

英国颁发的《1906年海上保险法》第55条第一款规定：“除保险单另有约定外，保险人对由其承保风险作为近因所致的任何损失，均负赔偿责任，但对非由其承保风险作为近因所致的任何损失，均不负赔偿责任。”据此可知，近因原则可理解为导致损失的近因属于承保风险的，保险人应承担损失赔偿责任；近因不属于承保风险的，保险人不负赔偿责任。

2. 近因原则的应用

近因原则是保险理赔中必须遵循的重要原则之一。在英美等国的保险立法中，近因原则是一个十分复杂的，包括了很多具体规则的总原则，而且是不断发展变化的。在实践中，要从错综复杂的多个致损原因中确定哪一个为近因并不容易，这也是近因原则得以正确运用的关键。下面根据几种常见的不同情况，分析如何确定损失的近因以及如何应用近因原则。

1) 单一原因致损

单一原因直接造成损失的情况比较多见，造成保险标的损失的原因相对比较简单，与其他事件没有紧密联系。如果没有延续的因果关系链，此时该单一原因就是近因。若该原因属于保险单载明的承保原因或风险，保险人应承担赔偿责任；反之，若该原因不属于承保风险，保险人不负赔偿责任。例如，在船舶保险中，船舶因意外触礁而沉没，触礁即为船舶沉没致损的近因，由于触礁属于船舶保险承保的风险，所以保险人对船舶沉没损失应予以赔偿。

2）多个原因同时发生致损

多个原因同时发生是指无法严格区分不同原因在发生时间上的先后顺序。由于各原因的发生顺序无先后之分，而且对损害结果的形成均有直接的、有效的影响，原则上它们都是损失的近因。

当各个原因引起的损失结果可以划分时，保险人对所有承保风险引起的损失均需负责，但对不保风险和除外风险所致的损失不需负责。

当各个原因所致的损失无法划分时，保险人按下面两种情况处理。

(1) 多个原因中既有承保风险，又有非承保风险，保险人对全部损失予以负责，即承保风险优于不保风险。

(2) 多个原因中既有承保风险，又有除外风险，保险人对损失都不负责，即除外风险优于承保风险。例如，一幢大楼投保了火灾保险，在保险单的除外责任中，列明地震除外。如果楼内厨房在做饭时不慎起火，几乎同时又发生了地震，地震引起电线走火，最终大楼被烧毁。由于导致火灾的原因中包括地震这一除外风险，而且承保风险和除外风险导致的损失难以分清，对于楼房的损毁，保险公司不予负责。

3）多个原因先后连续发生致损

多个原因先后连续发生致损是指两个或两个以上的危险事故连续发生造成损失。由于各原因依次发生，在时间上可进行明显的区分，而且前后原因之间持续不断地存在因果关系。此时，最先发生并导致一连串事故的原因即为近因。

(1) 前因为承保风险，即近因为承保风险，保险人应承担赔偿责任。

(2) 前因为除外风险，即近因为除外风险，保险人不承担赔偿责任。

(3) 前因为保单不保风险，后因属保单承保风险，保险公司应承担赔偿责任。

(4) 前因为保单不保风险，后因属保单除外风险，保险公司不承担赔偿责任。

例如，袋装棉花投保我国保险条款海运平安险，在运输过程中船舶意外搁浅，船底裂缝，致使海水渗入，棉花受浸而致霉烂损失。虽然棉花的最终损失原因为霉烂，不属平安险的承保风险，但近因为搁浅，属于平安险的承保责任，所以对此损失保险人应负责。

4）多个原因先后间断发生致损

多个原因先后间断发生致损是指造成损失的各原因在发生时间上存在先后顺序，但相互之间不存在直接的、必然的联系，即各原因之间不存在因果关系，是完全独立的。

(1) 如果多个原因对损害结果的形成均有直接的、实质的影响，那么它们均为近因。在这种情形下，判定保险人如何承担责任与多个原因同时致损基本一致。

(2) 如果新出现的原因具有现实性、支配性和有效性，那么前因就被新的原因所取代，可以不予考虑。此时，新的原因即为近因，当其为承保风险时，保险人对损失承担责任；当其为除外风险时，保险人对损失不承担责任。

（四）补偿原则

1. 补偿原则的含义

经济补偿是保险的基本职能，因此补偿原则是保险的基本原则之一。

补偿原则(principle of indemnity)是指当保险标的发生保险事故遭受损失时，被保险人有权按照保险合同的约定得到充分的补偿；同时，保险补偿受到一定限制，赔偿金额不能超过规定的限额。

补偿原则体现了保险的宗旨，即一方面确保被保险人通过保险获得经济保障；另一方面又防止被保险人利用保险不当得利，从而有助于预防道德风险和保险欺诈，保证保险业健康、有序的发展。需要指出的是，补偿原则仅适用于补偿性的保险合同。

2. 保险补偿的限额

1）以被保险人的实际经济损失为限

被保险财产受损后，保险人应按保险合同的规定承担赔偿责任，使被保险人在经济上恢复到未遭事故时的状况，但保险赔款不得超过被保险人实际的经济损失。

补偿原则主要应用于财产保险中。在财产保险中，保险标的的实际损失通常是根据损失当时财产的实际价值确定的，即以损失当时财产的市场价为准计算损失金额(定值保险和重置价值保险除外)。

例如，被保险人为自有房屋投保财产保险，保险金额 50 万元，在保险期内房屋遭遇火灾而被焚毁。如果经核定，损失当时该完好房屋的市场价为 40 万元，则被保险人的经济损失为 40 万元，保险人只赔偿被保险人 40 万元。

2）以保险金额为限

保险金额是保险双方事先约定的、记载于保险单上的保险人承担赔偿责任的最高限额，因此保险赔款不能超过保险金额，而只能低于或等于保险金额。如上例，被保险人为自有房屋投保 50 万元的财产保险，假设损失当时市场房价上涨，该房完好市价达 60 万元，此时虽然被保险人因房屋被焚毁而致经济损失 60 万元，但保险人最多只赔偿 50 万元，即该房屋的保险金额。

3）以保险价值为限

保险价值可能在订立保险合同时即已确定，也可能在保险标的发生保险事故后才予以确定。保险价值的金额因被保险人与保险人的约定不同而不同，双方可以约定以保险标的的重置价值作为保险价值，也可以约定以保险事故发生时保险标的的实际价值作为保险价值。《中华人民共和国保险法》第 55 条规定，保险金额不得超过保险价值，超过保险价值的，超过部分无效。因此，如果保险金额超过保险价值，即使保险标的发生全损，保险人的赔偿责任也只以保险价值为限，而不是以保险金额为限。例如，某机动车辆保险合同规定，以投保时的新车购置价为保险价值，投保的桑塔纳汽车保险价值为 12 万元，如果投保人以 15 万元作为保险金额，那么该车如果因保险事故而致全损，保险人只以 12 万元的保险价值为限计算赔偿，而不是以 15 万元的保险金额计算。

3. 损失赔偿方式

1）比例赔偿方式

比例赔偿是指按保障程度，即保险金额与损失当时保险财产实际价值的比例计算赔偿金额。其计算公式为：

赔偿金额＝损失金额×保险金额/损失当时保险标的的实际价值

采用比例赔偿方式，保障程度越高，发生损失时被保险人所得的保险赔款就越接近实际损失金额。但是，只有当足额保险，即保障程度为 100％时，被保险人才能得到完全补偿，即保险赔偿金额等于损失金额。

2）第一损失赔偿方式

第一损失赔偿是指当损失不超过保险金额时，按实际损失赔偿；当损失超过保险金额时，则按保险金额赔偿。计算公式为：

赔偿金额＝损失金额（若损失金额＜保险金额）

赔偿金额＝保险金额（若损失金额＞保险金额）

在保险理论上，采用第一损失赔偿方式是将保险财产的价值分为两部分：第一部分为保险金额以内的部分，这部分已投保，保险人对其按实际损失予以赔偿；第二部分为超过保险金额的部分，这部分未投保，所以保险人对其损失不承担责任。由于保险人只对第一部分的损失承担赔偿责任，所以称为第一损失赔偿方式。按此方式，只要损失不超过保险金额，被保险人即可得到完全补偿。

3）定值保险赔偿方式

定值保险赔偿方式是指保险双方在投保时就约定投保标的的价值，并按照约定的价值投保，缴纳保险费。

当保险标的发生保险事故并全部损失时，保险公司按照约定的价值（保险金额）全赔，而不管保险标的损失时的实际价值如何；当保险标的遭受部分损失时，先确定损失程度，然后保险公司按照损失程度在保险金额的限度内赔付。

保险赔偿金额＝损失程度×保险金额

4）限额责任赔偿方式

限额责任赔偿方式是指保险双方在投保时除了约定投保金额，还约定了损失的限额（免赔额），包括绝对免赔额和相对免赔额。不管是绝对还是相对免赔额，只要保险标的发生保险事故遭受损失的金额小于等于免赔额，保险人就不予赔偿。

如果是绝对免赔额，当保险标的发生保险事故并遭受损失时的损失额超过免赔额时，保险人只赔偿超过部分的损失；如果是相对免赔额，当保险标的发生保险事故并遭受损失时的损失额超过免赔额时，保险人连同免赔额在内的损失都给予赔偿。

保险赔偿金额＝损失金额×赔偿比例

赔偿比例＝该保险人单独承保时的赔偿金额/所有保险人单独承保时的赔偿金额的总和

4. 补偿原则的例外

人身保险不是补偿性合同，而是给付性合同。保险金额是根据被保险人的需要和支付能力来确定的，当保险事故发生时，保险人按照双方事先约定的金额给付。所以，补偿原则不适用于人身保险。

（五）代位追偿原则

1. 代位追偿原则的含义和作用

代位追偿（subrogation）原则是由补偿原则派生的，是指发生在保险责任范围内的，由第三者造成的损失，保险人向被保险人履行赔偿义务后享有以被保险人的身份向该项损失的第三者责任方索赔的权利。

代位追偿原则同样仅适用于补偿性的保险合同。这一规定首先是为了防止被保险人由于保险事故的发生而获得超过其实际损失的经济补偿。因为当保险标的遭受保险事故致损时，被保险人可以按保险合同的规定向保险人请求保险赔偿，当保险事故由第三者责任方造成时，根据民法中有关侵权的规定，被保险人同时可向第三者责任方索赔，若上述两项索赔都得到实现，被保险人就可能得到超过实际损失的补偿额，即额外获利，这显然是不合理的，不符合补偿原则。所以，被保险人在得到保险赔款后，应当将向第三者请求赔偿的权利转移给保险人，由保险人代位追偿。

代位追偿原则同时也维护了公共利益。社会公共利益要求致害人应对受害人承担经济赔偿责任，如果保险事故的致害人因为被保险人享受保险赔偿而逃避其原应承担的赔偿责任，不仅使其因为受害人与保险人订立了保险合同而获益，而且损害了保险人的利益，违反了社会公平原则。因此，在各国的保险实务中均规定若保险事故是由第三者责任方造成的，保险人在履行赔偿义务后，应享有代位追偿权。这一规定既使被保险人不会因保险而额外获利，又使第三者责任方无论如何均应承担损害赔偿责任，还使保险人可通过代位追偿从第三者责任方追偿支付的赔款，从而维护保险人的合法权益。

2. 代位追偿原则的主要内容

1）代位追偿产生的条件

代位追偿的产生必须具备以下三个条件：①保险标的的损害由保险事故导致；②保险事故的发生是由第三者责任方造成的；③保险人必须先履行赔偿义务。

2）代位追偿产生的时间

根据我国保险法的规定，代位追偿权产生于保险人支付赔款之后。保险事故发生后，被保险人将其与第三者之间产生的损害赔偿的权利转让给保险人，从而使保险人取得代位追偿权。因此，代位追偿产生于保险人支付赔款之后，而非支付赔款之前。在实际业务中，保险人支付保险赔款后，通常要求被保险人签署“权益转让书”，明确表示将向第三者请求赔偿的权利转让给保险人。“权益转让书”可以确认保险赔偿的金额和赔偿的时间；进而可确认保险人取得代位追偿权的时间和代位追偿的范围。

3）代位追偿的范围

由于保险人代位追偿的产生源于其已向被保险人支付赔款，因此保险人所获得的代位追偿的范围以其对被保险人赔付的金额为限。如果保险人从第三者责任方追偿的金额大于其对被保险人的赔偿，超过部分应归被保险人所有，以避免保险人因代位追偿权而额外获利，损害被保险人的利益。《中华人民共和国保险法》第 60 条第一款规定，因第三者对保险标的的损害而造成保险事故的，保险人自向被保险人赔偿保险金之日起，在赔偿金额范围内代位行使被保险人对第三者请求赔偿的权利。

有些保险合同因不足额保险或规定有免赔额等原因，保险事故发生后被保险人获得的保险赔款往往低于其实际遭受的经济损失，此时被保险人有权就未取得保险赔偿的部分向第三者请求赔偿。《中华人民共和国保险法》第 60 条第三款规定，保险人行使代位请求赔偿的权利，不影响被保险人就未取得赔偿的部分向第三者请求赔偿的权利。

由于代位追偿是保险人履行赔偿责任之后才产生的，此前被保险人与第三者之间的债务关系如何，即被保险人是否保留对第三者追偿的权利，直接影响保险人能否顺利行使其代位追偿权。对此，《中华人民共和国保险法》第 61 条第一款规定，保险事故发生后，保险人未赔偿保险金之前，被保险人放弃对第三者请求赔偿的权利的，保险人不承担赔偿保险金的责任；第三款规定，由于被保险人的过错致使保险人不能行使代位请求赔偿的权利的，保险人可以扣减或者要求返还相应的保险赔偿金。

若保险事故发生后，被保险人已从第三者处取得损害赔偿，此时保险人不可能取得代位追偿权，因此其在赔偿保险金时，可相应扣减被保险人从第三者处已取得的赔偿金额。

(六) 重复保险的分摊原则

当保险标的发生损失后，被保险人的权利仅仅是要求充分补偿其损失，而不应获得超出其损失的额外利益。但是在现实中，被保险人可能拥有多份承保同一损失的保险单，在这种情况下，被保险人最终可能获得超出其实际损失的赔款，从而获得额外利益。这同样有悖于保险的补偿原则。因此，当被保险人拥有多份承保同一损失的保险单，即重复保险时，如果保险标的发生损失，应在各个保险人之间分摊该损失，以免被保险人获得额外利益。这就是重复保险的分摊原则，这一原则也是补偿原则派生出来的保险基本原则。

1. 重复保险的含义

《中华人民共和国保险法》第56条第三款规定，重复保险是指投保人对同一保险标的、同一保险利益、同一保险事故分别与两个以上保险人订立保险合同，且保险金额总和超过保险价值的保险。

2. 重复保险的构成要件

(1) 必须是对同一保险标的和同一保险事故投保。

(2) 必须是对同一保险利益投保。

(3) 必须是与两个以上保险人订立保险合同。

(4) 必须是保险期间重叠的投保。

(5) 必须是每个保险人都对损失负责的投保。

3. 重复保险的分摊方式

在实际工作中，重复保险的分摊方式主要有以下几种。

1) 比例责任分摊方式

比例责任(pro rata liability)分摊是最常见的重复保险损失分摊方式。根据我国保险法的规定，除非保险合同另有约定，各保险人按照其保险金额占保险金额总和的比例承担赔偿责任。其计算公式为：

$$\text{各保险人的损失分摊额}=\text{损失金额}\times\frac{\text{各保险人承保的保险金额}}{\text{各保险人承保的保险金额总和}}$$

2) 限额责任分摊方式

限额责任(limit of liability)分摊是指各保险人在没有其他保险人重复保险的情况下，按对某次保险事故损失单独应负的最高赔偿限额与各保险人应负的最高赔偿限额总和的比例，承担赔偿责任。其计算公式为：

$$\text{各保险人的损失分摊额}=\text{损失金额}\times\frac{\text{该保险人的赔偿限额}}{\text{各保险人的赔偿限额总和}}$$

3) 顺序责任分摊方式

顺序责任分摊是指按各保险人出立保险单的先后顺序分摊损失，当发生保险事故时，最先出立保险单的保险人先负责赔偿，若保险标的的损失超过其赔偿责任限额，超过部分依次由之后出立保险单的保险人负责赔偿。

4) 相同份额责任分摊方式

相同份额责任分摊是指不管各保险人的责任限额为多少，保险标的的损失均按相同份额分摊。如分摊后的损失金额超过某保险人的责任限额,超过部分由其他保险人继续按相同份额分摊,以此类推,直至损失全部分摊完毕或各保险人承担的赔偿金额均已达到其责任限额。

《中华人民共和国保险法》规定,重复保险的保险金额总和超过保险价值的,各保险人的赔偿金总和不得超过保险价值。除保险合同另有约定外,各保险人按照其保险金额占保险金额总和的比例承担保险责任。这表明保险人有权在保险合同中订立重复保险条款,约定重复保险情况下自身的责任分担方式。由于各保险人之间并未相互协商重复保险的责任分摊方式,因此会出现各保险人的重复保险条款产生冲突的情形。此时应根据实际情况,本着公平原则和保护被保险人利益的原则进行处理。

三、海上保险合同

保险合同(insurance contract)又称保险契约,指投保人支付规定的保险费,保险人对承保标的因保险事故造成的损失,在保险金额范围内承担赔偿责任,或者在合同约定期限届满时承担给付保险金义务的协议。

海上保险合同是保险合同的一种,是海上运输中的投保人按规定向保险人缴纳一定的保险费,保险人对被保险人遭受保险事故造成保险标的的损失和产生的责任承担经济补偿的一种协议。

(一) 海上保险合同中的法律关系

1. 保险合同中的当事人

保险合同中的当事人是保险合同的主体,他们享有合同的权利,并承担合同的义务。海上保险合同的当事人主要有保险人、投保人、被保险人,与合同有关系的还有保险代理人、保险经纪人和保险公证人。

1) 保险人

"Underwriter"意指签字的人,在保险业务中指保险人、保险商、承保人(insurer,assurer),是经营保险业务的组织或个人。保险人是与投保人签订保险合同,并按照合同约定收取保险费、承担赔偿责任一方的当事人。在国际货物运输保险中,保险人也指与投保人订立保险合同,并承担赔偿或者给付保险金责任的保险公司。保险公司承保后,如果承保货物发生约定范围内的损失,保险公司就要负责赔偿;但如果发生不在约定范围内的损失,保险公司则不予赔偿。保险公司已经收下的保险费将不退还给投保人,该笔保险费成为保险公司的收入。

根据各国保险业的实际情况,保险人的组织形式各不一样,其形式包括股份有限公司、相互保险公司、保险合作社、国家经营保险及个人经营保险等。不论哪种形式的保险组织,要成为海上保险合同的保险人,都必须经过政府机构的批准,取得保险人资格,并具有经营海上保险业务范围的资格。在我国,财产保险公司都可以经营海上保险业务。我国新修订的《中华人民共和国保险法》中的第3章第67～94条是专门关于保险公司的规定。其中第67条明确规定:"设立保险公司应当经国务院保险监督管理机构批准。国务院保险监督管理机构审查保险公司的设立申请时,应当考虑保险业的发展和公平竞争的需要。"第68条明确规定设立保险公司的"主要股东具有持续盈利能力,信誉良好,最近三年内无重大违法违规记录,净资产不低于人民币二亿元"。

2）投保人

投保人(applicant)也称要保人，是向保险人申请订立保险合同的自然人或法人。作为投保人，应对保险标的具有保险利益，在海运保险中，保险合同订立时，不要求投保人对保险标的具有保险利益，但要求在保险事故发生时投保人(被保险人)对保险标的必须具有保险利益。投保人可以是被保险人本人，也可以是法律许可的其他人，如被保险人的代理人。

在海上保险中投保人是指经申请与保险人订立海上保险合同、负有交纳保险费义务一方的当事人。投保人应具备如下条件：

(1) 应当具有民事行为能力。订立海上保险合同是一种民事法律行为，它会引起相应的法律后果，因此投保人必须具有民事行为能力，能够正确地分析判断其投保海上保险合同的性质和后果。根据《中华人民共和国民法通则》(简称《民法通则》)的规定，有民事行为能力的人必须是年满18周岁，或者年满16周岁且以自己的劳动收入为主要生活来源的精神正常的自然人。

(2) 应当对保险标的具有保险利益。投保人应当与保险标的之间存在某种利害关系。没有这种保险利益的自然人或法人不能向保险公司投保，也就不会成为海上保险合同的投保人。如果依此条件确认投保人资格的话，各种保险利益具体包括：船舶所有人(船东)对其拥有的船舶具有保险利益；货物所有人对其享有所有权的货物具有保险利益；运费所有人对相应的运费具有保险利益；租船合同中的出租人对其应得的租金具有保险利益；船舶抵押中的抵押人对其抵押的船舶或抵押权人对其支出的抵押贷款均有保险利益。

3）被保险人

被保险人(insured，assured)是在保险事故发生且保险标的遭受损害时，有权向保险人要求赔偿损失的人。当投保人为自己的利益而订立海运保险合同时，他就是被保险人。

在FOB、CFR条件下，运输保险的投保人即被保险人按惯例是买方，并且在货物越过船舷之时获得保险利益；在CIF条件下按惯例由卖方投保，但由于CIF条件下的保险是代办性质，因此在货物越过船舷之后，买方对货物享有保险利益。海上保险合同的被保险人是指承受保险事故所造成保险标的损失的后果并有权请求赔偿一方的当事人。被保险人是在海上保险合同中获取保险保障的直接承受者。被保险人应具备两个条件：

(1) 与保险标的之间有切身利害关系，即对保险标的具有保险利益。

(2) 在保险事故发生时将直接承受损失的后果。

在海上保险的实际工作中，如果投保人为自身利益投保，则投保人与被保险人是同一个当事人。如果投保人为他人利益投保，被保险人就是另一个当事人。

2. 海上保险合同的客体

海上保险合同的客体是指当事人的权利义务所指向的事物，海上保险合同的客体不是保险标的本身，而是投保人、被保险人对保险标的所具有的可保利益。

海上保险合同所保障的是投保人的船舶、货物、运费等，它们在保险事故发生时是不能得到保全的，只有保险利益才是海上保险合同各方当事人追求的保障对象。因海上风险造成保险事故时，由保险人赔偿被保险人的经济损失，即被保险人的经济利益。所以说，海上保险合同的客体是保险利益。

3. 海上保险合同的内容

海上保险合同的内容是指海上保险合同的民事主体享有的民事权利与承担的民事义务。《中华人民共和国海商法》第217条规定，海上保险合同的内容主要包括以下各项：

1）保险人名称

应在合同条款中写明保险人名称的全称，作为确定保险人身份、承担保险责任的法律依据。海上保险的实际工作中，由于采用格式合同，保险人名称一般是事先印制的。

2）被保险人名称

该条款是由当事人在签订海上保险合同时填写的。为了保证合同的有效性，明确权利义务关系，应当注意填写被保险人的法定名称全称。如果被保险人为多个时，需要一一写明。

3）保险标的

保险标的是投保人向保险人投保的对象，它是海上保险利益的载体。海上保险合同条款与相关法律规定决定了海上保险合同保险标的的范围。《中华人民共和国海商法》第 218 条规定下列各项可以作为保险标的：

（1）船舶；

（2）货物；

（3）船舶营运收入，包括运费、租金、旅客票款；

（4）货物预期利润；

（5）船员工资和其他报酬；

（6）对第三人的责任；

（7）由于发生保险事故可能受到损失的其他财产和产生的责任、费用。

4）保险价值

保险价值指的是保险标的所具有的实际价值。法律要求投保人投保时应当申明保险价值。海上保险合同标的物的保险价值一般由保险人与被保险人约定，一经确定，保险价值就必须写入合同。保险人与被保险人未约定保险价值的，根据《中华人民共和国海商法》第 219 条规定，保险价值依照下列规定计算：

（1）船舶的保险价值，是保险责任开始时船舶的价值，包括船壳、机器、设备的价值，以及船上燃料、物料、索具、给养、淡水的价值和保险费的总和；

（2）货物的保险价值，是保险责任开始时货物在起运地的发票价格或者非贸易商品在起运地的实际价值以及运费和保险费的总和；

（3）运费的保险价值，是保险责任开始时承运人应收运费总额和保险费的总和；

（4）其他保险标的的保险价值，是保险责任开始时保险标的的实际价值和保险费的总和。

5）保险金额

保险金额是被保险人向保险人实际投保的货币数额。它是保险人计收保险费的依据和承担赔偿责任的最大限额。

保险金额由保险人与被保险人约定，但在海上保险合同中，法律禁止保险金额超过保险价值。《中华人民共和国海商法》第 220 条明确规定，保险金额不得超过保险价值；超过保险价值的，超过部分无效。

6）保险责任和除外责任

保险责任是指保险人按照海上保险合同的约定所应承担的损害赔偿责任，是保险人在海上保险合同中所承担的基本义务。

在保险合同条款的责任范围内，如果发生海上风险造成保险标的的损失，保险人负责赔偿。保险责任可分为基本责任、附加责任和特约责任。

与保险责任相反的是除外责任，是海上保险合同中约定的条款，如果发生除外责任的风险事故，保险人不承担赔偿责任。

7）保险期间

保险期间是指保险人承担保险责任的一段时间，即从保险责任开始到终止的时间。在此期间内发生保险事故导致保险标的的损害，保险人承担保险责任。所有保险合同，包括海上保险合同，都规定了保险期间。

8）保险费

保险费是指被保险人按约定向保险人交纳的货币金额。它是被保险人从保险人获取保险保障应支付的对价。保险费是根据保险费率计算出来的，海上保险合同中要求写明被保险人应支付的保险费数额。

4. 海上保险合同的形式

在国际货物运输保险中，保险人和被保险人所签订的各种形式的保险单据都是保险合同的证明，反映了保险人与被保险人之间的权利和义务关系，也是保险人的承保证明。当发生保险责任范围内的损失时，它又是保险索赔和理赔的主要依据。在国际贸易中，保险单证是可以转让的。常用的保险单证可分为保险单、保险凭证、联合凭证、预约保单、批单、暂保单等。

1）保险单

保险单（insurance policy）又称大保单，是使用最广泛的一种保险单据，保险单具有法律效力，对双方当事人均有约束力。保险单上一般须载明当事人的名称和地址，保险标的的名称、数量或重量，唛头，运输工具，保险险别，保险责任起讫时间和地点及保险期限，保险币值和金额，保险费，出立保险单的日期和地点，保险人签章，赔款偿付地点以及经保险人与被保险人双方约定的其他事项等内容。保险单背面须载明保险人与被保险人之间权利与义务等方面的保险条款。

2）保险凭证

保险凭证（insurance certificate）又称小保单，是一种简化的保险单据，除其背面不须载明保险人与被保险人双方的权利和义务等保险条款外，其余内容与保险单相同。

保险凭证与保险单具有同等法律效力。但需要注意的是，如果信用证明确规定要求受益人出具保险单而非保险凭证，受益人应严格按信用证的规定出具大保单。

保险单和保险凭证可以经背书或其他方式进行转让。保险单据的转让无须取得保险人的同意，也无须通知保险人，即使在保险标的发生损失之后，保险单据仍可有效转让。

3）联合凭证

联合凭证（combined certificate）是一种将商业发票和保险单相结合的比保险凭证更为简化的保险单据。保险公司将保险编号、承保险别、保险金额、装载船名、开船日期等加注在投保人的商业发票上，并加盖印戳，其他项目均以发票上列明的为准。这种凭证很少使用，只限于在我国对某些特定国家或地区的出口业务中使用。

4）预约保单

预约保单（open policy）又称预约保险合同（open cover），它是保险公司对投保人将要装运的属于约定范围内的一切货物自动承保的总合同，适用于经常有相同类型货物需要陆续分批装运时的情况。订立这种合同的目的是为了简化保险手续，使货物一经装运即可取得保障。

凡预约保险单约定的运输货物，在有效期内自动承保。在实际业务中，预约保险单适用于我国的进口货物。凡属于预约保险单规定范围内的进口货物，一经起运，保险公司即自动按预约保单所订立的条件承保。被保险人在获悉每批货物装运时，应及时将装运通知书（包括货物名称、货物数量、保险金额、船名或其他运输工具名称、航程起讫地点、开航或起运日期等）送交保险公司，并按约定办法缴纳保险费，完成投保手续。事先订立预约保险合同，可以防止因漏保或迟保而造成的无法弥补的损失。

5）批单

保险单出立后，投保人如需要补充或变更其内容，可根据保险公司的规定向保险公司提出申请，经同意后另出立一种凭证，注明更改或补充的内容，这种凭证即为批单（endorsement）。保险单一经批改，保险公司即按批改后的内容承担责任。批单原则上须粘贴在保险单上，并加盖骑缝章，作为保险单不可分割的一部分。

6）暂保单

暂保单（binder，binding slip）又称临时保险书，是保险单或保险凭证签发之前，保险人发出的临时单证。暂保单的内容较为简单，仅表明投保人已经办理了保险手续，并等待保险人出立正式保险单。

暂保单不是订立保险合同的必经程序，使用暂保单一般有以下三种情况：①保险代理人在争取到业务时，还未向保险人办妥保险单手续之前，给被保险人提供的一种证明；②保险公司的分支机构在接受投保后，还未获得总公司的批准之前，先出立的保障证明；③在洽订或续订保险合同时，订约双方还有一些条件需商讨，在没有完全谈妥之前，先由保险人出具给被保险人的一种保障证明。

暂保单具有和正式保险单同等的法律效力，但一般暂保单的有效期不长，通常不超过30天。当正式保险单出立后，暂保单就自动失效。如果保险人最后考虑不出立保险单时，也可以终止暂保单的效力，但必须提前通知投保人。

（二）海上保险合同的订立与履行

1. 海上保险合同的订立

《中华人民共和国保险法》第13条规定："投保人提出保险要求，经保险人同意承保，保险合同成立。保险人应当及时向投保人签发保险单或者其他保险凭证。保险单或者其他保险凭证应当载明当事人双方约定的合同内容。当事人也可以约定采用其他书面形式载明合同内容。"根据此规定，保险合同的成立需要具备投保人提出保险要求，保险人同意承保，保险人与投保人就合同的内容达成协议三个要件。这三个要件实质上与合同法所规定的当事人通过要约和承诺的方式达成意思表示一致时合同即告成立的原则是一致的。

保险合同的订立与其他合同一样，要经过要约和承诺两个环节，这两个环节在保险业务中又称投保与承保。

1）投保

投保是指投保人向保险人提出明确的订立保险合同的意思表示，即提出保险要求。从合同订立程序来说，投保是一种要约。投保可以由投保人本人向保险人提出，也可以由投保人的代理人向保险人提出。在保险实务上，投保体现为投保人向保险人索取投保单并依其所列事项逐一填写，以如实回答保险人所需了解的重要情况，并认可保险人规定的保险费率和保险条款，最后将投保单交付保险人。投保要约自到达保险人时生效。

2）承保

承保是保险人完全同意投保人提出的保险要约的行为。在保险实务上，保险人收到投保人填写的投保单后，经过核保审查认为符合承保条件，在投保单上签字盖章并通知投保人即构成承诺。

保险人承诺保险要约时，不得附加任何条件或对要约进行变更。如果保险人在承诺保险要约时附加任何条件或对要约进行变更，则构成反要约，不发生承诺的效力。当承诺生效时保险合同成立，保险人应当及时向投保人签发保险单或者其他保险凭证，并在保险单或者其他保险凭证上加盖保险公司公章，经授权出单的分支机构公章或上述两者的合同专用章（不能只盖法定代表人、负责人名章或内部职能部门印章）。

订立保险合同须先由投保人提出书面申请。在海上保险中，这种申请一般是以投保人填写投保单的形式提出。投保单列明了订立保险合同所必需的内容与项目，投保单作为主要附件，应视为保险合同的一部分，是签发保险单的前提和基础。如果保险人同意接受投保人的申请，也需要以书面形式签发暂保单、保险单或保险凭证来证明。

《中华人民共和国海商法》第221条明确规定了海上保险合同的订立程序："被保险人提出保险要求，经保险人同意承保，并就海上保险合同的条款达成协议后，合同成立。保险人应当及时向被保险人签发保险单或者其他保险单证，并在保险单或者其他保险单证中载明当事人双方约定的合同内容。"第222条规定："合同订立前，被保险人应当将其知道的或者在通常业务中应当知道的有关影响保险人据以确定保险费率或者确定是否同意承担的重要情况，如实告知保险人。"

2. 海上保险合同的履行

海上保险合同一经成立，被保险人与保险人双方都应当严格按照保险合同的规定履行，依法享有权利、承担义务。

1）被保险人的基本权利与义务

（1）请求赔偿的权利。

保险合同成立后，被保险人的保险利益就有了保险保障。一旦发生承保范围内的责任事故，并导致保险标的受损，被保险人便可向保险人请求赔偿。同时，被保险人为了避免或者减少损失而支付的必要且合理的费用也可以从保险人处获得赔偿。

（2）缴付保险费的义务。

海上保险合同是双务有偿合同，保险人提供的保险保障是与被保险人缴付的保险费对应的。保险人的保费收入不仅是履行合同的要求，同时也是保险人积累资金、应付突发性灾难事故的重要手段。《中华人民共和国海商法》第234条规定："除合同另有约定外，被保险人应当在合同订立后立即支付保险费；被保险人支付保险费前，保险人可以拒绝签发保险单证。"

（3）"危险增加"时的通知义务。

新修订的《中华人民共和国保险法》第52条规定："在合同有效期内，保险标的的危险程度显著增加的，被保险人应当按照合同约定及时通知保险人，保险人可以按照合同约定增加保险费或者解除合同。""危险增加"是指订约当时所未曾预料的或估计的危险可能性的增加，在运输保险中主要是指航程变更或发现保险单载明的货物、船名或航程有遗漏或错误。

被保险人履行危险增加时的通知义务后，保险人可采取两种做法：一是终止合同，二是增加保费。如被保险人履行危险增加时的通知义务后，保险人不做任何意思表示，则视为弃权，之后就不能再以被保险人未履行通知义务为由增加保费或解除合同。

(4) 危险事故的通知义务与减少损失的义务。

保险事故发生后，被保险人应当及时通知保险人，并采取一切合理的措施避免损失的扩大。其主要目的是保险人对损失进行迅速的调查，确定责任，对保险标的进行必要的保护。《中华人民共和国海商法》第236条规定："一旦保险事故发生，被保险人应当立即通知保险人，并采取必要的合理措施，防止或者减少损失。被保险人收到保险人发出的有关采取防止或者减少损失的合理措施的特别通知的，应当按照保险人通知的要求处理。对于被保险人违反前款规定所造成的扩大的损失，保险人不负赔偿责任。"

(5) 履行保证条款的义务。

保证条款是海上保险合同中被保险人必须履行的义务。保险人为了限制承保中的风险，往往在海上保险合同中订立各种保证条款，如适航保证、船舶状态保证、航行区域保证、船员人数保证、国籍保证、船名保证、船龄保证、货物包装保证、船级保证等。被保险人必须切实履行保证的事项。《中华人民共和国海商法》第235条规定："被保险人违反合同约定的保证条款时，应当立即书面通知保险人。保险人收到通知后，可以解除合同，也可以要求修改承保条件、增加保险费。"在保证条款被违反的情况下保险人具有解除合同的法定权利，但实务中尽管被保险人违反了保证条款，保险人却不主张解除合同的情况是经常存在的。如果保险人在发生保险事故后进行了保险赔付，即不得以被保险人违反保证条款为由，要求被保险人退还已支付的保险赔偿金。即在保险人收到被保险人违反保证条款的通知后，仍选择继续履行合同，支付保险赔偿的，不得再行使解除合同的权利。

《中华人民共和国海商法》规定在被保险人违反保证条款后，保险人可以选择要求修改承保条件、增加保险费，即选择继续履行保险合同，只是这需要通过双方协商达成一致，而协商结果不是确定的。《中华人民共和国海商法》没有规定双方协商不成时如何处理。英国《海上保险法》将保证条款定义为承诺性保证，即"被保险人做出的在履行保险合同时条件性的承诺，保证某些事情应作为或不应作为，或应满足某些条件，或应肯定某些事实的具体状态存在或不存在"，一旦条件被破坏，合同即解除，可见保证条款在合同中的重要性。

2) 保险人的基本权利与义务

(1) 签发保险单、收取保险费的权利。

保险单是保险人已经接受保险的书面凭证，也是被保险人在发生承保风险后据以索赔的依据。保险人在合同成立后应及时签发保险单。

(2) 损失赔偿的义务。

海上保险合同成立后，发生承保责任范围内的风险时，保险人应及时按照保险合同规定承担赔偿责任。保险人的赔偿义务主要规定于《中华人民共和国海商法》的第237条、第239条与第240条中。其中第237条规定："发生保险事故造成损失后，保险人应当及时向被保险人支付保险赔偿。"第239条规定："保险标的在保险期间发生几次保险事故所造成的损失，即使损失金额的总和超过保险金额，保险人也应当赔偿。但是，对发生部分损失后未经修复又发生全部损失的，保险人按照全部损失赔偿。"第240条规定："被保险人为防止或者减少根据合同可以得到赔偿的损失而支出的必要的合理费用，为确定保险事故的性质工程度而支出的检验、估价的合理费用，以及为执行保险人的特别通知而支出的费用，应当由保险人在保险标的损失赔偿之外另行支付。"

（三）海上保险合同的变更、转让、解除与终止

1. 保险合同的变更

保险合同的变更是指在保险合同有效期内，保险合同主体、内容发生的变更。《中华人民共和国保险法》第 20 条规定："投保人和保险人可以协商变更合同内容。变更保险合同的，应当由保险人在保险单或者其他保险凭证上批注或者附贴批单，或者由投保人和保险人订立变更的书面协议。"也就是说，保险人和投保人都不得单方面改变合同内容。

1）保险合同主体的变更

保险合同的主体包括保险当事人以及保险关系人。保险当事人是指订立保险合同并享有和承担保险合同所确定的权利和义务的人，包括保险人和被保险人。保险关系人是指在保险事故发生或者保险合同约定的条件满足时，对保险人享有保险金给付请求权的人，包括被保险人和受益人。

一般来说，保险合同主体的变更需要经过保险人的同意才能生效。但是，在国际货物运输保险中，保险单可以不经保险人的同意而由被保险人背书后随货物所有权的转移而转让。

2）保险合同内容的变更

保险合同内容的变更是指在保险合同主体不变的情况下，改变合同中约定的事项。保险合同内容的变更主要是保险金额的变更以及保费的变更。如保险价值因市场价格上涨，投保人可提出按照（或不按照）保险价值的增加比例增加保险金额；保险金额增加当然保费也随之增加。

保险合同内容需要变更时，投保人以书面的形式向保险人提出申请，保险人同意变更保险合同的，应当由保险人在原保险单或者其他保险凭证上批注或者附贴批单，或者由投保人和保险人订立变更的书面协议。

2. 海上保险合同的转让

海上保险合同的转让是通过保险单的转让实现的，是指被保险人将其在保险合同中的权利义务转让给另一个人的行为。考虑到国际贸易的需要，被保险货物在转让时，可由被保险人背书转让给受让人，此时，保险单中载明的权利和义务将随同货物的转让而转让。海上保险合同的转让主要包括海上货物运输保险合同的转让与船舶保险合同的转让。这两种保险合同的转让要履行的程序是不同的。《中华人民共和国海商法》第 229 条明确规定："海上货物运输保险合同可以由被保险人背书或者以其他方式转让，合同的权利、义务随之转移。合同转让时尚未支付保险费的，被保险人和合同受让人负连带支付责任。"第 230 条规定："因船舶转让而转让船舶保险合同的，应当取得保险人同意。未经保险人同意，船舶保险合同从船舶转让时起解除；船舶转让发生在航次之中的，船舶保险合同至航次终了时解除。"

3. 海上保险合同的解除

1）海上保险合同的解除与解除权

海上保险合同的解除是指一方当事人依法行使解除权，而使海上保险合同自始无效的单方法律行为。解除海上保险合同的法律后果集中表现在，它使海上保险合同的法律效力消失，回复到未订立合同时的原有状态。

一般情况下，被保险人可以随时提出解除保险合同，而保险人不得任意解除保险合同。《中华人民共和国海商法》规定，在保险责任开始前，所有海上保险合同的被保险人均可要求解除合同，但应向保险人支付手续费，保险人则应将保险费退还被保险人。但在保险责任开始以后，货

物运输和船舶航程保险的被保险人不得要求解除合同。但保险人在投保人违反告知义务、被保险人违反保证义务、被保险人未履行合同中明确规定的义务、投保人和被保险人故意制造保险事故、协议解除等情况下可以依法或依约解除保险合同。

2）海上保险合同解除的原因及处理

根据《中华人民共和国海商法》的规定和海上保险的实践，解除海上保险合同的原因包括下列法律事实。

(1) 由于被保险人违反如实告知义务，保险人解除海上保险合同，其处理方法因被保险人的主观恶意性不同而有区别。

按照《中华人民共和国海商法》第 223 条的规定，被保险人故意违反如实告知义务，未将法律规定的重要情况如实告知保险人的，保险人有权解除合同，并不退还保险费。而且，保险人对于合同解除前发生保险事故造成的损失，不负赔偿责任。与此不同，对于被保险人非故意违反如实告知义务的，该法第 223 条第 2 款规定保险人有权解除合同，或者不解除合同而要求增加相应的保险费。

(2) 被保险人违反保证条件的，保险人有权解除海上保险合同。为此，《中华人民共和国海商法》第 235 条要求被保险人应当立即书面通知保险人。保险人在收到通知后，可以解除合同。

(3) 在保险责任开始前，被保险人可以要求解除合同。《中华人民共和国海商法》第 226 条明确规定，保险人应当退还所收取的保险费，但是，被保险人应当向保险人支付手续费。

(4) 除货物运输保险和船舶的航次保险以外，根据合同约定，被保险人或保险人可以在保险责任开始后要求解除合同。

(5) 未经保险人同意，因船舶转让而转让船舶保险合同的，该合同自船舶转让之时起解除，船舶转让发生在航次之中的，则船舶保险合同至航次终了时解除。

4. 海上保险合同的终止

海上保险合同的终止是指在保险合同的有效期内，由于一定事由的发生，而使保险效力终止或失效。海上保险合同的终止可以是自然终止(如保险期限届满)、义务已经履行(如保险人根据保险合同的规定支付全部赔款或者给付全部保险金)等。

1）自然终止

自然终止亦称期满终止。保险期间没有发生保险事故，或发生保险事故导致保险标的部分损失，保险人已履行赔偿义务，保险期间届满时海上保险合同自然终止。自然终止是海上保险合同终止的最一般、最常见的原因。

2）协议终止

协议终止需经双方当事人协商同意并载于海上保险合同，规定在保险合同有效期间发生某种特殊情况，海上保险合同可以随即注销。例如，我国船舶战争险条款规定，保险人有权在任何时候向被保险人发出注销战争险责任的通知，通知发出后七天期满时生效。

3）义务全部履行终止

按照海上保险合同的一般规定，当保险人全部履行保险合同规定的义务之后合同即终止。例如，保险标的发生全部损失，保险人对此进行了全部赔付，或是保险标的因保险责任以外的原因发生全部灭失。然而，这种规定并不适用于全部船舶保险。按照船舶保险的规定，如在保险有效期内连续多次发生部分损失，其损失金额或赔偿金额超过保险金额，保险人的责任并不因此而终止，直到保险合同期限届满才终止。

四、陆上运输货物保险

货物在陆运过程中可能遭受各种自然灾害和意外事故。常见的有:车辆碰撞,倾覆和出轨,路基坍塌,桥梁折断和道路损坏以及火灾和爆炸等意外事故;雷电、洪水、地震、火山爆发、暴风雨以及霜雪冰雹等自然灾害;战争、罢工、偷窃、货物残损、短少、渗漏等外来原因所造成的风险。这些风险会使运输途中的货物造成损失。货主为了转嫁风险损失,就需要办理陆运货物保险。

(一) 陆运险和陆运一切险

1. 基本险别

根据中国人民保险公司制定的《陆上运输货物保险条款》的规定,陆运货物保险的基本险别有陆运险(overland transportation risks)和陆运一切险(overland transportation all risks)两种。此外,还有陆上运输冷藏货物险,它也具有基本险性质。

陆运险的承保责任范围同海运水渍险相似,陆运一切险的承保责任范围同海运一切险相似。上述责任范围均适用于火车和汽车运输,并以此为限。

陆运货物在投保上述基本险之一的基础上,可以加保附加险。如投保陆运险,可酌情加保一般附加险和战争险等特殊附加险;如投保陆运一切险,就只需加保战争险,不需再加保一般附加险,陆运货物在加保战争险的前提下再加保罢工险,不另收保险费。

2. 责任范围

(1) 被保险货物在运输途中遭受暴风、雷电、洪水、地震等自然灾害造成的损失。

(2) 运输工具遭受碰撞、倾覆、出轨,或在驳运过程中因驳运工具遭受搁浅、沉没或由于遭受隧道坍塌、崖崩或失火、爆炸的意外事故所造成的全部或部分损失。

(3) 被保险人对承保责任内遭受危险的货物采取抢救,防止或减少货损的措施而支付的合理费用,但以不超过该批被救货物的保险金额为限。

3. 责任起讫

陆运险的责任起讫采用"仓至仓"的责任条款。保险人责任自被保险货物开始运离保险单所载明的起运地仓库或储存处时生效,包括正常运输过程中的陆上运输和与其有关的水上驳运在内,直至该项货物运达保险单所载目的地收货人的最后仓库或储存处所或被保险人用作分配、分派的其他储存处所为止。如未运抵上述仓库或储存处所,则以被保险货物运抵最后卸载的车站满 60 天为止。陆上运输货物险的索赔时效为:从被保险货物在最后目的地车站全部卸离车辆后起算,最多不超过 2 年。

4. 除外责任

陆运险的除外责任与海洋运输货物险的除外责任基本相同。它主要包括被保险人的故意行为或过失所造成的损失;被保险货物的自然损耗、本质缺陷、特性以及市场跌落、运输延迟所引起的损失或费用;在保险责任开始前,被保险货物已存在的品质不良或数量短差所造成的损失;属于发货人责任所引起的损失;本公司陆上运输货物战争险条款和货物运输罢工险条款规定的责任范围和除外责任。

(二) 陆上运输冷藏货物保险

陆上运输冷藏货物保险是陆上货运险的一个专门险种,可以单独投保。它承保陆上运输工具冷藏设备装运的冷藏货物因运输途中遭到自然灾害、意外事故而造成的损失和腐败损坏。其索赔时效为从被保险货物在最后目的地全部卸离车辆起计算，最多不超过2年。

1. 责任范围

（1）被保险货物在运输途中由于下列原因造成的全部或部分损失：暴风、雷电、地震、洪水；陆上运输工具遭受碰撞、倾覆或出轨；在驳运过程中驳运工具的搁浅、触礁、沉没、碰撞；隧道坍塌、崖崩、失火、爆炸等。

（2）冷藏机器或隔温设备在运输途中损坏所造成的被保险货物解冻溶化而腐败的损失。

（3）被保险人对遭受承保责任内危险的货物采取抢救、防止或减少货损的措施而支付的合理费用，但以不超过该批被救货物的保险金额为限。

2. 责任起讫

陆上运输冷藏货物险的责任自被保险货物运离保险单所载明的起运地点的冷藏仓库装入运输工具开始运输时生效，包括正常陆运和与其有关的水上驳运在内，直至货物到达保险单所载明的目的地收货人仓库为止。但是，最长保险责任以被保险货物到达目的地车站后10天为限。中国人民保险公司的该项保险条款还规定：装货的任何运输工具，都必须有相应的冷藏设备或隔离温度的设备；或供应和贮存足够的冰块使车厢内始终保持适当的温度，保证被保险冷藏货物不致因溶化而腐败，直至目的地收货人仓库为止。

3. 除外责任

陆上运输冷藏货物险的除外责任包括因战争、工人罢工或运输延迟而造成的被保险货物的腐败或损失及被保险冷藏货物在保险责任开始时未能保持良好状况，整理、包扎不妥或冷冻不合规格所造成的损失，除此之外，一般的除外责任条款也适用本险别。

（三）陆上运输货物战争险

陆上运输货物战争险（火车）（overland transportation cargo war risks “by train”）是陆上运输货物险的特殊附加险，只有在投保了陆运险或陆运一切险的基础上方可加保。

加保陆上运输货物战争险后，保险公司负责赔偿在火车运输途中由于战争、类似战争行为和敌对行为、武装冲突所致的损失，以及各种常规武器包括地雷、炸弹所致的损失。但是，由于敌对行为使用原子或热核武器所致的损失和费用，以及根据执政者、当权者或其他武装集团的扣押、拘留引起的承保运程的丧失和挫折而造成的损失除外。

陆上运输货物战争险的责任起讫以货物置于运输工具时为限。即自被保险货物装上保险单所载起运地的火车时开始到卸离保险单所载目的地火车时为止。如果被保险货物不卸离火车，则以火车到达目的地的当日午夜起计算，满48小时为止；如在运输中途转车，不论货物在当地卸载与否，保险责任以火车到达该中途站的当日午夜起计算满10天为止。如货物在此期限内重新装车续运，仍恢复有效。但如运输契约在保险单所载目的地以外的地点终止时，该地即视作本保险单所载目的地，在货物卸离该地火车时为止，如不卸离火车，则保险责任以火车到达该地当日午夜起满48小时为止。

五、航空运输货物保险

航空货物运输保险是以航空运输过程中的各类货物为保险标的，当保险标的在运输过程中因保险责任造成损失时，由保险公司提供经济补偿的一种保险业务。航空运输基本险包括航空运输险和航空运输一切险。

（一）航空运输险和航空运输一切险

1. 责任范围

航空运输险的承保责任范围与海洋运输货物保险条款中的水渍险大致相同。保险公司负责赔偿被保险货物在运输途中遭受雷电、火灾、爆炸，或由于飞机遭受恶劣气候或其他危难事故而被抛弃，或由于飞机遭受碰撞、倾覆、坠落或失踪等自然灾害和意外事故所造成的全部或部分损失。被保险人对遭受承保责任内危险的货物采取抢救、防止或减少货损的措施而支付的合理费用，也由保险公司支付，但以不超过该批被救货物的保险金额为限。

航空运输一切险的承保责任范围除包括上述航空运输险的全部责任外，保险公司还负责赔偿被保险货物由于被偷窃等外来原因所造成的全部或部分损失。

2. 责任起讫

(1) 本保险负“仓至仓”责任，自被保险货物运离保险单所载明的起运地仓库或储存处所开始运输时生效，包括正常运输过程中的运输工具在内，直至该项货物运达保险单所载明目的地收货人的最后仓库或储存处所或被保险人用作分配、分派或非正常运输的其他储存处所为止。如未运抵上述仓库或储存处所，则以被保险货物在最后卸载地卸离飞机后满 30 天为止。如在上述 30 天内被保险的货物需转送到非保险单所载明的目的地时，则以该项货物开始转运时终止。

(2) 由于被保险人无法控制的运输延迟、绕道、被迫卸货、重行装载、转载或承运人运用运输契约赋予的权限所做的任何航行上的变更或终止运输契约。致使被保险货物运到非保险单所载目的地时，在被保险人及时将获知的情况通知保险人，并在必要时加缴保险费的情况下，本保险仍继续有效，保险责任按下述规定终止：

①被保险货物如在非保险单所载目的地出售，保险责任至交货时为止。但不论任何情况，均以被保险的货物在卸载地卸离飞机后满 30 天为止；

②被保险货物在上述 30 天期限内继续运往保险单所载原目的地或其他目的地时，保险责任仍按上述第(1)款的规定终止。

（二）航空货物运输战争险

航空货物运输战争险(air transportation cargo war risks)是航空货物运输险的一种附加险，只有在投保了航空运输基本险的基础上，经过投保人与保险公司协商方可加保。

1. 责任范围

保险公司承担赔偿在航空运输途中由于战争、类似战争行为、敌对行为或武装冲突以及各种常规武器和炸弹所造成的货物的损失，但不包括因使用原子弹或热核制造的武器所造成的损失。

2. 责任起讫

航空运输货物战争险的保险责任是自被保险货物装上保险单所载明的启运地的飞机时开始，直到卸离保险单所载明的目的地的飞机时为止。如果被保险货物不卸离飞机，则从飞机到达目的地当日午夜起计算满 15 天为止。如被保险货物在中途转运时，保险责任从飞机到达转运地的当日午夜起计算满 15 天为止，一旦装上续运的飞机，保险责任再恢复有效。

与海运、陆运险一样，航空运输货物在投保战争险的基础上，可加保罢工险，加保罢工险不另收费。如仅要求加保罢工险，则按战争险费率收费。航空运输罢工险的责任范围与海洋运输罢工险的责任范围相同。

六、邮包运输保险

邮包运输保险是指承保邮包通过海、陆、空三种运输工具在运输途中由于自然灾害、意外事故或外来原因所造成的包裹内物件的损失。

邮包运输保险的险别分为邮包险和邮包一切险。邮包险与海洋运输货物保险水渍险的责任相似，邮包一切险与海洋运输货物保险一切险的责任基本相同。

（一）邮包险和邮包一切险

邮包险负责赔偿被保险邮包在运输途中由于恶劣气候、雷电、海啸、地震、洪水等自然灾害或由于运输工具遭受搁浅、触礁、沉没、碰撞、倾覆、出轨、坠落、失踪，或由于失火、爆炸等意外事故所造成的全部或部分损失。此外，该保险还负责被保险人对遭受承保责任范围内危险的货物采用抢救、防止或减少损失的措施而支付的合理费用，但以不超过获救货物的保险金额为限。

邮包一切险除包括邮包限的全部责任外，还负责被保险邮包在运输途中由于外来原因所致的全部或部分损失。

邮包险和邮包一切险的承保责任期限是自被保险邮包离开保险单所载起运地点寄件人的处所运往邮局时开始生效，直至被保险邮包运达保险单所载明的目的地邮局，自邮局签发到货通知书当日午夜起算满 15 天为止，但在此期限内邮包一经递交至收件人的处所时，保险责任即告终止。

（二）邮包战争险

邮包战争险(parcel post war risks)是邮政包裹保险的一种附加险，只有在投保了邮包险和邮包一切险的基础上方可加保。

加保邮包战争险须另行支付保险费。加保邮包战争险后，保险公司负责赔偿在邮包运输过程中由于战争、敌对行为或武装冲突以及各种常规武器包括水雷、鱼雷、爆炸所造成的损失。此外，保险公司还负责被保险人对遭受以上承保责任内危险的物品采取抢救、防止或减少损失的措施而支付的合理费用。但保险公司不承担因使用原子或热核制造的武器所造成的损失的赔偿。邮包战争险的保险责任是自被保险邮包经邮政机构收讫后自储存处所开始运送时生效，直至该项邮包运达本保险单所载目的地邮局送交收件人为止。

本章小结

本章立足国际贸易业务的流程，结合国际贸易法律、条约和惯例的适用，国际贸易术语及相关国际惯例，国际贸易支付工具（汇票、本票、支票），国际贸易支付方式（汇付、托收、信用证、保函、备用信用证及不同支付方式的结合使用），国际货物运输，国际货物保险等相关知识，较为全面地阐述了如何才能做好一笔国际贸易业务。

本章练习题

一、单项选择题

1. 某公司签发一张汇票，上面注明“At 90 days after sight”，则这是一张（　　）。

A. 即期汇票　　B. 远期汇票　　C. 跟单汇票　　D. 光票

2. 信用证严格相符原则是指受益人必须做到(　　)。

A. 单证与合同严格相符

B. 单据和信用证严格相符

C. 单证与单据相符,单据和信用证严格相符

D. 信用证与合同严格相符

3. 票据的必要项目必须齐全,且符合法定要求,这叫作票据的(　　)。

A. 无因性　　B. 流通性　　C. 提示性　　D. 要式性

4. 结算方式中,按出口方所承担的风险从大到小的顺序排列,应该是(　　)。

A. 付款交单托收、承兑交单托收、跟单信用证

B. 承兑交单托收、付款交单托收、跟单信用证

C. 跟单信用证、承兑交单托收、付款交单托收

D. 跟单信用证、付款交单托收、承兑交单托收

5. 承兑以后,汇票的主债务人是(　　)。

A. 出票人　　B. 持票人　　C. 承兑人　　D. 保证人

6. 根据 UCP600 规定,可转让信用证可以转让(　　)。

A. 一次　　B. 二次　　C. 多次　　D. 没有明确规定

7. 某信用证每期用完一定金额后即可自动恢复到原金额使用,无须等待开证行的通知,这份信用证是:(　　)。

A. 自动循环信用证　　B. 非自动循环信用证

C. 半自动循环信用证　　D. 按时间循环信用证

8. 银行保函的英文缩写为(　　)。

A. L/C　　B. L/G　　C. B/L　　D. B/E

9. 备用信用证最早出现在(　　)。

A. 美国　　B. 英国　　C. 日本　　D. 中国

10. (　　)偿付责任或称(　　)付款承诺,即担保人的偿付责任独立于委托人在交易合同项下的责任义务。

A. 第一性 从属　　B. 第一性 独立

C. 第二性 从属　　D. 第二性 独立

二、判断题

1. 国际结算业务只进行有形贸易的结算。(　　)

2. 国际结算使用的货币应是可兑换货币,它可以是出口国货币,也可是进口国货币。(　　)

3. 国际结算方式大体上分成托收、信用证、银行保函三大类别。(　　)

4. 采用不开信用证记账赊销方式或承兑交单方式基础上发展起来的保理业务正在世界各地流行和推广。(　　)

5. 易货贸易方式采用对开信用证方式,比普通信用证复杂些。(　　)

6. 货款的结算主要涉及支付工具和支付方式等问题,因此,只要选择好恰当的支付工具和支付方式,按期、足额收回货款就没有问题了。(　　)

7. 国际贸易多数是现金交易。(　　)

8. 汇票是出票人签发的无条件支付命令。(　　)

9. 倘若一张汇票的要项不齐全,受票人有权拒付该汇票。(　　)

10. 一张汇票往往可以同时具备几种性质,因此,一张商业汇票同时又可以是银行即期汇票。(　　)

三、请按条件填写下列汇票

国际出口公司(International Exporting Co.)出口机器设备和零部件给环球进口公司(Globe Importing Co.),价值100,000美元。国际出口公司在2007年4月20日开出汇票,要求环球进口公司在见票后30天付款给XYZ银行。环球进口公司于2007年4月30日承兑了该汇票。

BILL OF EXCHANGE

For ______________　　　　　　　　　　　　______________

(amount in figure)　　　　　　　　　　　　(date of issue)

At ______________________________ sight of this bill of exchange (SECOND being unpaid) Pay to ______________________________ or order the sum of ______________________________ (amount in words) for value received.

To:　　　　　　　　　　　　For and on behalf of

______________　　　　　　　______________

四、根据下列合同条款审核信用证,找出不符点

1. 合同

SALES CONTRACT

The Seller: MAITY INTERNATIONAL CO.,LTD.　　　　Contract No. MT13008

Address: NO. 29 JIANGNING ROAD, SHANGHAI, CHINA　　　　Date: Dec 6, 2012

Signed At: Shanghai China

The Buyer: DESEN EUROPE GMBH

Address: GIRARDETSTRASSE 2-38, EINGANG. 4D-45131 ESSEN, GERMANY

This Sales Contract is made by and between the Seller and the Buyer, whereby the Seller agree to sell and the Buyer agree to buy the under-mentioned goods according to the terms and conditions stipulated below:

Description of Goods	Quantity	Unit Price	Amount
"RAIKOU" Homewear		CIF Hamburg	
RH1140 Blue	400PCS	€5.88	€2,352.00
RH1150 Pink	400PCS	€6.08	€2,432.00
DRRW005 Gray	400PCS	€5.38	€2,152.00
DRRW008 Purple	400PCS	€5.18	€2,072.00
AS PER ORDER NO. MY1301			

续表

Description of Goods	Quantity	Unit Price	Amount
TOTAL	1600PCS		9,008.00
Total Amount:Say Euro Nine Thousand and Eight Only			

Packing:40pcs are packed in one export standard carton

Shipping Mark:RAIKOU
MT13008
HAMBURG
C/No. 1-40

Time of Shipment:NOT LATER THAN FEB. 15,2013

Loading Port and Destination:From Shanghai,China to Hamburg,Germany

Partial Shipment:Not Allowed

Transshipment:Allowed

Insurance:To be effected by the seller for 110% invoice value covering All Risks and War Risk as per CIC of PICC dated 01/01/1981

Terms of Payment: By L/C at sight, reaching the seller before Dec. 31, 2012, and remaining valid for negotiation in China for further 15 days after the effected shipment. L/C must mention this contract number. L/C advised by BANK OF CHINA. All banking Charges outside China(the mainland of China)are for account of the Drawee.

Documents:

+ Signed commercial invoice in triplicate.

+ Full set(3/3)of clean on board ocean Bill of Lading marked "Freight Prepaid" made out to order blank endorsed notifying the applicant.

+ Insurance Policy in duplicate endorsed in blank for 110% of invoice value covering All Risks and War Risk as per CIC dated01/01/1981.

+ Packing List in triplicate.

+ Certificate of Origin issued by China Chamber of Commerce

Signed by:

THE SELLER:	THE BUYER:
MAITY INTERNATIONAL CO. ,LTD.	DESEN EUROPE GMBH
GU TAO	Luty

2. 信用证

27:Sequence of total:1/1

40A:Form of Documentary Credit:Irrevocable

20:Documentary Credit Number:00130010018208A1

31C:Date of Issue:130101

40E:Applicable Rules:UCP LATEST VERSION

31D:Date and Place of Expiry:130220 GERMANY

50:Applicant:DESEN EUROPE GMBH

GIRARDETSTRASSE 2－38,EINGANG. 4D-45131ESSEN,GERMANY

59:Beneficiary:MATY INTERNATIONAL CO. ,LTD.

NO. 29 JIANGNING ROAD,SHANGHAI,CHINA

32B:Currency Code,Amount:USD9008. 00

41A:Available With…By…BANK OF CHINA BY NEGOTIATION

42C:Drafts at…30 days after sight

42A:Drawee:DESEN EUROPE GMBH

43P:Partial Shipments:Not Allowed

43T:Transhipment:Not Allowed

44E:Port of Loading/Airport of Departure:ANY CHINESE PORT

44F:Port of Discharge/Airport of Destination:HAMBURG BY SEA.

44C:Latest Date of Shipment:130210

45A:Description of Goods and/or Services:

1600pcs Babywear as per Order No. MY1301 and s/c no. MT13008 CFR HAMBURG packed in carton of 20pcs each

46A:Documents Required

＋ Signed commercial invoices in triplicate indicating LC NO. and Contract NO.

＋ Full set(3/3)of clean on board ocean Bill of Lading made out to applicant and blank endorsed marked "Freight to Collect" notifying the applicant.

＋ Signed packing list in triplicate showing the following details:total number of packages shipped;content(s)of package(s);gross weight,net weight and measurement.

＋ Certificate of origin issued and signed or authenticated by a local chamber of commerce located in the exporting country.

＋ Insurance Policy/certificate in duplicate endorsed in blank for 120% invoice value, covering all risks of CIC of PICC(1/1/1981).

71B: Charges: All charges and commissions are for account of beneficiary including reimbursing charges.

五、案例分析

1. 一批咖啡投保我国保险条款海运货物一切险,但未保战争险,运送该批咖啡的船舶意外触礁,船长下令施救,结果有 1 000 袋咖啡被救上岸,却被敌对方捕获,其余的咖啡则因来不及抢救,与船舶一起沉没。

问题:保险公司对哪些损失负责赔偿?请说明理由。

2. 某年,一商人在泰国曼谷以 60 万美元买了 200 件古代石雕像和青铜雕像,后该商人将此批货物向英国劳合社投保运往荷兰的货物运输保险,保险金额为 3 000 万美元。在货物装船前,保险人对该批货物进行了检查,认为投保人对货物的估价过高,对一些事实未作申报和有虚报的地方,因此取消了该保险单。不久,该商人转向美国保险市场投保,在一家美国保险公司获得了保险金额为 3 000 万美元的货物运输保险。货物装上船舶后不久遇到风暴,承运货物的船舶触礁沉没,货物全损。出险后,该商人向保险人索赔全部货物损失 3 000 万美元,遭到保险人的拒绝后向美国联邦上诉法院起诉。

问题:保险人是否应该承担赔偿责任?请说明理由。

六、项目实操

1. 根据运输的四要素并结合国际货物运输方式,分析下列各贸易应该采用哪种运输方式?请说明理由。

(1) 从大连运往日本的海带。

(2) 从荷兰运往北京的郁金香。

(3) 从德国运往广州的急救药品。

(4) 从俄罗斯运往中国牡丹江市的煤炭。

(5) 从深圳运往香港的新鲜蔬菜。

2. 某年9月,国内某贸易公司向沙特阿拉伯某钢材公司购买5 000吨钢材,合同约定,采用CFR术语,钢材于同年10月在沙特吉达港装运,卸货港为中国广州,货物由买方投保。根据该合同,贸易公司于货物装运前将这批钢材向某保险公司足额投保了海运货物平安险,保险期限采用仓至仓条款,使用中国人民保险公司1981年1月1日修订的海运货物保险条款。保险公司及时签发了保险单,贸易公司则按合同约定缴纳了保险费。同年10月3日,钢材在沙特阿拉伯吉达港装船完毕,船舶顺利驶离海港前往广州。该船舶在途中因货仓进水而沉没,货物也因此全损。贸易公司于同年11月5日向保险公司提出索赔,保险公司经调查后发现该贸易公司并非核定的经营钢材进口的公司,也没有申请领取进口许可证,因此保险公司拒绝赔偿。贸易公司认为在货损发生时其具有保险利益,同时货物损失属于保险责任,保险公司应予以赔偿。双方因此引起纠纷。

问题:保险公司拒赔货损的理由是否成立?请说明理由。

第三章

外汇基础知识

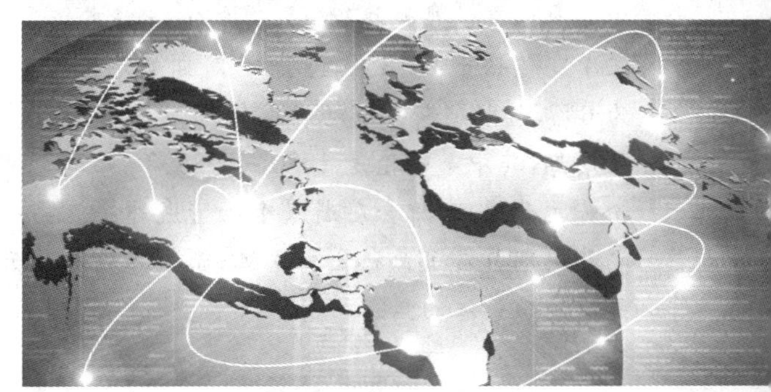

KUAJING DIANSHANG JICHU YU SHIWU

学习目标

- 了解外汇、汇率的基本概念和种类
- 学会解读外汇行情表
- 理解影响汇率变动的因素以及汇率变动对经济的影响，初步掌握动态预测和分析汇率趋势的方法
- 了解各国在汇率制度选择上的探索过程
- 掌握人民币汇率制度改革的内容及方向

2018年以来，新兴市场货币出现了集体贬值，MSCI新兴市场货币指数的跌幅达到5%，其中4月以来的跌幅接近8%。本轮新兴市场汇率贬值的主要背景是美元大幅升值。新兴市场汇率贬值始于2018年4月，而同期美元开始大幅走强，4月以来美元指数从90升至95，涨幅约为6%，与同期新兴市场货币的跌幅基本相当。而从历史来看，美元曾经出现过三轮典型的升值周期，其中第一轮是1980—1985年，第二轮是1995—2001年，第三轮是2011年至今。每一轮美元升值期，都会对新兴市场形成冲击。第一轮美元升值期引发了拉美债务危机；第二轮美元升值期引发了亚洲金融危机；而第三轮美元升值期尚未结束，是否会引发新一轮债务危机是目前市场关注的焦点。

第一节 外汇概述

一、外汇的含义

外汇(foreign exchange)是国际汇兑的简称，可以从动态和静态两个角度去理解。

(一) 动态的外汇

动态的外汇是指人们为了清偿国际债权债务关系，将一种货币兑换成另一种货币的金融活动过程。这种兑换由外汇银行办理，通过银行间的往来账户划拨资金来完成，通常不需要现钞支付和现钞运输。

(二) 静态的外汇

静态的外汇有广义和狭义之分。

广义的静态外汇泛指一切以外币表示的债权或金融资产。IMF对外汇的定义是：外汇是货币行政当局(中央银行、货币机构、外汇平准基金组织、财政部)以银行存款、财政部库券、长短期政府债券等形式保存的，在国际收支逆差时使用的债权。

狭义的静态外汇是指以外国货币表示的用于国际结算的支付手段，具体包括以汇票、本票、支票和银行存款形式存在的外汇，其中以银行存款形式存在的外汇是狭义外汇的主体。

人们通常所说的外汇指的就是狭义的静态外汇。

二、外汇的要素

外汇需具备以下几项要素。

(1) 外汇必须是外币表示的国外资产,本国货币及用本国货币表示的各种信用工具和有价证券自然不是外汇。例如:美元在美国的国际收支中不能作为外汇,只有用美元以外的货币支付结算,才是发生了外汇收付。

(2) 外汇必须是可自由兑换为其他支付手段的外币资产。因此,外汇可以包括外币,但只有具备可自由兑换性质的外币才能算是外汇。目前,作为外汇的外国货币种类不多,美元、欧元、日元、加拿大元、瑞士法郎、澳大利亚元等是在国际上可自由兑换的货币。

(3) 外汇必须是在国外能得到偿付的货币债权。空头支票、遭拒付的汇票等都不能视为外汇。

常用货币的名称与符号如表 3.1 所示。

表 3.1　常用货币的名称与符号

国家或地区名称	货 币 名 称	货 币 符 号	ISO 国际标准代码
英国	英镑	£	GBP
欧元区国家	欧元	∈	EUR
瑞士	瑞士法郎	SF	CHF
美国	美元	$	USD
加拿大	加元	Can $	CAD
日本	日元	JP¥	JPY
新加坡	新加坡元	S $	SGD
澳大利亚	澳元	A $	AUD
韩国	韩元	W	KRW
泰国	泰铢	B	THB
中国香港	港币	HK $	HKD
中国	人民币	RMB¥	CNY
	特别提款权	SDRs	SDR

三、外汇的种类

(一) 按照外汇来源和用途分

贸易外汇是指通过出口贸易而取得的外汇以及用于购买进口商品的外汇。由于国际贸易涉及银行、保险、运输、港口、仓储、通信、广告宣传等服务,因此,与之相关的银行手续费、保险费、运费、装卸费等外汇收支,都算作贸易从属外汇。

非贸易外汇是指一切来源于出口贸易或用于进口贸易的外汇之外的外汇,包括劳务外汇、旅游外汇、侨汇、捐赠、援助外汇以及属于资本流动性质的外汇等。

(二) 按照对货币兑换是否加以限制分

自由外汇是指不需要经有关外汇管理当局的批准,就可以自由兑换成别的国家(或地区)的货币,用以向交易方或第三国办理支付的外国货币及支付手段。

记账外汇又称双边外汇或协定外汇,是指不经货币发行国的批准就不能自由兑换成其他国家的货币或对第三国进行支付的货币。这种货币通常只在双边的基础上才具有外汇的意义,因为它是在有关国家之间签订的贸易清算或支付协定的安排下,以双方国家中央银行互立专门账户的形式存在的。一般在年度终了时,双方银行对进出口贸易额及有关从属费用进行账面轧抵,结出差额。

(三) 按照外汇交易的交割期限分

交割(settlement,delivering)是指外汇买卖中货币的实际收付或银行存款账户上金额的实际划转。即期外汇是指外汇买卖成交后在两个营业日内交割完毕的外汇。远期外汇是指外汇买卖合约签订时,预约在将来某个日期办理交割的外汇。

第二节 汇率概述

一、汇率的定义

汇率(exchange rate)是指一国货币兑换成另一国货币的比率或不同货币之间的比价。由于汇率是经常变动的,外汇市场上进行外汇买卖的折算标准也随之变动,因此,汇率又称外汇行市。在我国,人民币兑换外币的汇率通常在外汇银行挂牌对外公布,所以汇率又称牌价。由此可知,汇率、汇价、兑换率、外汇行市、牌价指的是同一个意思。

二、汇率的标价方法

汇率的标价方法是指如何表示外汇的比价或比率。外汇是在国际上自由兑换、自由买卖的资产,是一种特殊商品,汇率就是这种商品的"特殊价格"。一般商品的标价是以货币表示的,而汇率的标价有其特殊性,既可以用本币表示外币的价格,也可以用外币表示本币的价格,这取决于一国所采用的标价方法。

一般来说,外汇汇率有以下几种标价方法。

(一) 直接标价法

直接标价法(direct quotation)又称应付标价法,是以一定单位(1 个单位或 100 个单位)的外国货币为标准,折算成一定数额的本国货币,即用 1 个单位或 100 个单位的外币能购买多少单位本币的方式来表示外币价格的高低。例如:2016 年 8 月 8 日,中国银行人民币外汇汇率报价为 USD100=CNY666.15,这就是直接标价法。等式左边的外国货币称基准货币(单位货币、被报价货币),等式右边的本国货币称计价货币或报价货币。

若一定单位的外币换到的本币数额增多,则表明外币升值,本币贬值;反之,若一定单位的外币换到的本币数额减少,则表明外币贬值,本币升值。在直接标价法情况下,本币价值与外汇汇率呈反方向变动。

(二) 间接标价法

间接标价法(indirect quotation)又称应收标价法,是以一定单位(1 个单位或 100 个单位)

的本国货币作为标准，折算成一定数额的外国货币，即用 1 个单位或 100 个单位的本币能购买多少单位外币的方式来表示本币价格的高低。例如：某日，纽约外汇市场上，USD1＝JPY 116.4，这就是间接标价法。

若一定单位的本币换到的外币数额增多，则表明本币升值，外币贬值；反之，一定单位的本币换到的外币数额减少，则表明本币贬值，外币升值。在间接标价法情况下，本币价值与外汇汇率呈同方向变动。

（三）美元标价法和非美元标价法

美元标价法（US dollar quotation）是指以 1 个单位的美元为基准，折合为一定数额的其他国家货币来表示汇率的方法。世界各金融中心的国际银行所公布的外汇牌价都是美元兑其他主要货币的汇率，其他国家货币之间的汇率则通过各自对美元的汇率套算出来，作为报价的基础。例如，某日国际外汇市场上，USD1＝CHF1.1287，USD1＝CAD1.0401 等。在这种标价法中，美元是基准货币，作为计价标准，其他国家的货币是标价货币，作为计算单位。因此，在汇率变化时，美元标价法中美元的数额不变，其他国家货币的数额随汇率变化而变化。

非美元标价法是指以 1 个单位的非美元货币为基准货币，折合为一定数额的美元来表示汇率的方法。在这种标价法中，非美元货币是基准货币，美元是标价货币，如 EUR1＝USD 1.3143，AUD1＝USD0.7765 等。非美元标价法中，基准货币主要有英镑、欧元、澳元和新西兰元等几种货币。在汇率发生变化时，非美元标价法中非美元货币的数额不变，美元的数额随着汇率变化而变化。

在统一的外汇市场惯例标价法下，市场参与者不必区分直接标价法还是间接标价法，都按市场惯例进行报价和交易。货币升值或贬值都会通过各种标价法中标价货币数额的增减直接反映出来。

三、汇率的种类

（一）按国家汇率制度不同分

固定汇率（fixed rate）是指国家通过各种汇率政策和外汇市场的干预手段，使本币汇率在一定的狭小区间内波动的汇率。

浮动汇率（floating rate）是指外汇市场供求关系自发决定的汇率。

（二）按银行买卖外汇的价格不同分

买入汇率（buying rate）又称买入价，指银行买入外汇时所依据的汇率。

卖出汇率（selling rate）又称卖出价，指银行卖出外汇时所依据的汇率。

买入价与卖出价的差额称作买卖差价，一般为 1‰～5‰，外汇市场越发达，这个差价越小，储备货币的差价比非储备货币的差价小。

在外汇市场上挂牌的外汇牌价一般均列有买入汇率与卖出汇率。

在直接标价法下，外汇的买入价在前，卖出价在后。例如某日纽约外汇市场报价：1GBP＝1.3056～1.3066USD，前者 1.3056 表示美国某银行买入 1 英镑外汇时给客户的本币数额，后者 1.3066 表示银行卖出 1 英镑外汇时向客户收取的本币数额。

在间接标价法下，外汇的卖出价在前，买入价在后。例如某日伦敦外汇市场报价：1GBP＝1.3056～1.3066USD，前者 1.3056 表示英国某银行卖出 1.3056 美元的同时向客户收取 1 英镑，后者 1.3066 表示银行买入 1.3066 美元的同时付给客户 1 英镑。

美元标价法和非美元标价法中的买入价和卖出价以基准货币为对象，即报价银行以买入基准货币的价格为买入价，以卖出基准货币的价格为卖出价。当前，在外汇牌价中，无论是美元标价法还是非美元标价法，银行的外汇买入价总是低于卖出价。

中间汇率（medial rate，middle rate）又称中间价，是买入汇率与卖出汇率的算术平均数，即中间价＝（买入价＋卖出价）/2。它不是在外汇买卖业务中使用的实际成交价，而是为了方便计算或使报道更加简洁所使用的。联合国、IMF 所公布的各国汇率表中均采用中间汇率，西方报刊公布汇率时也常采用中间汇率。

现钞汇率又称现钞价，指银行购买外币现钞的价格，而前述买入价和卖出价是指银行购买或出卖外币支付凭证的价格。银行在购入外币支付凭证后，通过航邮转账可很快地存入国外银行，开始生息，调拨动用；而银行买入外币现钞，要经过一定的时间，积累到一定数额以后，才能将其运送并存入外国银行调拨使用。在此以前买进钞票的银行要承受一定的利息损失，且将现钞运送并存入外国银行的过程中还有运费、保险费等支出，银行要将这些损失及费用开支转嫁给出售钞票的顾客，所以银行买入外币现钞的价格低于买入各种形式的支付凭证的价格。银行卖出外币现钞时则根据一般的支付凭证卖出价，不再单列。

（三）按外汇买卖的交割时间不同分

即期汇率（spot exchange rate）指一笔外汇交易成交后，当天或在两个营业日内实行交割所使用的汇率。一般来说，居民和旅游者的外币现钞、旅行支票及其他小额外汇交易多半是在成交时收付；但银行同业间的外汇买卖，按国际商业惯例通常是在交易后的次日或两日内收付，如遇到节假日就顺延至下一个营业日。即期汇率是由即期外汇市场上交易的货币的供求状况决定的。

远期汇率（forward exchange rate）指外汇交易的交割在两个营业日以上的某个约定日期实行的汇率。远期外汇的交割日期常见的为 1 个月至 1 年，汇率的变动受利率的变化和外汇市场供求状况变化的影响。

若远期汇率大于即期汇率，为升水（premium）；若远期汇率小于即期汇率，为贴水（discount）；若远期汇率等于即期汇率，为平价（parity）。

（四）按确定汇率的不同方式分

基本汇率（basic rate）指一国所制定的本国货币与基础货币（关键货币）之间的汇率。所谓关键货币，是指该国在国际经济交往和国际储备中使用最多，所占比重最大的自由兑换货币。

套算汇率（cross rate）指通过基本汇率套算出来的汇率，即在基本汇率的基础上套算出本币与非关键货币之间的比率。

例 1　国际外汇市场某银行报出美元兑日元、美元兑瑞士法郎的汇率如下：

1USD＝120.00/10 JPY

1USD＝1.6080/90 CHF

1CHF ＝120.00/1.6090～120.10/1.6080JPY

＝74.58～74.69JPY

结论：基准货币相同，报价货币不同，求报价货币之间的比价要交叉相除。

例 2　某银行报出欧元兑美元、英镑兑美元的汇率如下：

1EUR＝1.1010/20 USD

1GBP＝1.6010/20 USD

1EUR ＝1.1010/1.6020～1.1020/1.6010GBP

＝0.6873～0.6883GBP

结论：基准货币不同，报价货币相同，求基准货币之间的比价要交叉相除。

例 3 某日外汇市场行情：

1USD＝120.10/20 JPY

1EUR＝1.1005/15 USD

1EUR ＝120.10×1.1005～120.20×1.1015 JPY

＝132.17～132.40 JPY

结论：基准货币不同，报价货币也不同，求某一基准货币与另一报价货币的比价要同边相乘。

（五）按兑换方式不同分

电汇汇率（telegraphic transfer rate，T/T rate）指经营外汇业务的银行用电报方式通知国外付款所使用的外汇汇率。采用电汇方式，银行在国内收进外汇与在国外付出外汇的时间间隔只有 1～2 日，银行不能利用汇款资金，且需付电报费用，所以电汇汇率最高。现在国际上大额汇款大部分采用电汇，因而电汇汇率成为基础汇率，其他汇率的制定均以电汇汇率为基础。一般外汇市场上所公布的汇率多为银行的电汇汇率买卖价，西方国家的重要报纸每天都会报道外汇市场上银行间的电汇汇率。

信汇汇率（mail transfer rate，M/T rate）指经营外汇业务的银行用信函方式通知国外付款所使用的外汇汇率。采用信汇方式，银行在收到顾客交来的汇款后，须经过两国邮程所需的时间，才在国外付出外汇。在此期间，银行可以利用顾客的汇款资金，故可以在信汇汇率中扣除邮程期间的利息，因此，信汇汇率比电汇汇率低。在外汇业务中，信汇量较少，我国信汇多用于港澳地区。

票汇汇率（demand draft rate，D/D rate）指银行买卖外汇汇票、支票和其他票据时所采用的汇率。票汇汇率可分为以下两种：一种是即期票汇汇率（sight bill exchange rate），即银行买卖外汇即期汇率时所使用的汇率；另一种是长期（或远期）票汇汇率（long bill exchange rate），即银行买卖外汇远期汇率时所使用的汇率。由于卖出汇票同支付外汇间隔一段时间，因此票汇汇率也需在电汇汇率的基础上根据利息因素做些调整。

（六）按外汇买卖的营业时间分

开盘汇率（opening rate）指经营外汇业务的银行在营业日刚开始时买卖外汇所使用的汇率，也称开盘价。

收盘汇率（closing rate）指外汇银行在一个营业日的外汇交易终了时所使用的汇率，也称收盘价。

（七）按外汇资金性质和用途不同分

贸易汇率（trade rate）又称商业汇率（commercial rate），即主要用于进出口贸易及其从属费用的支付结算的汇率。它一般为一国“奖出限入”的贸易政策服务，以改善该国的国际收支为目的。

金融汇率(financial rate)主要指用于资本往来、旅游等非贸易方面的支付结算的汇率。与贸易汇率相比,金融汇率一般定得较高,以起到限制资金流出,鼓励外资流入的作用。

(八) 按外汇管制的松严程度分

官方汇率(official rate)又称官价或法定汇率,指一国货币当局规定并予以公布的汇率。一切外汇收入均须按官方汇率结售给外汇银行,所需外汇须向国家或其指定的银行申请批准。官方汇率比较稳定。

市场汇率(market rate)指外汇市场上进行买卖的实际汇率,它随市场外汇供求关系变化而自由变动。该汇率受到外汇的实际供求状况的影响,能较客观地反映本国货币的对外价值。

(九) 按外汇汇率的经济分析作用不同分

实际汇率是相对名义汇率而言的,是名义汇率在考虑了两国通货膨胀影响因素后的汇率,也是基于货币实际购买力研究的汇率。

有效汇率指加权平均汇率,是反映一国货币整体对外价值的汇率。

四、决定汇率的基础

各国货币之间有可比性,是因为它们都具有或代表一定的价值,从本质上说,货币具有或代表的价值是决定汇率的基础。在不同的货币制度下,货币具有的价值的测定方法不同,因此,决定汇率的基础也有所不同。

(一) 金本位制度

金本位制经历了金铸币本位制、金块本位制、金汇兑本位制三种形式,其特点是:①各国货币均以黄金铸成,有法定的含金量;②金币可自由流通、自由铸造、自由输出与输入;③金币具有无限法偿能力;④辅币和银行债券可以按照其票面价值自由兑换成金币。

在这种制度下,国际汇兑和国际结算领域都可以按各自的含金量多少加以对比,从而确定货币比价。因此,金本位制度下决定汇率的基础是两种货币含金量之比,即铸币平价(mini par)。例如,1个英镑金币的重量为123.274 47格令,成色11/12,即含113.0016(123.274 47×11/12)格令纯金,1个美元金币的重量为25.8格令,成色9/10,即含23.22(25.8×9/10)格令纯金,于是英镑与美元之间的汇率是113.0016/23.22=4.8666,即1英镑等于4.8666美元。

外汇市场上汇率水平的变动最直接的影响因素是外汇市场的供求关系。但供求关系导致的汇率变动并不是无限制的,而是按照一定的幅度在铸币平价上下波动,是有一定界限的,这个界限就是黄金输送点。汇率以铸币平价为中心,在外汇供求关系的作用下上下浮动,以黄金输送点为最大波幅。

黄金输送点(gold transport points)是指汇率波动引起的黄金从一国输出或输入的界限。汇率的上涨或下跌超过一定界限时,将引起黄金的输出或输入,从而起到自动调节汇率的作用。黄金输送点的计算公式如下:

黄金输入点=铸币平价-黄金运费

黄金输出点=铸币平价+黄金运费

例如,第一次世界大战之前,在英国和美国之间运送黄金的各项费用和利息为所运送黄金价值的5‰~7‰,按平均数计算,运输费用大概在1英镑为0.03美元,那么黄金输入点就是$4.8666-$0.03,黄金输出点就是$4.8666+$0.03。

（二）纸币本位制度

在纸币本位制度下，货币所代表的实际价值与一国通货膨胀的程度密切相关。一国通货膨胀程度越高，其货币的实际价值就越低；一国通货膨胀程度越低，其货币的实际价值就越高。

用通货膨胀程度衡量的货币实际价值是货币对内价值，对内价值具体表现为货币在国内购买力的高低，因此，货币购买力对比就成为纸币本位制度下决定汇率的基础。纸币本位制度下的汇率已失去了稳定的基础，因为外汇市场的汇率波动是无止境的，任何能够引起外汇供求关系变化的因素都会造成外汇行情的波动。

五、影响汇率变动的主要因素

（一）国际收支状况

国际收支状况是引起汇率变动的最直接原因。当一国国际收支出现较大顺差时，该国外汇收入大于支出，即外汇供给大于需求，外汇汇率下跌，本币汇率上升；反之，当国际收支出现逆差时，外汇汇率上升，本币汇率下跌。1973 年全球普遍实行浮动汇率制后，汇率变动主要受国际收支状况引起的外汇供求关系影响，从较长的时间来看，国际收支状况是决定汇率基本变动趋势的主导因素。

（二）通货膨胀

通货膨胀是影响汇率变动的重要因素。从理论上讲，一国发生通货膨胀，纸币所代表的实际价值减少，在其他国家的货币所代表的实际价值不变的条件下，要兑换同等价值的外国货币，需要付出更多的本币，即外汇汇率上涨。当一国利率降低时，则会导致该国资本外流，对外汇的需求增加，对本币的需求减少，进而导致外汇汇率上升和本币汇率下降。

（三）利率水平

各国利率水平的变化会引起短期资本的国际流动。一般而言，短期资本总是从利率低的国家流向利率高的国家。当一国利率提高时，一方面可吸引外资流入，使该国的外汇供给增加；另一方面又会引起对该国货币需求的增加。两方面共同作用的结果使得外汇汇率下降，本币汇率上升。反之，当一国利率降低时，则外汇汇率上升，本币汇率下降。

（四）心理预期

心理预期是指人们对某种货币升值或贬值的预期。若人们预期某种货币不久就会贬值，就会大量抛售这种货币，使其汇率下降；反之，若人们预期某种货币不久就要升值，就会大量抢购这种货币，使其汇率上涨。

（五）重大的国际政治、经济或军事性突发事件

例如，1988 年 12 月，戈尔巴乔夫宣布华约要裁军 50 万，美元汇率也就上升了 400 个点。

六、汇率变化的经济影响

（一）对一国国际收支的影响

如果一国货币汇率下浮（即本币贱，外币贵），则有利于出口，不利于进口。其原因是：本币汇率下浮降低了用外币表示的本国出口商品的价格，增强了出口商品的国际竞争力，有利于刺

激出口；相应的，提高了以本币表示的外国进口商品的价格，减弱了进口商品的国内市场竞争力，因而不利于进口。从出口供给的角度看，出口后换回的本币数额比以前增多。

（二）对一国外汇储备的影响

（1）明确构成一国外汇储备的币种；

（2）需将各储备货币分为升值和贬值两种，并计算各自升值或贬值的幅度；

（3）确定外汇储备币种的不同权重；

（4）储备货币中软、硬币的利息差异。

（三）对国内经济的影响

1. 对国内物价的影响

汇率变动对国内经济的最直接影响主要表现为物价的上涨或下跌。从出口角度看，本币贬值将有利于扩大出口，增加外汇收入，这使得本国货币供给增加，促进物价上涨；同时，对国内出口商品的需求增加，国内生产力在短期内还来不及调整，这会加剧国内供需矛盾，从而造成物价上涨，容易引发通货膨胀。

2. 对国内利率的影响

一国货币贬值，人们往往会形成该国货币会进一步贬值的预期，从而引起短期资本外逃，国内资本供给减少，利率上升。但是，当货币贬值到一定程度时，则会激发人们对汇率反弹的预期，可能导致短期资本流入，国内资本供给增加，利率下降。

3. 对国民收入和就业的影响

一国货币贬值将有利于出口而不利于进口，如果国内存在闲置的生产要素，则会刺激国内出口产品生产规模的扩大，进而带动国内其他行业生产的发展，推动就业水平的提高，增加国民收入。同时，本币贬值减少了进口，导致对进口产品的需求转向国内的同类产品，使生产进口替代品的部门和企业的收益增加，从而引起资源在国内各部门的重新配置，上述的一系列变化会使该国的国民收入总额增加。如果一国的货币升值，则情况正好相反。

（四）对国际资本流动的影响

由于长期资本追求长期利益，货币贬值对其影响较小；而短期资本追求短期利益，若预测货币继续贬值，则导致资本外流，若预测已到最低点，则有反弹趋势，导致资本流入。

（五）对国际经济关系的影响

汇率变动会加剧各国争夺销售市场的竞争，促进储备货币多元化的形成，加剧国际金融市场的动荡，促进国际金融业务不断创新。

第三节　汇率制度概述

汇率制度(exchange rate regime)又称汇率安排，是指一国货币当局对本国汇率变动的基本方式所做的一系列安排或规定。根据汇率调整的频率、幅度以及方式等不同，可分为固定汇率制度和浮动汇率制度。

一、固定汇率制度

固定汇率制度(fixed exchange rate system)是指两国货币的比价基本固定或只能在规定的幅度内波动。当汇率波动超过上下限时,货币当局有义务进行干预。历史上出现过金本位制度下的固定汇率制度与布雷顿森林体系下的固定汇率制度两种形式。

(一)金本位制度下的固定汇率制度

在金本位制度下,铸币平价是决定汇率的基础,汇率波动要受到黄金输送点的自动调节,且以黄金输送点为界限。因此,汇率的变化幅度很小,仅在铸币平价上下各6‰左右的范围内波动,其稳定是靠自动的措施来维持的,而非依赖人为。

在1929—1933年的世界资本主义经济危机冲击下,金本位制度彻底崩溃,以金本位制度为基础的固定汇率制度也随之消亡,资本主义国家普遍开始实行纸币流通制度。

(二)布雷顿森林体系下的固定汇率制度

金本位制度崩溃后,各国都发行了纸币。二战后的布雷顿森林体系实行“双挂钩、一固定、上下限、政府干预”的固定汇率制度。

此体系实行“双挂钩”制度,即美元与黄金挂钩,其他国家货币与美元挂钩。IMF要求其会员国规定本国货币的含金量,通过含金量的比率(金平价)来确定与美元的汇率,即各国货币钉住美元并与之建立固定的比价关系。同时,IMF又规定两国货币汇率的波动界限为金平价的上下各1%。

可见,在布雷顿森林体系下,汇率的波动界限已大大超过了金本位制度下的黄金输送点,其调节不具备自动稳定机制,需要人为政策来维持。因此,这种汇率制度下的汇率只是相对固定,这种制度又被称为“可调整的钉住汇率制度”。

固定汇率制度促进了国内物价水平和通货膨胀预期的稳定,同时,汇率的稳定也为国际贸易与国际投资提供了较为有利的环境,从一定程度上减少了汇率变动的风险,便于进出口商、国际信贷和国际投资的经济主体进行成本和利润的核算,从而推动了对外贸易的发展,促进了世界经济的共同繁荣。但是,固定汇率制度也存在一些缺陷。在外汇市场动荡时期,固定汇率制度也易于受到国际游资的冲击,引起国际外汇制度的动荡与混乱。

二、浮动汇率制度

浮动汇率制度(floating exchange rate system)是指汇率由市场的外汇供求情况决定,并可自由涨落的汇率制度,根据不同标准可划分为不同的类型。

(一)根据政府是否对市场汇率进行干预分

自由浮动又称清洁浮动,是指政府对外汇市场不进行任何干涉,完全听任外汇市场供求力量的对比自发地决定本币对外币的汇率的制度。

管理浮动又称肮脏浮动,是指政府对外汇市场进行公开或不公开的干预,以影响外汇的供求关系,使外汇市场和汇率向有利于自己的方向变动的制度。

(二)根据汇率浮动方式分

单独浮动汇率制度是指一国货币不与其他国家货币发生固定联系,其汇率根据外汇市场的供求变化而自动调整，如英镑、美元、日元等货币的汇率均属单独浮动。

联合浮动汇率制度又称共同浮动汇率制度，是指国家集团在成员国之间采用固定汇率，同时对非成员国货币采取共同浮动的方法，如欧盟。

钉住汇率制度是指一国货币与某种外币保持固定比价关系，随该外币的浮动而浮动。在西方发达国家采取浮动汇率制度的同时，大部分发展中国家都实行钉住浮动汇率制度。如巴哈马和东南亚国家的货币钉住美元，缅甸、以色列、沙特阿拉伯和阿联酋的货币钉住特别提款权，我国目前采取的是钉住一篮子货币的汇率制度。

联系汇率制度是一种特殊的钉住汇率制度，最具有典型意义的是港元联系汇率制度。1983年10月17日，港英当局开始以1美元兑换7.8港元的比价实行联系汇率制度。上述联系汇率制规定的1美元兑换7.8港元的固定汇率只适用于货币发行银行与外汇基金管理局以及商业银行等与发行银行之间的发钞准备规定。在中国香港外汇市场上的美元与港元的交易并不受此约束，汇率变动由市场供求力量决定。

浮动汇率制度通过汇率标杆的作用，达到国际收支平衡，避免外汇储备的大量流失，有利于保证一国货币政策的独立性；在一定程度上可以防止国际游资的冲击，避免国际性通货膨胀的传播。但是，浮动汇率的频繁波动不利于国际贸易和国际投资。汇率波动助长了投机，加剧了动荡；浮动汇率易导致通货膨胀倾向，并为竞争性货币贬值提供了借口。在浮动汇率制度下，国际协调更为困难，对发展中国家不利。

三、其他汇率制度

（一）爬行钉住汇率制度

爬行钉住汇率制度（crawling peg system）是视通货膨胀情况，允许货币逐渐升值或贬值的一种汇率制度。发展中国家采用此汇率制度时，政府当局经常按一定时间间隔以事先宣布的百分比对汇率作小幅度的调整，直至达到均衡。

（二）货币局制度

货币局制度指在法律中明确规定本国货币与某一外国可兑换货币保持固定的交换率，并且对本国货币的发行作特殊限制以保证这一法定义务的履行的汇率制度。

（三）货币联盟

货币联盟指在联盟内无汇率的问题，但对外仍有汇率。这种制度的优点在于减少交易成本，促进联盟内的资本流动。缺点是在有冲击或周期变化时，限制了国际采取有益的利率和汇率政策。因此，只有当放弃独立的利率和汇率的代价不高时，货币联盟才是有利的。

（四）美元化制度

一国完全放弃本国货币而选用美元是完全的美元化，一国在经济活动中同时使用美元和本国货币是部分的美元化。美元化制度是一种极端的、比货币联盟还要强的制度。在这种制度下，美元化国家完全放弃了自己的货币，它们不是和亲密的贸易伙伴共同使用一种货币，而是直接使用美元或其他国家货币。这种制度不仅使其丧失了自己独立的利率和汇率政策，而且失去了铸币税的收益。该制度一般都是在公民对中央银行完全失去信心，也不期望中央银行将来会变好的情况下才实行的。

四、影响汇率制度选择的因素

1978年IMF协定的第二次修正案承认各成员国有权自由选择本国的汇率制度。但是汇率制度的选择是一个非常复杂的问题，是一国政府的政策行为。它建立在一国所具有的特殊的经济特征的基础之上，并且在不同的时期，由于政府所追求的政策目的不同，政府所选择的汇率制度也不同。在世界经济一体化的趋势下，一国汇率制度的选择还受其对外经济贸易关系的影响，受国际经济和金融大环境的制约。

(一) 一国经济的结构性特征是汇率制度选择的基础

小国较适宜于实行固定汇率制度，因为它一般与少数几个国家的贸易依存度较高，汇率的浮动会给它的对外贸易带来不利影响。相反，大国由于对外贸易产品构成的多样化及贸易地区分布的多元化，很难选择一种货币作为参照货币实行固定汇率，一般较适宜于实行浮动汇率制度。

(二) 特定的政策意图是汇率制度选择的政策目的

在一国政府面临较高的国内通货膨胀时，政府的政策意图是控制国内的通货膨胀，固定汇率制度就较适宜。若一国政府的政策意图是防止从国外输入通货膨胀，则应该选择浮动汇率制度。因为在浮动汇率制度下，一国货币政策的自主性较强。

(三) 一国与其他国家的经济合作情况对汇率制度的选择有着重要的影响

当两国之间存在非常密切的经济贸易往来时，两国货币保持固定比价有利于各自的经济发展。区域经济合作关系比较密切的国家之间也适宜于实行固定汇率制度，如欧洲货币体系的汇率机制。

(四) 国际经济和环境制约着一国汇率制度的选择

若一国的经济开放程度较高(即一国进出口额占国内生产总值比重大)，经济规模小，或者进出口集中于某些产品或某几个国家，一般倾向于采取固定汇率制度或钉住汇率制度。相反，经济丌放程度低，经济规模人，进出口分散且多样化，国内金融市场发达，与国际金融市场一体化程度高，资本流动性好，或者国内通货膨胀率与其他主要国家不同，一般倾向于采用浮动汇率制度。

第四节 外汇风险及其管理

一、外汇风险

(一) 外汇风险的概念

外汇风险又称汇率风险，即在国际经济交易中，由于汇率的变动而给外币债权或债务持有人造成损失或收益的可能性(不确定性)。

外汇风险主要包括下述由汇率变动而引起的损失：①外汇债权人以外币计值的资产或应收账款价值的减少；②外汇债务人以外币计值的负债或应付账款价值的增加；③账面上的资产损失(如资产负债表、损益表等)；④预期收益的减少；⑤经营决策中的不确定性增强。

外汇风险的形成涉及头寸敞口的问题。所谓外汇头寸是指外币资产或负债的存量，它有三种表现形态：①头寸轧平，即外汇资产等于外汇负债；②多头，即外汇资产大于外汇负债，又称超买；③空头，即外汇资产小于外汇负债，又称超卖。敞口头寸是指外汇资产与负债的差额，即暴露于外汇风险之中的那部分资产或者负债。在外汇轧平的情况下并不存在外汇风险，因为汇率变动对资产的影响因为其对负债的反向影响而抵消。只有在多头和空头的情况下才存在敞口头寸，并且只有敞口头寸部分的资产或负债面临着外汇风险。

(二) 外汇风险的类型

1. 交易风险

交易风险是指交易行为产生敞口头寸而形成的外汇风险。它是最主要的外汇风险，表现在以下方面。

1) 进出口贸易结算风险

在国际贸易中，由于汇率变动而引起的应收或应付账款价值变动的风险就是贸易结算风险。如：我国某企业 6 个月后有一笔 50 万美元的货款收入，并且同时要支付一笔 6500 万日元的进口设备货款，该企业打算以该笔外汇收入支付进口货款，当时汇率为 1USD＝130JPY，6 个月后，汇率变为 1USD＝120JPY。可见，由于美元贬值，该企业损失了 4.17(6500/120－6500/130)万美元。

2) 外汇买卖风险

在外汇买卖中，从交易日到交割日的汇率变动对外汇敞口头寸所带来的风险就是外汇买卖风险。如：某外汇银行在当天以 1EUR＝1.15USD 卖出 USD，买入 100 万 EUR。若第二天市场汇率变为 1EUR＝1.14USD，则由于外汇买卖风险，该银行将损失 1 万 USD。

3) 国际信贷风险

国际信贷风险是指在国际信贷业务中，由于汇率的变动使债权人少收本币(或其他货币)，债务人多付本币(或其他货币)。如：我国某企业 1993 年初借入 100 万美元一年期的国际商业贷款，当时市场调剂汇率为 1USD＝7.10CNY，1994 年我国实行汇率并轨，还款时的市场汇率为 1USD＝8.50CNY，则由于国际信贷汇率风险，该企业在一年内损失了 140 万 CNY。

2. 会计风险

会计风险又称折算风险或评价风险，指在会计期末根据会计准则将各种外币资产与负债转换成记账货币时，因汇率波动而出现账面损失或收益的可能性。

企业在一国注册，根据主权原则，会计报表应该使用注册国货币作为记账货币，这就要求该国企业发生的外币支出、外币资产和负债要根据一定的会计准则，将其转变为本国货币来表示，这一过程被称为折算。

例如：美国某公司在法国的子公司拥有资产 1 000 000EUR，年初上报会计报表时，1USD＝1.34EUR，年末欧元贬值，1USD＝1.36EUR，这时原来的 1 000 000 欧元的资产在财务报表上只能值 735 294.12USD，这笔资产的账面价值损失了 10 974.54USD。显然，即使企业的外币资产和负债的数额没有发生任何变化，但是只要汇率发生波动，企业的会计账目中相对应的本币数量必然会有所增加或减少，几乎所有从事涉外活动的企业都无法回避这种会计账面风险。与交易风险、经济风险不同，会计风险是一种存量风险，虽然不涉及现金移动或财富转移，但它会影响到企业效益评估、企业管理和税收缴纳等方方面面，因此，涉外企业特别是跨国公司，应该对会计风险给予高度的重视。

3. 经济风险

经济风险是指由于意料之外的汇率变动导致国际企业在未来一定时间内收益蒙受损失的潜在性风险。风险的大小取决于汇率变化对该企业产品的未来销售量、价格以及成本的影响程度。潜在经济风险直接关系到国际企业在海外的经营效果或者银行在国外的投资收益。经济风险与交易风险不同的是,交易风险侧重于每笔单独的交易因汇率变动的影响而带来的损失,而经济风险侧重于企业全局,是从企业的整体出发来预测未来一段时间内因汇率变动所发生的损益变化状况。经济风险分析在很大程度上取决于公司的预测能力,预测的准确度将直接影响该公司在销售、生产与融资方面的战略决策。

例如:当一国货币贬值时,因为出口商品的外币价格下降刺激出口,出口商可能由于出口额(对外销售额)的增加而取得收益。但如果出口商在生产过程中所使用的主要原材料是进口商品,由于本国货币贬值会提高以本币表示的进口商品价格,则出口商品的生产成本又会增加。其结果有可能使出口商在未来的纯收益下降,这种使未来纯收益受损的潜在风险属于经济风险。

4. 储备风险

在外汇储备持有期间,若储备货币汇率变动引起外汇储备价值发生损失就称为储备风险。在一般情况下,外汇储备中货币品种可适当分散,保持多元化,根据汇率变动和支付需要随时调整结构,使风险减小到最低限度。

(三) 不同类型外汇风险的比较

1. 从产生的时间来看

交易风险和会计风险的损益结果只突出企业在过去已经发生的交易在某一时点的外汇风险的受险程度。

经济风险衡量了将来某一时间段内出现的外汇风险,如在短期(1 年以内)、中期(1～5 年)以及长期(5 年以上)的不同时间段内,汇率变化对各期的现金流量、经济风险的受险程度以及企业资产价值的变动将产生不同程度的影响,即经济风险会随时间段的不同而有所不同。

2. 从损益结果的衡量上来看

交易风险和会计风险均可根据会计程序进行衡量,可以用一个确定的具体数字来表示,具有客观性和静态性的特点。

经济风险的衡量不是根据会计程序,而是基于经济分析,涉及企业财务、生产、市场、价格等各个方面,因此带有一定的主观性和动态性的特点。

3. 从企业不同管理层次的角度来看

交易风险可以从单笔独立的交易角度,也可以从子公司经营的角度来衡量其风险的损益结果。

会计风险一般只能从母公司的角度来衡量其风险的损益结果。

经济风险则从国际企业的全局或某一子公司全局来考察其风险的损益结果。

4. 从企业损益的真实性来看

交易风险关系到现金的流动,会造成真实的损益,即汇率变动给交易风险的承担者造成了实实在在的损益。

会计风险主要影响国际企业的资产负债表、损益表等财务报表，与现金流动无关，由此造成的损益是不真实的，只是一种账面损益。

（四）外汇风险的构成因素

外汇风险的构成因素主要包括本币、外币和时间。

只涉及本币或外币的经济交易，不会存在外汇风险。例如，两个国内企业之间的经济交易或两个外国企业之间的经济交易就不会形成外汇风险。同样，如果一笔业务排除了时间因素，如企业进行交易时按现行汇率进行交割，也不会面临外汇风险。

一笔应收外币账款或应付外币账款的时间结构对外汇风险的大小具有直接的影响。时间越长，不可预知的因素越多，则在此期间内汇率波动的可能性就越大，外汇风险相对较大；时间越短，影响因素越少，则在此期间内汇率波动的可能性就越小，外汇风险也相对较小。

从时间结构越长，外汇风险越大这个角度来分析的话，外汇风险包括时间风险和价值风险两大部分。改变时间结构，比如缩短一笔外币债权债务的收取或偿付时间，可以减缓外汇风险，但并不能消除价值风险，因为本币与外币折算所存在的汇率变化风险依然存在。

二、外汇风险管理

外汇风险管理是指涉外经济主体为避免汇率变化可能造成的损失，对外汇市场可能出现的变化所采取的相应对策。具体来说，外汇风险管理是通过对外汇风险的特点、形成原因等进行分析，选择转嫁风险的解决办法，力求以最小的成本最大限度地防范风险。

外汇风险的管理方法主要分事前和事后，事前称为外汇风险的防范，主要是通过改善企业内部经营来实现；事后称为外汇风险的转嫁，主要是利用外汇市场金融资产的交易来实现。

外汇风险管理战略是指从事国际贸易的国际企业对外汇风险所持的一般态度，根据企业对外汇风险采取的不同态度，外汇风险管理战略主要有以下几种选择。

(1) 完全不弥补战略，指对外汇风险不采取任何防范措施，是一种听其自然的消极性战略。

(2) 完全弥补战略，它是一种安全第一，对外汇暴露一律采取保值措施的战略，即企业对其所持有的外汇头寸，不论哪种外币出现了多头或空头，一概予以抛补。

(3) 混合型战略，它是介于完全不弥补战略和完全弥补战略之间的一种战略，即对某些外汇暴露采取保值措施，而对另一些外汇暴露则不采取保值措施。具体分为：

①进攻性战略，采取这种战略的企业在面对高收益和低风险的替代选择中，较多地选择了高收益，对外汇风险持积极态度，不仅希望通过采取某些防范措施以部分弥补风险损失，更希望利用汇率的有利波动来获取利益；

②防守性战略，采取这种战略的企业以稳健为原则，尽量减少可能发生的外汇损失，因此在高收益和低风险的替代选择中，企业更多地选择了低风险。

（一）交易风险的管理

企业可以采取以下方法减缓或消除交易风险。

1. 合同条款选择法

合同条款选择法指企业在签订合同时通过对合同特殊条款的选择来防范和规避外汇风险的方法。

1）货币选择法

货币选择法是通过对计价货币的选择来减缓和防范外汇风险的一种风险管理方法。表现为以下三种方法：

（1）本币计价法是指在国际业务中尽力争取使用本币计价结算以避开货币兑换所带来的外汇风险，但其前提为本币是可自由兑换货币，对方能够接受而不至于使企业丧失贸易机会。

（2）“软进口硬出口”法是指在出口贸易中采用硬货币或具有上浮趋势的货币作为计价货币，在进口贸易中采用软货币或具有下浮趋势的货币作为计价货币，以使汇率的变动有利于增加出口的收汇金额，减少进口的支付金额，从而防范和规避外汇风险，但该种方法需要对汇率走势有比较准确的预测，否则效果会适得其反。

（3）多种货币计价法是在合同中规定以多种货币来计价，以使某种货币汇率上升的影响在一定程度上被其他货币汇率下降的影响所抵消，从而减少外汇风险。在进出口贸易洽谈中，进口商希望以软货币计价，而出口商希望以硬货币计价，为了使买卖双方平等互利，可采取一半的进出口货值用硬货币，一半用软货币。有些金额较大的进出口合同，可以采用四种货币计价——两种较硬的货币和两种较软的货币，使不同货币的急升急降风险得以对冲。

计价货币的选择直接关系到交易主体是否会承担外汇风险。计价货币一般在本国、交易对方国和第三国的货币之间进行选择，选择可自由兑换货币有利于双方日后结算和转移外汇风险。

上述前两种方法在实际运用中往往会受到一些因素的制约，例如，本币若是不可自由兑换的货币，往往难以被对方接受，而且根据国家惯例，黄金、石油等大宗交易均是以美元计价，本币计价难以实现。又如，软、硬货币的选择往往会受到交易意图、市场需求、商品质量、价格条件等因素的制约，可能出现收汇时不得不使用软货币而付汇时不得不使用硬货币的情形。为此，经营者可以通过价格调整即定价的方法来加以弥补。

2）定价保值法

定价保值法是通过提高或压低商品价格来避险保值的一种方法。表现为以下两种方法：

（1）加价保值法是指在出口贸易中，出口商接受软货币计价时，可设法提高出口商品的价格，以弥补因使用软货币计价可能遭受的损失。当然，如果是买方市场的话，则货价不易提高。

（2）压价保值法是指在进口贸易中，进口商接受硬货币计价时，可设法压低进口商品的价格，以弥补因使用硬货币计价可能遭受的损失。同样，如果是卖方市场的话，则货价不易降低。

价格调整并不等于没有风险，实际上外汇风险依然存在，只不过调整价格可以减缓风险的程度而已。

3）货币保值法

货币保值法指合同中使用对方可以接受的货币来计价，但同时用某种比较稳定的价值单位进行外汇保值的一种风险管理方法。表现为以下三种方法：

（1）黄金保值法是在签订合同时订立黄金保值条款，将交易日的计价货币转换成一定数量的黄金，在交割日再将特定数量的黄金按当时的金价转换成一定数量的计价货币。由于黄金的价格相对较稳定，黄金保值法可在一定程度上防范汇率波动的风险。

（2）外汇保值法是指以硬货币对合同金额进行保值，以软货币支付货款从而减缓外汇风险。

（3）综合货币单位保值法与外汇保值法的形式、性质相同，但不是以硬货币来保值，而是选择特别提款权(SDR)、欧洲货币单位(ECU)或其他综合货币单位对合同金额进行保值以减缓外汇风险。由于这些综合货币单位是由一定比重的硬货币与软货币搭配组成的,故其价值较为稳定,可以起到保值的作用。

2. 提前与推后收付法

提前与推后收付法是根据对汇率的预测,提前或推迟收付外币,以避免外汇风险或获取风险收益。提前与推后收付具有外汇投机的性质,因为它涉及在预期的基础上采取行动,以期获得风险收益。

对于外币应收账款而言,若预测外币的汇率趋于上升,出口商或债权人应推迟收款,以期使既定的外币应收账款在汇率上升后能兑换回更多的本币;若预测外币的汇率趋于下跌,出口商或债权人应提前收款,以避免外币应收账款在汇率下跌后能兑换回的本币减少的风险。

对于外币应付账款而言,若预测外币的汇率趋于上升,进口商或债务人应提前付款,以避免在外币升值后付款时要支付更多本币的风险;若预测本币的汇率趋于下跌,进口商或债务人应推迟付款,以期在外币贬值后可以用较少的本币换取外币用于支付。

3. 配平管理法

配平管理法是一种使外汇流入与流出在金额、币种以及时间上相互平衡的管理机制,即当存在一笔外汇暴露时,以同种外币或与该种外币有固定联系的货币,并以相同的期限和等值的数额,创造一笔流向完全相反的资金流量的方法,包括自然配平和平行配平两种。

(1) 自然配平又称平衡法,是指在同一时期内,以同种货币创造一个金额相同、期限相同的资金反方向流动。

(2) 平行配平又称组对法,指当某公司具有某种货币的外汇风险时,创造一个与该种货币有固定联系的另一种货币的反方向流动来消除该种货币的外汇风险。

4. 外汇交易法

外汇交易法指企业通过续做一笔反向的外汇交易,以规避或对冲日常经营活动中存在的头寸敞口汇率风险。此法是企业规避和防范汇率风险最为常用、最为重要的方法。

5. BSI 法与 LSI 法

BSI(borrow-spot-invest)法指企业通过借款、即期外汇交易和投资的程序,来消除或规避外汇风险的一种风险管理办法。

LSI(lead-spot-invest)法指企业通过提前收汇、即期外汇交易和投资的程序,消除或规避外汇风险的一种风险管理办法。

6. 债务净额支付法

债务净额支付法指国际公司在清偿其内部交易所产生的债权债务关系时,对各子公司之间、子公司与母公司之间的应收款项和应付款项进行划转与冲销,且定期对净额部分进行结算,以此来减少风险性的现金流动。

7. 外汇风险保险

国际交易者可以利用外汇风险保险服务来规避外汇风险,如荷兰的信贷保险有限公司、英国的出口信贷保证部、中国的出口信用保险公司、美国的进出口银行等。

(二) 经济风险的管理

由于汇率的变化影响着公司经营的所有方面,所以经济风险的管理不仅涉及财务领域,还涉及市场、生产的各个环节，经济风险的管理措施包括调整性的战略措施和分散化的战略措施。

1. 调整性战略

调整性战略是指跨国公司根据对汇率走势、市场走势的判断，在经营的各个方面进行调整，以适应变化的趋势，从而提高在全球的竞争地位。一般情况下，这种调整是以全球分散化为基础和条件的，涉及公司经营的各个方面，包括原材料供应、生产、产品、定价、市场等方面。

1）生产策略

生产策略更多涉及生产转移和原材料供应转移，跨国公司可以综合分析成本、价格等因素，在各个子公司之间分配产量。在原材料供应方面，在全球市场寻求廉价资源同样也可以使公司利用汇率的变化管理经济风险。

2）产品策略

跨国公司经常通过改变产品策略来应对它们所面临的汇率风险。产品策略包括生产额度决定、新产品的介绍和产品创新。如在本币贬值后的一段时间，由于产品具有竞争性价格优势，这段时间就成为发展品牌专利的黄金时间。

3）定价策略

制定定价策略，首先需要确定跨国公司的目标是市场份额还是利润率。例如：当美元贬值时，从美国出口的产品在世界市场上具有竞争性的价格优势，美国的出口商面临着两种选择，既可以提高以美元表示的产品价格，使其在国际市场上的价格保持不变，从而提高利润率，也可以保持其美元价格不变，使产品在世界市场上的价格下降，从而扩大产品的市场份额。

4）市场策略

在本币汇率波动的情况下，改变市场策略能够为跨国公司获得竞争优势提供大量的机会。本币贬值后，公司能扩大生产量来满足广大国内外消费者的需求。本币升值后，尽管产品价格的上升会减少公司的市场份额，但此时是跨国公司增加新产品研发预算、实施新产品的好时机。

2. 分散化战略

分散化战略是指公司在生产设施、原材料供应、销售市场、资本来源等方面的进行方式和地区分布实行多样化，从而使各种未到期的波动得以相互抵消，达到风险管理的目的。

1）国际经营分散化

当汇率变动时，企业就通过其在某些市场竞争优势的增强来冲抵在另一些市场的竞争劣势，从而消除经济风险。例如，对原材料的需求不是依赖于一到两个国家或市场，而是拥有多个原材料的供应渠道，即使由于某个国家货币汇率变化而使得原材料价格上涨，也不至于使生产成本全面提高而降低产品在国际市场上的竞争力。跨国公司产品的分散化销售也可以在汇率变动时，使得不同市场上产品差异带来的风险相互抵消。

2）国际融资分散化

国际融资分散化是指企业从多个金融市场以多种货币形式获得借贷资金。通过这种多来源、多货币的融资，可分散汇率、利率波动的风险。跨国公司经常采用的融资方式除了银行直接融资外，还有票据贴现、保付代理和福费廷等融资方式。

第五节 中国的汇率制度及外汇管理

一、人民币汇率制度

(一) 人民币汇率简述

人民币汇率是人民币对外的比价,是其对外价值的体现,长期以来由政府授权的国家外汇管理局统一制定、调整和管理。表 3.2 列出的是中国银行的外汇牌价表,从中可以看出,人民币汇率采用直接标价法,以 100 单位外币为标准折合成若干元人民币。

表 3.2 外汇牌价表(中国银行)

货币名称	现汇买入价	现钞买入价	现汇卖出价	现钞卖出价	中行折算价	发布日期	发布时间
澳大利亚元	488.94	473.75	492.54	493.62	490.46	2018-09-05	16:42:56
巴西雷亚尔		157.88		172.68	164.53	2018-09-05	16:42:56
加拿大元	516.92	500.6	520.73	521.87	518.22	2018-09-05	16:42:56
瑞士法郎	699.2	677.63	704.12	705.87	701.07	2018-09-05	16:42:56
丹麦克朗	105.69	102.42	106.53	106.75	106.11	2018-09-05	16:42:56
欧元	788.52	764.01	794.33	795.91	790.96	2018-09-05	16:42:56
英镑	873.76	846.62	880.2	882.13	877.93	2018-09-05	16:42:56
港币	86.93	86.24	87.28	87.28	86.97	2018-09-05	16:42:56
印度卢比		8.945		10.087	9.5551	2018-09-05	16:42:56
日元	6.1134	5.9234	6.1583	6.1583	6.1268	2018-09-05	16:42:56
韩国元	0.6057	0.5844	0.6105	0.6327	0.6121	2018-09-05	16:42:56
澳门元	84.57	81.74	84.91	87.63	84.72	2018-09-05	16:42:56
林吉特	172.92		174.48		164.99	2018-09-05	16:42:56
挪威克朗	80.94	78.45	81.6	81.76	81.35	2018-09-05	16:42:56
新西兰元	446.66	432.88	449.8	455.31	447.1	2018-09-05	16:42:56
卢布	9.95	9.34	10.03	10.41	10.04	2018-09-05	16:42:56
瑞典克朗	74.78	72.47	75.38	75.53	75.18	2018-09-05	16:42:56
新加坡元	494.05	478.81	497.53	498.76	496.44	2018-09-05	16:42:56
泰国铢	20.75	20.11	20.91	21.55	20.83	2018-09-05	16:42:56
土耳其里拉	101.6	96.62	102.42	115.56	102.32	2018-09-05	16:42:56
新台币		21.42		23.1	22.23	2018-09-05	16:42:56
美元	682.41	676.86	685.31	685.31	682.66	2018-09-05	16:42:56
南非兰特	43.82	40.46	44.12	47.48	44.53	2018-09-05	16:42:56

现行人民币汇率主要是人民币与发达国家之间的管理浮动汇率，其中以人民币对美元汇率为基准汇率，人民币与其他货币之间的汇率通过各自与美元的汇率套算出来。

（二）人民币汇率制度的特点

人民币汇度制度的特点如下：

（1）以市场供求为基础的汇率；

（2）有管理的汇率；

（3）浮动的汇率；

（4）参与一篮子货币进行调节。

（三）人民币汇率制度改革

（1）逐步扩大汇率浮动区间，适当放宽人民币汇率的波动幅度。

（2）注意汇率机制调整同其他宏观经济政策的配合。

（3）协调好资本项目开发与人民币汇率制度改革的关系。

二、中国的外汇管理

（一）外汇管理的必要性

中国是一个发展中国家，曾经在相当长的时期内外汇资金比较缺乏，因此，在较长的时期里，中国曾实行了比较严格的外汇管理。从根本上讲，外汇管理是为了稳定中国的对外金融，促进国民发展及维护国家权益。具体表现在以下几个方面：

（1）实行外汇管理是中国对外经济开放的客观需要。

（2）实行外汇管理是实现中国国际收支平衡的需要。

（3）实行外汇管理是中国维护人民币统一市场的需要。

（4）实行外汇管理是中国提高用汇经济效益的需要。

（二）中国外汇管理的发展历史

新中国成立以来，中国外汇管理的发展大致分为四个阶段。

（1）国民经济恢复时期的外汇管理(1949—1952 年)。

（2）实行全面计划经济时期的外汇管理(1953—1978 年)。

（3）改革开放后逐步健全外汇管理体系时期(1979—1993 年)。

（4）逐步放松的外汇管理时期(1994 年至今)。

（三）中国外汇管理机构及其职能

中国外汇管理机构是国家外汇管理局及其分支局。国家外汇管理局是国务院领导下，归中国人民银行管理的国家局，在全国各省、自治区、直辖市、计划单列市、经济特区都设有分支局，目前分支局已达 440 多个。其主要职能是：

（1）根据国家的政策和经济建设的需要，制定外汇管理的法规和制度，并组织实施；

（2）会同国务院有关部门，编制国家外汇收支计划并监督执行；

（3）管理国家外汇资金和外汇储备；

（4）制定和调整人民币汇率政策；

（5）管理银行间外汇市场，代理中国人民银行干预外汇市场；

(6) 管理外债,审批向国外银行借款、在国外发行债券和对外担保业务,办理全国外债的监测、登记和统计;

(7) 审批与管理银行和非银行金融机构的外汇业务;

(8) 监管贸易、非贸易外汇收支和外商投资企业的外汇收支;

(9) 管理在境外投资企业的外汇收支;

(10) 编制国家外汇收支统计和国际收支平衡表;

(11) 检查和处罚违反外汇管理的案件。

(四) 人民币自由兑换的前提条件

一国货币实现自由兑换既有利也有弊,一方面自由兑换促进国际资本流动,带动技术及其他生产要素的流动,从而带动经济的发展;另一方面,国际资本流动反复无常,各国对资本大进大出的承受能力差异很大,抵御危机的能力也不尽相同,基础较弱的国家很可能在受到冲击后一蹶不振。实行人民币自由兑换的前提条件有:

(1) 经济体系良好;

(2) 宏观经济政策健全;

(3) 国内金融体系完善;

(4) 汇率制度安排合理和形成机制有效;

(5) 利率市场化;

(6) 国内资本市场发育良好;

(7) 中央银行监管得力。

(五) 2008 年以来人民币的国际化进程

2008 年,当美国次贷危机逐步演变成国际金融危机后,中国政府先后与韩国、马来西亚、白俄罗斯、印度尼西亚、阿根廷和冰岛等国家和地区分别签订了双边货币互换协定,这些协议的签订表明,人民币在跨境贸易结算中的地位提高,开始了其国际化进程。

1. 人民币国际化面临的历史机遇

(1) 新兴经济体传统贸易支付手段短缺,为人民币实现贸易结算提供了机遇。在 2008 年以来的国际金融危机中,大量美元从新兴经济体流出。

(2) 国际金融危机令美元信任危机大幅上升,为人民币的国际化打开了历史空间。基于对中国长期经济增长前景的普遍乐观预期,加上我国所保留的全球第一的外汇储备,未来人民币仍将总体保持升值大趋势已成为国际市场的一致看法。这无疑提高了更多国家选择人民币作为储备资产的可能性。

2. 促成人民币国际化的主要因素

1) 中国在世界经济中的相对规模

中国经济总量已跻身世界前列,2010 年中国 GDP 总量超过日本,成为全球第二大经济体。

2) 中国贸易在世界贸易总量中的相对规模

中国 2012 年的贸易总额为 38 667 亿美元,基本确定在货物进出口总值上超越美国,成为全球最大货物贸易国。这是继 2009 年中国成为世界第一大出口国和第二大进口国之后,中国对外贸易发展的又一个象征性节点。中国目前已是所有主要东南亚国家的最大贸易伙伴之一。

3）人民币币值的稳定性

人民币币值总体稳定性较好，一般来说，一国货币币值可分为对内价值和对外价值。从对内价值的稳定性来看，我国通货膨胀水平的稳定程度甚至与主要发达国家大致相当。从对外价值的稳定性来看，根据国际清算银行提供的人民币有效汇率和实际汇率指数，近几年总体稳定性较好。

4）中国金融市场的完善程度

我国在这方面已有巨大进步，但尚存在巨大差距。从金融市场的建设来讲，我国国内证券市场、外汇市场、黄金市场和衍生品市场等从无到有，发展迅速。但从总体上来看，市场发展还处于初级阶段。由于我国当前国内金融市场尚不完善，造成人民币流动性总体仍较差，因此，完善中国的金融市场成了人民币国际化进程中最迫切需要解决的基础性问题。

5）历史偏向

历史偏向是指由于历史原因，在其他货币已先行占据国际货币地位之后，对后起货币国际化所形成的制约。人民币作为一种后起货币，要使自己跻身国际货币行列，应降低当前使用其他国际货币国家的退出成本，同时提高其他国家使用人民币的收益。

3．中国应借鉴的其他货币国际化的历史经验与教训

从典型货币的国际化性质来看，总体可分为三大类型：

1）强权辅助下的国际化——英镑与美元：无法复制的经验

虽然英镑和美元的国际化都与两国经济实力的提升并最终成为全球经济霸主紧密相连，但不可忽视的是，在英镑和美元的国际化进程中，本国强权的大力支持和推进至关重要。在和平与发展已成为全球主旋律的背景下，英镑和美元借助强权进行国际化的经验，对于人民币的国际化几乎不具有可复制性。

2）区域一体化助成的国际化——马克：可以部分借鉴的经验

德国马克在二战后特别是20世纪80年代的和平环境中，其国际化进程取得了长足进步，并最终上升为国际货币体系中仅次于美元的国际货币。当然，在当时欧洲一体化的进程中，原来还存在英国和法国两大可与之竞争的“火车头”，只是因为德国央行对通货膨胀的控制更为成功，维持了马克币值的稳定，从而令德国马克成为欧洲国家不约而同选择的“驻锚”货币，由此将其带入了快速的国际化轨道。

显然，从德国马克的国际化成功经验中，我国可得到两点启示：第一，积极面对区域经济一体化进程；第二，因地制宜地选择汇率制度，保持币值稳定。这对加快人民币的国际化进程至关重要。

3）金融市场改革推进的国际化——日元：经验与教训并存

日元既无法借助强权，也无法获得区域经济一体化的助力，而只能依靠自身金融市场的改革发展来推进日元国际化。

我国需要借鉴日元国际化的主要经验是：第一，货币的国际化进程有可能通过政府顺应潮流的政策选择而得以加快；第二，完善本币金融市场，提高市场流动性，便利国外居民参与本币金融市场活动，建立本币国际金融中心等措施，是有价值的政策努力方向；第三，鼓励贸易中用本币结算，可以作为货币国际化初期的重要步骤。

我国需要吸取日元国际化的主要教训是：没有经济的持续稳定增长，就不可能单纯借助政策的推进而获得货币持续国际化的成功，要认真权衡利弊和政府对形势的调控能力，在确保经

济稳定的前提下，稳步推进货币国际化的措施。

4. 人民币国际化的前提条件

(1) 发挥人民币国际贸易的计价和结算功能，需要人民币币值适度坚挺。

(2) 发挥人民币的国际货币的交易功能，需要人民币自由兑换。

(3) 发挥人民币的国际储藏功能，需要境外人民币能够回流。

5. 人民币国际化需要注意的问题

(1) 保持国内经济在尽可能长时期内的平稳较快发展，这是最重要的基本面因素。

(2) 提高宏观调控能力，做好应对人民币国际化挑战的准备。

(3) 不断完善多层次金融市场，提高市场流动性，便利非居民的参与。

(4) 积极推动区域经济一体化进程。

本章小结

外汇的确切含义需要我们从两个方面来理解：①动态意义上的外汇是指一国货币兑换成另一国货币，借以清偿国际债权、债务关系的一种专门性的经营活动或行为。②静态意义上的外汇是指外币以及以外币所表示的用以进行国际结算的支付手段，它包括外币、存放在国外银行的外币存款、以外币表示的支付凭证和有价证券。

外汇汇率又称外汇汇价，是用另一国货币来表示本国货币的价格。它有两种基本的标价方法：一是直接标价法；二是间接标价法。20 世纪 50 年代以来，各国跨国银行又普遍采用了美元标价法。

金本位制度下，汇率由铸币平价或黄金平价决定，汇率在黄金输送点上下波动，政府不需要干预外汇市场。纸币制度下，外汇汇率不再受黄金输送点限制，波动是无止境的。纸币制度下影响汇率变动的主要因素有国际收支状况、利率水平、通货膨胀、一国财政、货币政策、市场预期、一国经济实力及重大的国际政治事件等。

汇率变化对贸易的一般影响为：一国货币对外贬值后，有利于本国商品的出口，而一国货币对外升值后，不利于本国商品的出口。但这一影响要受到该国进出口商品弹性和时滞的限制。

汇率制度是一国货币当局对本国汇率形成和变动机制所做的一系列安排或规定。一般可把汇率制度分为固定汇率制度和浮动汇率制度两种典型类型。固定汇率制度具有汇率稳定性特征，有利于国际贸易和国际投资活动的开展，并且可以抑制国内通货膨胀和避免汇率政策的滥用，但是要放弃自主货币政策，也容易导致输入通货膨胀，造成内外均衡的冲突。浮动汇率制度通过汇率自由浮动自动实现外部均衡，在保持货币政策独立和避免通货膨胀跨国传播方面优势明显，但容易导致汇率政策的滥用，使外汇市场过度动荡，不利于国际经济交换。

人民币汇率制度在 1994 年进行了重大的改革，确定了人民币制度改革的目标和方向，2005 年人民币汇率制度改革又迈出重大的一步，人民币汇率以渐进的方式向浮动汇率推进。

外汇风险是指由于汇率波动的不确定性和难以预测性，企业和个人在涉外活动中存在因汇率波动而蒙受损失的可能性。外汇交易过程中，有一部分外汇头寸处于暴露状态，导致了外汇风险的产生。外汇暴露程度是确定的，而外汇风险程度是不确定的。

外汇风险种类众多，主要有外汇交易风险、会计风险、经济风险、储备风险等。

外汇风险的基本构成要素有本币、外币和时间，三者缺一不可。

外汇风险管理战略主要有完全不弥补战略、完全弥补战略和混合型战略三种。

交易风险的管理方法有合同条款选择法、提前与推后收付法、配平管理法、外汇交易法、BSI法与LSI法、债务净额支付法、外汇风险保险等方法。

经济风险的管理方法主要有调整性的战略措施和分散化的战略措施。

本章练习题

一、思考题

1. 什么是外汇？外汇的基本特征是什么？

2. 汇率有哪些标价方法？我国采用何种标价方法？

3. 如何区分直接标价法和间接标价法中的买入价与卖出价？

4. 影响汇率变动的因素有哪些？

5. 试述汇率变动对经济有哪些方面的影响。

6. 什么是汇率制度？它有哪几种基本类型？

7. 简述外汇管理的方法。

二、实训操作

1. 某银行的汇率报价如下：1USD＝1.4430～1.4440CHF。

①若询价者买入美元，汇率如何？

②若询价者卖出被报价货币，汇率如何？

③若询价者买入报价货币，汇率又如何？

2. 某日，外汇市场上几种主要货币的即期汇率如下：USD/CHF＝1.2555/59；EUR/USD＝1.3281/86。

①银行根据顾客的要求卖出瑞士法郎，买入美元，汇率应如何计算(即银行相应的报价)？

②顾客以瑞士法郎向银行购买美元，汇率应如何计算？

③银行应客户询价后的要求卖出美元，买入欧元的汇率应如何计算(即银行相应的报价)？

④某客户要求将100万美元兑换成欧元，按现有即期汇率，客户可得到多少欧元？

3. 查询中国银行(http://www.boc.cn)或其他商业银行的官方网站，了解当前人民币外汇牌价，并分别计算1000元人民币能兑换成多少美元、多少英镑及多少日元？

4. 使用同花顺软件查询近期日元兑美元汇率和韩元兑美元汇率的变化状况，并利用软件提供的近期美国、日本和韩国的经济状况数据和市场信息，预测日元和韩元汇率近期(1～3个月)的变化趋势。在此基础上，给涉及该货币交易的外贸企业提出规避汇率风险的方法。

第四章

跨境电商基础知识

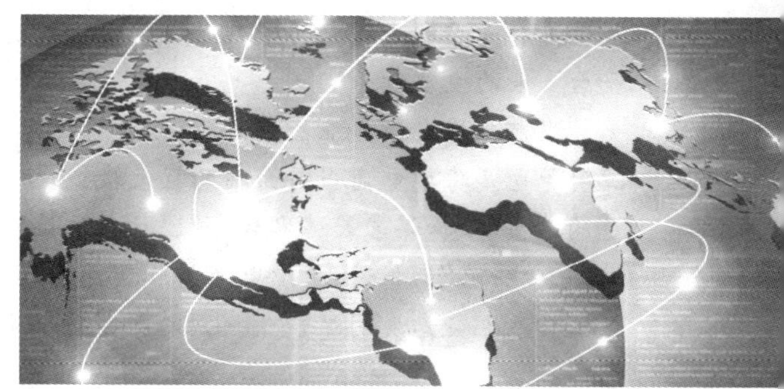

学习目标

- 了解跨境电商的概念
- 了解跨境电商的模式分类
- 掌握中国跨境电商的发展趋势
- 了解跨境电商的岗位职能、所需的素质与能力

案例导入

权威数据显示,2017 年中国跨境电商整体交易规模(含零售及 B2B)达 7.6 万亿元人民币,增速可观。2018 年跨境电商交易规模有望增至 9.0 万亿元。在“新消费”观念和消费升级潮流的冲击下,商品质量更有保障的跨境电商市场交易规模保持快速增长。随着平台的物流水平和供应链打造逐渐完善,未来市场有望得到进一步扩大。随着人们消费水平不断提高,消费需求已从基本物质的满足向追求高品质的商品转移,注重品牌的消费观念逐渐凸显。超六成受访网民认同自己比以前更追求个性化、高质量、多样化的商品和服务。人们消费观念的转变对商品质量更有保障的跨境电商平台而言是良好的发展契机,优质个性化商品的提供已成为跨境电商平台未来的主要竞争点。

当前跨境电商行业蒸蒸日上,而平台关于商品品质的保障仍然需要改善,跨境物流的天然障碍等也是跨境电商当前面临的巨大挑战,跨境电商未来仍需不断创新变革,积极适应迅速变迁的时代需求,谋求长远发展,所以往品质化、专业化平台转型对跨境电商的发展至关重要。随着“一带一路”的推进,跨境电商将收获更丰厚的政策红利,未来跨境电商的经营品类将更细化,区域特色也会愈发明显,个性化、定制类的商品与服务也会愈加成熟,跨境电商平台的升级将是新突破点。

第一节　跨境电商概述

一、跨境电商的概念

跨境电商是分属不同关境的交易主体通过电子商务平台达成交易,进行支付结算,并通过跨境物流及异地仓储送达商品,完成交易的一种国际商业活动。跨境电商的概念有狭义和广义之分。

狭义的跨境电商可以理解为跨境零售,是指分属不同关境的交易主体通过网络完成交易,进行支付结算,并利用邮政快递、商业快递和专线物流等跨境物流方式将商品送达消费者手中的商业活动。

广义的跨境电商可以理解为“传统外贸+互联网”,是指分属不同关境的交易主体利用网络将传统外贸中的展示、洽谈以及成交等环节电子化,并借助跨境物流方式运送商品,完成交易的一种商业活动。跨境电商与传统国际贸易的对比如表 4.1 所示。

表 4.1 跨境电商与传统国际贸易的对比

对比项目＼贸易形式	跨境电商	传统国际贸易
交易主体的交流方式	通过互联网平台间接接触	面对面直接接触
运作模式	借助互联网电子商务平台	基于商务合同的运作模式
订单类型	小批量、多批次、订单分散、周期相对较短	大批量、少批次、订单集中、周期长
价格、利润率	价格实惠，利润率高	价格高，利润率低
产品类目	产品类目多，更新速度快	产品类目少，更新速度慢
规模增长速度	面向全球市场，规模大，增长速度快	市场规模大，但受地域限制，增长速度相对缓慢
交易环节	简单（生产商一零售商一消费者或生产商一消费者）	复杂（生产商一贸易商一进口商一批发商一零售商一消费者），涉及的中间商众多
支付	借助第三方支付	正常贸易支付
运输	借助第三方物流企业，一般以航空小包的形式完成，物流因素对交易主体影响明显	通过空运、集装箱海运完成，物流因素对交易主体影响不明显
通关、结汇	通关缓慢或有一定限制，无法享受退税和结汇政策（目前正在尝试解决）	按传统国际贸易程序可以享受正常通关、结汇和退税政策
争端处理	争端处理不畅，效率低	健全的争端处理机制

二、跨境电商的模式分类

基于不同的分类标准，我们对跨境电子商务分类如下。

（一）按商品流向分类

按商品的流向分类，跨境电子商务可以分为出口跨境电子商务和进口跨境电子商务。

出口跨境电子商务又称出境电子商务，是指商家将本国生产或加工的商品通过电子商务平台达成交易、收取货款，并通过跨境物流运送商品、输往国外市场的一种国际商业活动。

进口跨境电子商务又称入境电子商务，是指商家将外国商品通过电子商务平台达成交易、支付货款，并通过跨境物流运送商品、输入本国市场的一种国际商业活动。

（二）按商业模式分类

按商业模式分类，跨境电子商务主要有 B2B、B2C 和 C2C 三种模式。

B2B 即 business to business，又称在线批发，是分属不同关境的企业与企业之间通过互联网进行产品、服务、信息交换的一种商业模式。目前，在中国跨境电商市场交易中，B2B 跨境电商市场交易规模占总交易规模的百分之八十以上，代表企业主要有敦煌网、中国制造网、阿里巴巴国际站和环球资源网。

B2C 跨境电商和 C2C 跨境电商统称在线零售。

B2C 即 business to consumer，是指分属不同关境的跨境电商企业直接面向个人消费者开展在线销售产品和服务，通过跨境电商平台达成交易、进行支付结算，并通过跨境物流送达商品、完成交易的一种国际商业活动。目前，B2C 类跨境电商在中国整体跨境电商市场交易中的占比不断升高，代表企业主要有速卖通、兰亭集势、米兰网、大龙网等。

C2C 即 consumer to consumer，是指分属不同关境的个人卖方对个人买方进行的网络零售商业活动，由个人卖家通过第三方跨境电商平台发布产品和服务信息，国外的个人消费者进行筛选，最终通过跨境电商平台达成交易、进行支付结算，并通过跨境物流送达商品、完成交易的一种国际商业活动。

目前，我国跨境电商出口以 B2B 和 B2C 为主，进口以 B2C 为主。

除上述三种模式之外，F2C 跨境电商也日渐兴起。F2C 即 factory to consumer，从工厂到消费者。F2C 模式直接把出自工厂的产品送到国外消费者手中，可以理解为工厂借助跨境电商平台进行的产品直销。F2C 使消费者在线向工厂下订单成为可能，是 B2C 模式的升级版。F2C 最大的优势就是强有力的线下产业支撑、有效的全程品控、快速的市场反应，这是 B2C 跨境电商无法抗衡的。

（三）按运营方式分类

按运营方式分类，现阶段跨境电子商务主要有两种类型：平台运营跨境电商和自建网站运营跨境电商。

平台运营跨境电商是指从事跨境电商的交易主体在亚马逊、eBay 等诸多第三方跨境电商平台上开设网店从事外贸业务活动；自建网站运营跨境电商如兰亭集势、环球易购、Dealextreme 等，是企业自建网站从事相关外贸业务活动，其中兰亭集势属于综合类跨境电商企业，环球易购、Dealextreme 属于垂直类电商企业。

从长期发展趋势看，平台运营跨境电商和自建网站运营跨境电商两种模式的融合度日益增强。

（四）按服务类型分类

按服务类型分类，跨境电商平台分为信息服务平台、在线交易平台和外贸综合服务平台。

信息服务平台主要是为境内外会员商户通过网络营销平台，传递供应商或采购商等商家的产品或服务信息，促成双方达成交易，如阿里巴巴国际站、环球资源网、中国制造网等。

在线交易平台不仅提供企业、产品、服务等多方面信息展示，并且可以通过平台完成搜索、咨询、对比、下单、支付、物流、评价等全购物链环节，如全球速卖通、敦煌网。在线交易平台模式正逐渐成为跨境电商的主流模式。

外贸综合服务平台可以通过通关、物流、退税、保险、融资等一系列的服务，帮助企业完成商品进口或者出口的通关和流通环节，还可以通过融资、退税等服务帮助企业周转资金，如阿里巴巴一达通。

三、中国跨境电商平台的发展历程

中国的跨境电子商务最早源于深圳和广州，一些企业通过 eBay 的中国香港站、美国站和德国站等开设店铺，主要是销售消费电子类商品，如 MP3、MP4、车载导航仪、耳机、数据线、摄像头等。1999年阿里巴巴实现用互联网连接中国供应商与海外买家后，中国对外出口贸易就实现了互联网化。在此之后，经历了从信息服务到在线交易、全产业链服务的跨境电商产业转型（见图4.1）。

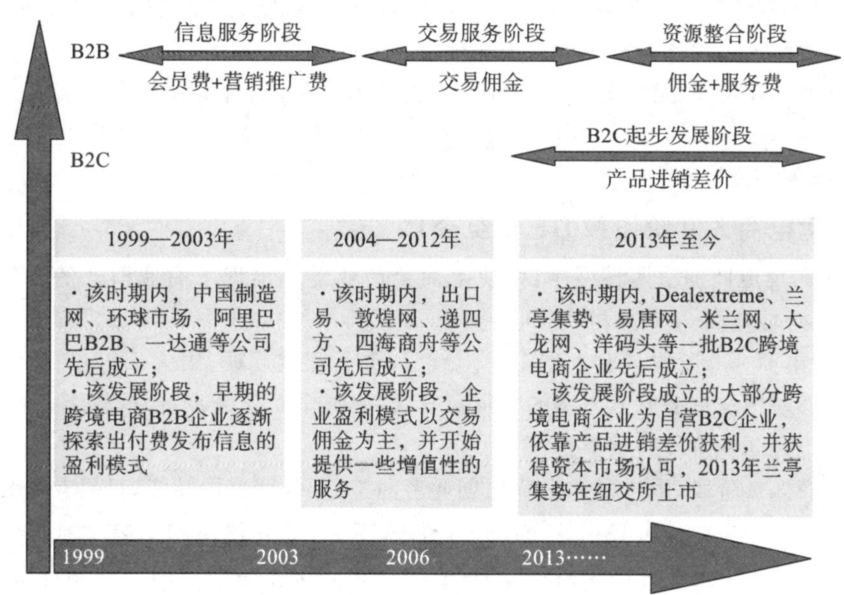

图4.1 中国跨境电商平台的发展历程

（一）跨境电商1.0阶段（1999—2003年）

跨境电商1.0阶段的主要商业模式是网上展示、线下交易的外贸信息服务模式。在跨境电商1.0阶段，第三方平台主要的功能是为企业以及产品提供网络展示平台，并不涉及任何交易环节。

此时的盈利模式主要是向进行信息展示的企业收取会员费（如年服务费）。跨境电商1.0阶段发展过程中也逐渐衍生出为供应商提供竞价推广、咨询服务等一条龙的信息流增值服务。

在跨境电商1.0阶段中，阿里巴巴国际站、环球资源网为典型的代表平台。其中，阿里巴巴成立于1999年，以网络信息服务为主，线下会议交易为辅，是中国最大的外贸信息黄页平台之一。环球资源网1971年成立，前身为Asian Source，是亚洲较早的贸易市场资讯提供者，并于2000年4月28日在纳斯达克证券交易所上市，股权代码GSOL。

跨境电商1.0阶段虽然通过互联网解决了中国贸易信息如何面向世界买家的难题，但是依然无法完成在线交易，对于外贸电商产业链的整合仅完成信息流整合环节。这种简单的信息撮合平台存在一些问题：①对各个行业的服务不够专业深入，物流和支付的问题没有解决；②平台服务基本为交易信息撮合服务，缺乏深度、广度的专业服务；③询盘后企业转为线下沟通与交易。随着行业的发展，以敦煌网为代表的B2B企业诞生，这批B2B企业开始向交易平台的方向转变，并以收取交易佣金作为主要的盈利模式。

（二）跨境电商2.0阶段（2004—2012年）

2004年，跨境电商2.0阶段来临。在这个阶段，跨境电商平台开始摆脱纯信息黄页的展示行为，将线下交易、支付、物流等流程实现电子化，逐步实现在线交易平台。

与1.0阶段相比较，跨境电商2.0阶段更能体现电子商务的本质，借助电子商务平台，通过服务、资源整合有效打通上下游供应链，包括B2B(平台对企业小额交易)平台模式和B2C(平台对用户)平台模式两种模式。在跨境电商2.0阶段，B2B平台模式为跨境电商主流模式，通过直接对接中小企业商户实现产业链的进一步缩短，提升商品销售利润空间。

在跨境电商2.0阶段，第三方平台实现了营收的多元化，同时实现后向收费模式，将“会员收费”改为收取交易佣金，即按成交金额的百分比来收取佣金。同时还通过平台上营销推广、支付服务、物流服务等获得增值收益。

(三) 跨境电商3.0阶段(2013年至今)

2013年是跨境电商的重要转型年，跨境电商全产业链都出现了商业模式的变化。随着跨境电商的转型，跨境电商3.0“大时代”到来。

首先，跨境电商3.0阶段具有大型工厂上线、B类买家成规模、中大额订单比例提升、大型服务商加入和移动用户量爆发五方面的特征。其次，服务全面升级，平台承载能力更强，全产业链服务在线化也是3.0阶段的重要特征。

在跨境电商3.0阶段，用户群体由草根创业者向工厂、外贸公司转变，且具有极强的生产设计管理能力。平台销售产品由二手货源向一手货源转变。3.0阶段的主要卖家群体正处于从传统外贸业务向跨境电商业务转型的艰难时期，生产模式由大生产线向柔性制造转变，对代运营和产业链配套服务需求较高。另一方面，3.0阶段的主要平台模式也由C2C、B2C向B2B、M2B模式转变，批发商买家的中大额交易成为平台主要订单。

四、中国跨境电商的发展趋势

跨境电商从1999年出现以来一直保持着快速增长。互联网在国际贸易中发挥的作用越来越重要，跨境电商已经成为中国外贸强劲的增长点，中国也成为全球主要跨境电商中心之一。中国跨境电商呈现出以下几个方面的发展趋势。

(一) 政策扶持与监管并举

在我国，政策对经济、贸易的影响有时是决定性的。跨境电商从2012年开展试点以来，其发展与出现的问题往往和政策紧密联系。从大环境来看，政府部门对跨境电商整体上是扶持的，尤其是“一带一路”和“供给侧改革”的提出，对跨境电商的发展是一个极大的鼓励。但是，这并不意味着跨境电商企业就可以高枕无忧了，跨境电商还存在诸多需要规范的问题，因此，政府的监管也是理所应当的。

(二) 继续保持高速增长

2017年中国跨境电商整体交易规模(含零售及B2B)达7.6万亿元人民币，增速可观。2018年跨境电商交易规模有望增至9.0万亿元。艾媒咨询分析师认为，在“新消费”观念和消费升级潮流的冲击下，商品质量更有保障的跨境电商市场交易规模保持快速增长。随着平台物流水平和供应链打造逐渐完善，未来市场有望得到进一步扩大。

(三) 仍以跨境出口为主导

随着我国向世界各地开放越来越多的资源，越来越多的外国人也开始喜欢上中国产品、中国制造。随着跨境电商的发展，出口量的增长幅度也很大。2017 年我国出口跨境电商交易规模达到了 6.3 万亿元，同比增长 14.5%，数字非常可观。

（四）B2C 模式将获得迅速发展

2017 年，中国出口跨境电商网络零售市场交易规模为 1.2 万亿元，同比增长 21.2%。2017 年，出口跨境电商网络零售市场继续快速发展，行业规模越大，其对于产品供应链和物流的整合力度越强，例如可以更加快速地提供品类丰富的商品，物流成本更低等，这正是 B2C 出口电商最核心的优势所在。未来跨境电商 B2C 模式的市场规模将继续发展壮大。

（五）销售目标市场继续集中化

在销售目标市场方面，以美国、英国、德国、澳大利亚、加拿大为代表的成熟市场由于人均购买力强、跨境网购观念普及、线上消费习惯成熟、物流配套设施完善等优势，在未来仍是跨境电商零售出口产业的主要目标市场，且将持续保持快速增长。与此同时，不断崛起的新兴市场正成为跨境电商零售出口产业的新动力：日本、俄罗斯、巴西等国家的本土电商企业并不发达，消费需求旺盛，中国制造的产品物美价廉，在这些国家的市场上优势巨大；日本市场离中国近，消费偏好与中国差不多，具有巨大的消费潜力。

（六）移动端成为跨境电商发展的重要推动力

使用 PC 端进行搜索时购买目的明确，容易产生比价的行为，而移动端更多的是通过碎片化时间进行搜索，多为购买目的不明确的碎片化浏览，容易产生冲动消费。全球贸易小额、碎片化发展的趋势明显，从购买前的渠道铺设、产品搜索、产品展示到产品口碑建设到购买后的客户服务、物流跟踪等都可以借助移动端突破时空限制，提升买卖双方的体验。B2C 平台的优势在于，PC 端的流量投递相对容易直接转化成订单，移动端的流量投递带来用户对 App 的下载，而营收的转化以及增长有赖于 App 的精细运营、内容展示，从品控和物流上不断优化用户的购买体验。

五、中国跨境电商发展的机遇与挑战

跨境电商的快速发展与强力的政策支持密切相关。近几年来，中央政府以释放市场活力、牵引产业升级为核心思路制定出台指导跨境电商健康快速发展的支持政策，指导地方开展试点并及时总结推广经验。各级地方部门纷纷出台配套措施，细化中央支持政策，努力积累跨境电商发展的先发优势。

一是中央政府高度重视，将跨境电商视为带动产业升级、打造新增长点的重要抓手。2013 年，国务院办公厅出台《关于实施支持跨境电子商务零售出口有关政策的意见》（国办发〔2013〕89 号），是国家第一次将跨境电商提高到国家政策扶持的高度。

二是各项支持政策密集出台，营造支持跨境电商发展的良好环境。按照适应跨境电商发展、提高监管能力、提升服务水平的总体要求，有关部门从关、检、税、汇、金融等多个方面出台细化支持措施。增列跨境电商海关监管方式代码“9610”“1210”，不断提高海关监管服务水平；不断简化检验检疫流程；不断优化进出口税收体系；不断放宽支付结算限制。跨境电商试点在全国范围不断拓展，正在积累可复制、可推广的成熟经验。今年 4 月国务院出台《关于改进口岸工作支持外贸发展的若干意见》，要求支持跨境电商综合试验区的建设。

经过国家政策的密集发布和跨境电子商务产业发展推进步伐的加快，一些长期制约我国跨境电子商务发展的瓶颈得到了初步解决，但是，当前政府的管理能力还未能跟上跨境电商飞速发展的形势，在体制机制等方面仍然较为被动地应对跨境电商的发展需求，客观上制约了跨境电商的发展。

（一）跨境电子商务法律体系亟须建立

电子商务对国际贸易法律造成冲击的最主要的原因是现今应用于国际贸易的法律不健全，而我国相关法律制度的制定又远远滞后于产业的发展。所以，目前迫切需要解决的问题是制定一些相应的电子商务法律，以解决电子商务中发生的各种纠纷。

2014 年 7 月，海关总署公布了第 56 号公告《关于跨境贸易电子商务进出境货物、物品有关监管事宜的公告》，该文件对之前电子商务跨境试点工作进行了总结和整理，明确了跨境电子商务的合法地位，强调后续口岸海关对电商需要进行系统监管，该公告的出台意味着跨境电子商务将从试点走向推广。

（二）跨境物流成本较高

我国跨境物流体系不完善，配送周期过长，以出口为例，从国内到美国和欧洲一般要 7～15 天，到南美、巴西、俄罗斯要 25～35 天，相比于国内网上购物 3 天左右的物流时间，等待时间过长，严重影响购物体验。同时，部分境外地区难以追踪物流，包裹破损甚至丢失的问题也经常出现。由于跨境电商 B2C 的单件体量小，较为依赖航空运输，导致物流价格偏高。目前物流费用大约占到我国跨境电商企业销售费用的 25%，成为跨境电商利润的主要吞噬点。

（三）跨境消费者权益保护不足

由于跨境电商是跨越国界的，涉及不同国家或地区的法律法规，如果管辖权的认定存在争议，我国现行消费者保护法律法规就很难保障跨境电商消费者的权益，将提高消费者维权的成本。如当前大量进口的母婴用品和食品，国内商品标准与海外商品标准存在一定的差异性，以包裹形式入境后很难进行完全的检疫检测，可能会带来商品使用问题及食品安全隐患。一旦发生涉及人数较多的事故，国内消费者很难通过国际诉讼获得赔偿。考虑到跨境的物流成本较高，跨国退换货的难度也较大。

（四）跨境电商服务体系不完善

在海关监管方面，B2C 跨境电商全面放开之后，小规模 B2B 和 B2C 之间的界限越来越模糊，交易频次的增加带来海关监管和检验检疫等方面服务工作量的几何级增长，这增加了监管难度，对海关监管能力提出了很大挑战。在统计方面，由于现有监管力量很难对每个邮包进行核定，很多邮包的价值与申报不符，使得贸易统计数据难以反映真实的交易情况。

（五）跨境电子支付安全需加强

支付结算涉及交易双方的资金安全，是跨境贸易电商的核心环节。在信息传输过程中可能由于系统故障导致支付信息丢失，更为重要的是电子支付的安全性问题。第三方支付是国际电子商务进行的必要条件，也是交易中非常重要的环节。可以说，如果没有第三方支付，就没有电子商务产业的今天。跨境电子商务也离不开第三方支付。因此，第三方支付的国际化和安全性已然成为占领未来消费者市场的重要条件。

目前，海外买家欺诈是中国中小外贸商户的心头大患。对于交易安全问题，调查显示，一半以上的受访商户表示担心与海外客户交易时遭遇欺诈，27%的商户担忧他们现在使用的支付系统在进行跨境交易时不够安全，此外，25％的商户认为未来三个月内海外买家拒绝支付的风险将增加。

对于在线支付中的安全性问题，应该紧随电子商务技术的进步，继续完善法律及各种规范性的措施，各行业与相关机构也应制定各种行业规范来促进电子商务解决支付安全方面的问题。

（六）税收及仿货方面

一方面是税收，跨境 B2C 交易金额有一定限制，超过规定额度需缴纳关税，而海外买家使用 Visa 和 MasterCard 完成的交易无法进行核销退税。收款到结算存在一定的时间差，供应商可能面临汇率的波动或损失。另一方面，B2C 平台因产品数量多，产品审核压力大，尽管各平台会加大对仿货、知识产权的控制与审核，但一旦存在仿货交易，就可能面临被投诉以及海关查验没收的风险。

（七）跨境电子商务人才缺乏

与国内电商相比，跨境电商支付、物流等要复杂得多，中小外贸企业在发展电商时也面临诸多风险。我国中小外贸企业由于规模小、实力不强、发展空间小，难以吸引相对紧缺的技术高、能力强的高级电子商务人才。电子商务人才短缺严重阻碍了我国中小外贸电商的发展，这方面亟须进一步加强。

六、跨境电商岗位职能和所需的技能

跨境电商公司有哪些相关的业务岗位呢？我们将跨境电商公司分为 B2B 公司和 B2C 公司来进行介绍。

（一）B2B 公司相关业务岗位

B2B 公司的相关业务岗位包括建站与后台维护、询盘转换订单、订单操作与单证、生产安排与跟单四类。具体职能如表 4.2 所示。

表 4.2　B2B 公司相关业务岗位职能

岗位名称	主要职能
建站与后台维护	搭建网站框架：搭建网站主页面、自定义页面、滚动页面及增加的栏目； 熟悉后台功能：熟练上传产品，熟练使用数据管家； 掌握关键词的使用：熟悉客户的搜索习惯，提炼关键词，并在后台对关键词的热搜度进行验证； 编辑图片：熟练上传橱窗图片，用图片完美展示商品； 产品描述：清晰、简洁地描述产品的特征、功能、技术、价格、竞争优势
询盘转换订单	分析客户信息、清楚地了解询盘内容； 判断客户询盘的目的以及对产品价格的态度； 策划合理的活动，积极促使询盘转化为订单； 对客户的回信做出积极回复，以完善的沟通与客户建立信任
订单操作与单证	确认样品、物流方式、支付方式、交易时间、交货地点等，做好后期客户的跟进与服务

续表

岗位名称	主要职能
生产安排与跟单	在产品生产前核对原材料； 跟踪生产过程以及每个时间段的进度； 确保产品的生产技术以及质量符合要求； 保证正常包装出运

(二) B2C公司相关业务岗位

B2C公司的相关业务岗位包括客户服务、视觉设计、网络推广、跨境物流、市场运营管理、采购与供应链管理、国际结算管理等。具体职能如表4.3所示。

表4.3 B2C公司相关业务岗位职能

岗位名称	主要职能
客户服务	利用电话、邮件等方式熟练地运用外语与客户进行有效的交流沟通。了解不同国家的法律法规，灵活处理知识产权纠纷
视觉设计	视觉美学和视觉营销，拍摄合适的产品图片，设计美观的产品页面
网络推广	熟练地运用计算机技术对产品进行编辑、上传和发布，掌握搜索引擎优化技术、网站检测技术以及基本的数据分析方法，运用这些技术进行产品推广
跨境物流	了解国际订单处理、电子商务通关、检验检疫的规则和流程，协助处理好与外贸、海关、商检等部门的关系
市场运营管理	全面负责公司进出口产品报关方面的日常事务和管理工作，组织实施并监督
采购与供应链管理	负责公司整个供应链的运作，保证采购、生产、仓储、配送等管理工作的正常进行，根据不同国家民众的文化心理、生活习俗、消费习惯、消费特点等采购合适的产品，并与供应商保持稳定、广泛的合作关系
国际结算管理	掌握并灵活地运用国际结算中的各项规则，能够有效地控制企业的国际结算风险，提高企业在贸易、出口、商品及金融领域的综合管理能力和运用法律法规的水平

(三) 跨境电商所需的素质与能力

从事跨境电商工作的素质要求如表4.4所示。

表4.4 跨境电商的素质要求

综合素质	素质要求
思想道德素质	坚定正确的政治方向，树立正确的世界观、人生观、价值观，遵纪守法，诚信为人，勇于进取，具有团队意识
职业素质	具有良好的职业态度和职业道德修养，具有正确的择业观和创业观，脚踏实地，严谨求实，敢于创新
人文素养与科学素质	具有文理交融的科学思维能力和科学精神，具有融合传统文化精华与当代中西文化潮流的宽阔视野，具有使用社会主义核心价值体系的审美立场

续表

综合素质	素质要求
身心素质	达到国家规定的体育健康标准，具有坚韧不拔的毅力、积极乐观的态度、良好的人际关系、健全的人格品质
国际化视野	具有国际化的意识和胸怀，对不同文化背景的人能够理解和沟通，在竞争中善于把握机会、争取主动
电子商务和跨境电商意识	充分认识电子商务对外贸行业的促进与挑战，跨境电商不再只是一种营销途径与方法，更是一种经营模式与理念
创业意识	了解跨境电商背景下创业的特点、趋势、方法和技巧

从事跨境电商工作的能力要求如表 4.5 所示。

表 4.5 跨境电商的能力要求

能　　力	能力要求
职业通用能力	熟练的商务英语沟通能力； 熟悉国际贸易知识和流程； 跨文化意识和交际能力； 熟练的办公自动化软件(office、photoshop 等)应用能力； 熟悉国际贸易地理、国际航务航线和国际快递的知识并能熟练应用
职业专门能力	熟悉各种跨境电商平台的定位和经营模式； 网店选品和定价能力； 图片处理能力； 产品上传和优化能力； 物流公司、物流模式和物流定价能力； 国际知识产权、商标、专利，以及风险识别和侵权处理能力； 熟练应用站内外推广工具的能力
职业综合能力	利用各种工具和平台进行有效客户开发、维护和管理的能力； 利用具体平台和店铺进行有效站内外和全网营销和推广的能力； 店铺询盘、订单、物流综合管理能力； 跨境电商创业意识和创业项目可行性分析能力
职业拓展能力	国际船务和货代处理能力； 国际会展策划、组织、接待、协调能力； 跨境电商网页设计能力； 移动跨境电商能力

第二节　跨境电商的交易流程

一、跨境电商进出口的基本流程

从跨境电商出口的流程看，生产商或制造商将生产的商品在跨境电商平台上上线展示，在商品被选购下单并完成支付后，跨境电商企业将商品交付给物流企业进行投递，经过两次（出口国和进口国）海关通关商检后，最终送达消费者或企业手中。有的跨境电商企业直接与第三方综合服务平台合作，让第三方综合服务平台代办物流、通关商检等一系列环节，从而完成整个跨境电商交易的过程。跨境电商进口的流程除了与出口流程的方向相反外，其他内容基本相同，如图 4.2 所示。

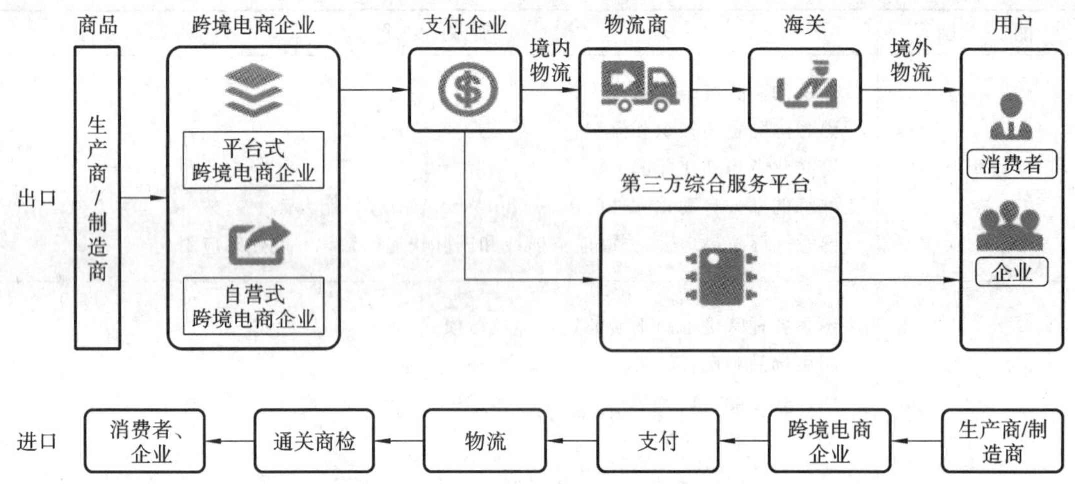

图 4.2　跨境电商出口、进口基本流程

从整个跨境电商的交易过程中，我们可以看出跨境电商不仅是一个平台，而且上游需要信息技术的引领，下游需要快递物流的支撑，只有信息流（即卖家在网上发布所提供的产品或服务信息，另一方面消费者通过互联网搜寻需要的产品或服务信息）、物流（即产品流，消费者在网上下单，卖家委托跨境物流服务公司将产品运送到海外消费者手里）、资金流（消费者通过第三方支付方式及时安全地付款，厂家收汇结汇）三位一体地支撑到位，跨境电商才能颠覆传统商业模式，成为中国传统贸易转型发展的战略制高点，如图 4.3 所示。

图 4.3　跨境电商的“三流”（信息流、资金流、物流）

(一) 跨境电商物流模式

1. 出口

(1) 中国邮政。如中国邮政航空小包、中国邮政航空大包、中国邮政跨境专线物流ePacket、国际EMS业务、速邮宝、Singapore Post 4PX等。中国跨境电商出口业务70%的包裹都通过邮政系统投递,其中中国邮政占据50%左右的份额,虽然邮政网络基本覆盖全球,但运输时间长,丢包率高。

(2) 国际快递。主要由UPS、FedEx、DHL、TNT四大巨头包揽。国际快递速度快,客户体验好,但价格昂贵,例如使用UPS从中国寄包裹到美国,最快可在48小时内到达。国内快递如申通、顺丰均在跨境物流方面早早布局,速度较快,费用低于四大国际快递巨头,但并非专注跨境业务,覆盖的海外市场比较有限。

(3) 跨境专线物流。如递四方、三态速递、Equick、燕文专线等。一般是通过航空包舱方式将货物运输到国外,再通过合作公司进行目的地国的国内派送。这种方式通过规模效应降低成本,但在国内的揽收范围相对有限,覆盖地区有待扩大。

(4) 海外仓(边境仓)。卖家先将货物存储到海外仓库,然后根据订单情况进行货物的分拣、包装以及规模化递送,解决了小包时代成本高昂、配送周期漫长的问题,但也存在容易压货、运维成本高等问题,如亚马逊的FBA。

2. 进口

当前,跨境电商进口物流模式有两大类:直邮模式(10%)和转运模式(90%)。其中直邮模式又分为商业快递直邮和两国快递合作直邮两种模式;转运模式又分为转运公司参与寄递、报关企业参与寄递和灰色转运。具体流程如表4.6和图4.4、图4.5所示。

表4.6 跨境电商进口物流模式

		模式1	模式2	模式3	模式4	模式5
内容		商业快递直邮	两国合作直邮	转运公司参与寄递	报关企业参与寄递	灰色转运
流程	揽收	国外快递	国外快递	国外快递	国外快递	国外快递
	出口国境内运输	国外快递	国外快递	国外快递	国外快递	国外快递
	出口国清关	国外快递	国外快递	国外快递	国外快递	国外快递
	跨境运输	国外快递	国外快递	转运公司、国际货代	转运公司、国际货代	转运公司
	进口国清关	国外快递	国外快递	国内快递	报关企业	利用非法途径规避
	进口国境内运输	国外快递	国内快递	国内快递	国内快递	国内快递

(二) 跨境电商支付模式

跨境电子支付业务涉及资金结售汇与收付汇,主要有跨境支付的购汇方式(含第三方购汇支付、境外电商接受人民币支付、通过国内银行购汇汇出等)与跨境收入的结汇方式(含第三方收结汇、通过国内银行汇款,以结汇或个人名义拆分结汇流入等)。

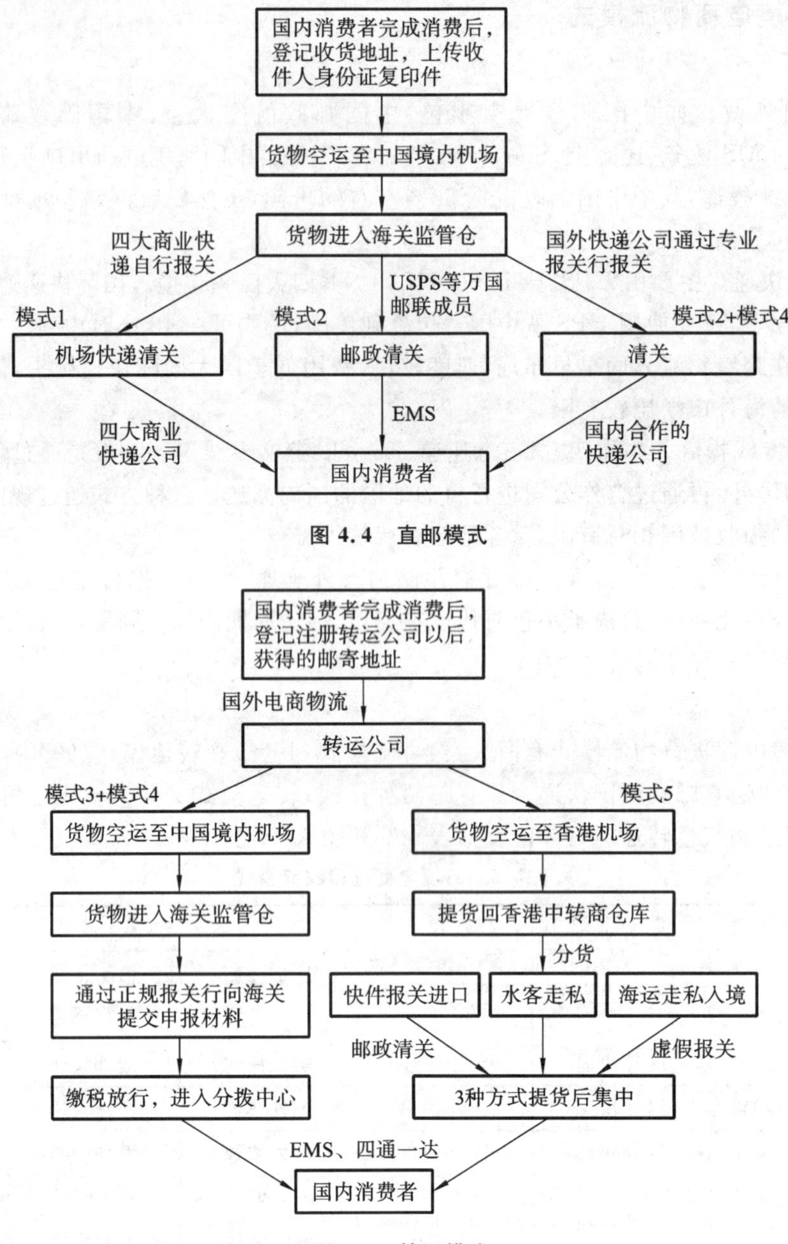

图 4.4 直邮模式

图 4.5 转运模式

常见的跨境电商支付结算方式有银行卡支付和第三方工具支付。

在境内，网上支付工具类型较多，从消费者的总体使用习惯来看，以第三方支付、网银支付、货到付款为主，还有银行汇款、邮局转账等方式作为补充，交易资金来源主要是境内发行的银联卡。在境外，使用银行卡组织提供的支付工具进行网上支付约占七成，境外第三方支付居次要位置，交易资金来源主要是银行卡组织发行的信用卡和签名借记卡。

随着国民收入的不断增加，中国民众对跨境电商、出境旅游、留学等跨境业务的需求也不断增加。同时，政府相关部门针对第三方支付机构开展的跨境支付业务放宽了监管要求，将跨境外汇支付试点业务拓展到全国，为第三方支付机构开展跨境支付业务创造了便利条件，跨境支付业务已成为第三方支付机构新的增长点。

支付机构开展电商跨境外汇支付业务首先需要有央行颁发的“支付业务许可证”，其次需要外汇管理局准许开展跨境电子商务外汇支付业务试点的批复文件。跨境人民币支付业务不需要国家外汇管理局的批复，由各地央行分支机构发布相关文件即可。

中国第三方支付机构主要为跨境电商提供“购付汇”和“收结汇”两类业务。其中，购付汇主要是消费者通过电商平台购买货品时，第三方支付机构为消费者提供的购汇及跨境付汇业务；收结汇是第三方支付机构帮助境内卖家收取外汇并兑换、结算成人民币。具体流程如图 4.6 和图 4.7 所示。

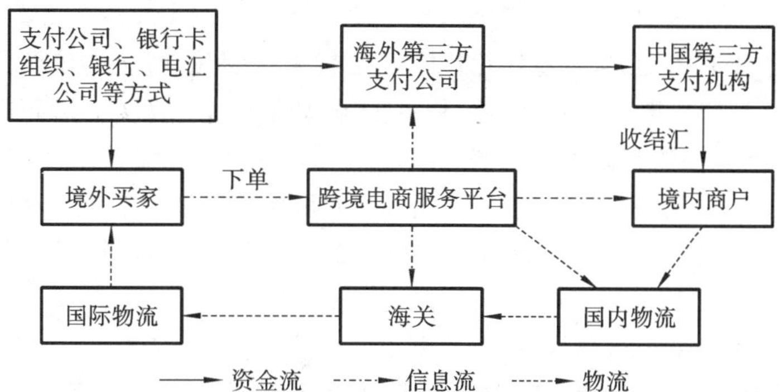

图 4.6　出口电商平台第三方支付机构收结汇业务流程图

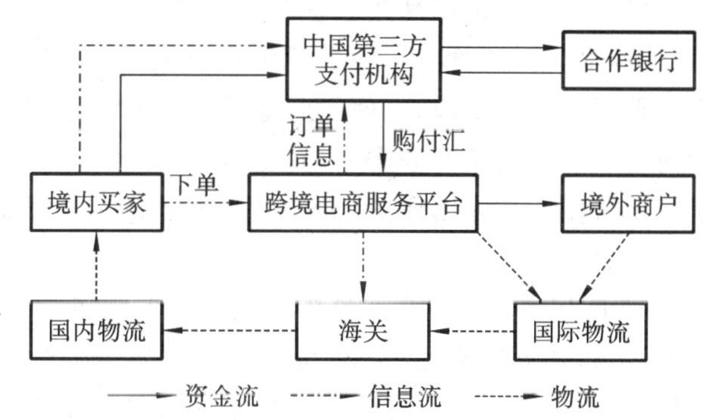

图 4.7　进口电商平台第三方支付机构购付汇业务流程图

二、中国跨境电商海关通关监管模式

从目前通过跨境电商方式成交的商品看，现在跨境电子商务成交的商品主要是通过三种方式进出境。

（1）货物方式通关：我国进出口企业与外国批发商和零售商通过互联网进行产品展示和交易后，在线下按一般贸易流程完成的货物进出口，即跨境电子商务的企业对企业进出口，本质上仍属于传统贸易，该部分以货物贸易方式进出境的商品已经全部纳入海关贸易统计。此外有一些通过创建电子平台为外贸企业提供进出口服务的公司，如深圳的一达通，所实现的中小企业商品进出口，在实际过境过程中都向海关进行申报，海关全部纳入贸易统计。以货物方式通关的商品，由于是按传统的一般贸易方式完成货物的进出口，在通关商检、结汇及退税等方面的运作相对成熟和规范。

(2) 快件方式通关:跨境电商成交的商品通过快件的方式运输入境或者出境。海关总署通过对国内5家最大的快件公司进行调查显示,其中95%以上的快件商品是按照进出口货物向海关进行报关,海关纳入货物统计范畴内,仅有不到5%的快件是按照个人自用物品向海关申报,根据现行海关统计相关制度,这部分暂时还没有纳入海关贸易统计。

(3) 邮件方式通关:通过邮局的邮政渠道,邮寄进出口跨境电子商务成交的商品。这部分商品主要是消费者购买的日常消费用品,供自己使用。按照我国的海关法和国务院颁布的海关统计条例规定,个人自用的商品在自用合理数量范围内的实行建议报关的制度,不纳入海关贸易统计。

随着跨境电子商务的发展,贸易碎片化的现象越来越明显,过去传统贸易中有一部分已通过碎片化方式转移到跨境电商,通过邮件、快件的方式进出境。海关总署正在积极研究完善统计制度,将来在制度完善的基础上纳入贸易统计。

2012年以来,在各试点城市的试点工作中,海关积极探索适应跨境电子商务发展的政策和措施,归纳出了"一般出口""特殊区域出口""直购进口""网购保税进口"四种新型的海关监管模式。

"一般出口"模式指采用清单核放,汇总申报的方式,电商出口商品以邮件、快件方式分批运送,海关凭清单核放出境,定期为电商把核放清单数据汇总形成出口报关单,电商凭此办理结汇、退税手续,并纳入海关统计。

"特殊区域出口"模式指电商把整批商品按照一般贸易报关进入海关特殊监管区域,企业实现退税;对于已入区退税的商品,境外网购后,海关凭清单核放,以邮件、快件方式分送离境,海关定期将已放行清单汇总形成出口报关单,电商凭此办理结汇手续,并纳入海关统计。

"直购进口"模式指符合条件的电子商务平台与海关联网,境内个人跨境网购后,平台将电子订单、支付凭证、电子运单等实时传输给海关,商品通过海关跨境电子商务监管场所入境,按照个人邮递物品征税,并纳入海关统计。

"网购保税进口"模式指境内个人及电子商务企业在经海关认可的电子商务平台实现跨境交易,电商企业或其代理人将进境网购商品批量报送存入海关特殊监管区域或保税监管场所存储,境内消费者网上交易后,区内货物分配报送,并参照个人邮递物品缴纳税费。

以重庆为例,通过跨境贸易电子商务公共服务平台对接,实现支付信息、物流信息和订单信息三单交叉验证、匹配(见图4.8)。

三、跨境电商一般进口模式的详细操作流程

还是以重庆为例,跨境电商一般出口、一般进口和保税进口的详细操作流程含6～7个不同环节(见图4.9),主要在于企业备案、商品备案等,其中跨境电商出口关键在于退税等,跨境电商进口主要在于税款缴纳。

接下来,我们具体讲解跨境贸易电子商务一般进口模式的具体操作流程。

(一) 跨境电商企业备案

成为跨境电商企业的一般流程包括:自贸区企业注册—企业进出口权办理—拥有电商销售平台—选择合作的保税仓—选择合作的支付机构—提交跨境资质纸质申请资料—跨境公共服

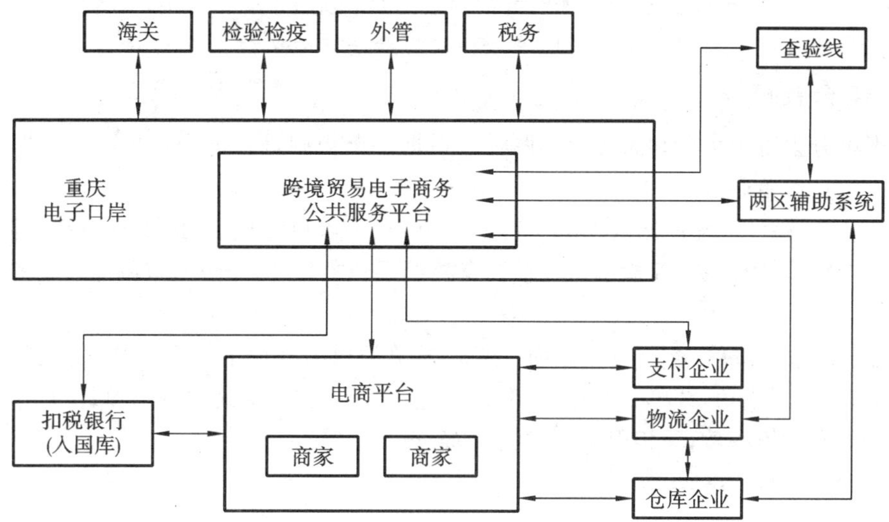

图 4.8 跨境电商公共服务平台系统对接图(以重庆为例)

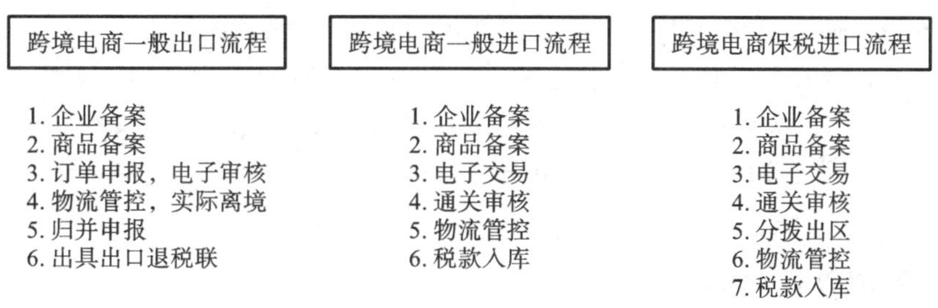

图 4.9 跨境电商三种模式的操作流程(以重庆为例)

务平台企业备案—入境电子商务电商能力认定(基本能力或高风险能力)—跨境公共服务平台产品备案。

此外,境内电商企业备案需提供以下资料:

(1) 海关跨境贸易电子商务企业试点业务承诺书申请表。

(2) 海关注册登记证复印件。

(3) 企业法人营业执照、税务登记证、组织机构代码证等证照的复印件。

(4) 物流企业与电商企业合法的合作协议(海关备案用)。

(5) 电商企业的简介(公司简要发展历史、组织架构、目前开展 B2C 业务情况及在机场口岸预计的通关业务量、与物流公司合作的情况、支付企业名称、简要业务流程等)。

(6) 电商企业的交易平台,国内电商企业应提供工信部的批件。

(7) 海关需要的其他资料。

(二) 清单申报(三单信息汇总)

(1) 国内消费者在电商平台成功支付订单后,电商企业将订单信息发送至跨境电商公共服务平台进行申报;支付企业发送支付信息至公共服务平台进行申报;跨境物流企业在成功预订舱单信息后,将对应的跨境贸易相关的舱单信息(含运单信息)发送至服务平台进行申报。服务平台集齐三单信息(订单、运单、支付单)后,自动生成清单供有报关报检资质的企业进行申报。

(2) 清单生成后,核对主运单、分单、重量等信息是否完整,核对无误后,将生成的清单信息(三单和清单)分别批量申报至海关管理平台和检验检疫管理平台。

(三) 平台审单

平台审单分为电子审单和人工审单两种。根据审单规则进入电子审单和人工审单的清单的处理结果包括审单通过、退单。

(1) 清单申报后,系统首先进入电子审单环节,电子审单完成后,对于有潜在风险的物品,系统进入人工审单,由海关、商检人工审核。审核结果包括暂存(退单)、审单通过、检验查验、检验放行等。

(2) 对于退单的清单,查找退单原因。通常退单的原因有以下几点:①收货人信息备案异常;②"三单"对比不成功,订单不存在;③个人信息核验不通过,系统自动退单;④订单中的收货人国别与清单中的不一致;⑤担保金预扣失败,余额不足等。

(四) 机检查验、放行

机检查验、放行的步骤如下。

(1) 审单完成后,通知海关、商检人员对货品进行现场过 X 光机检查。监管场所运营人员对包裹逐一进行扫描,X 光机对申报货物进行同屏对比,机检正常的做自动放行,机检异常的对相应的包裹进行下线查验处理。监管科查验人员和商检科查验人员分别对下线包裹实施拆包查验,查验完毕后记录查验结果。查验结果包括查验放行、改单、删单、移交缉私处理等。

(2) 机检完毕后,在通关服务平台清单查询里查询每一单的海关、商检指令状态,确保每一单指令均为放行。

(五) 出库放行、缴税

检验检疫审核后,若无异常,则放行出库,进入终端配送环节。由国内的物流企业进行配送,运送至消费者手中。

海关管理平台自动汇总生成海关进境物品进口税缴款单。企业可按照有关程序缴纳税款,税单核销完毕后,通关服务平台中的保证金账户扣款自动退回账户。

第三节　跨境电商相关的国际贸易风险与安全

一、国际贸易风险

(一) 国际贸易风险的类型

国际贸易风险主要是指国际贸易业务流程中发生的风险。目前,我国外贸出口企业在国际贸易中主要存在以下几类风险。

1. 政治风险

政治风险在很大程度上取决于各国的政治稳定性及实施的政治制度。相对来说,政治较为稳定的国家,政治因素影响国际贸易的风险较小;而政治动荡或不稳定的国家,其政治因素影响国际贸易的风险较大。国际经济一体化进程的加快，使国际贸易的加速发展成为一个必然趋势。一个国家的经济政策、金融政策都会对国际贸易有直接的影响，这些影响在一些特定的情况下会转变为国际贸易风险。例如：如果一个国家在国际贸易过程中采取反倾销等贸易保护政策，就会给国际贸易带来严重的消极影响，产生贸易摩擦，为国际贸易带来风险。

来自国外的政治风险包括战争、贸易争端、政治经济制裁、关税壁垒、反倾销反补贴政策等。

来自国内的政治风险包括出口退税或补贴政策的变化、汇率的波动、进出口许可证制度的变化、外汇政策的变化、检验检疫制度的调整和改变等。

案例1

2014 年，阿根廷政府出台新规，限制公民海外网购，规定每人每年最多可进行 2 次境外网购，每年购物金额若超过 25 美元，则应对超出部分缴纳 50%的关税。阿根廷作为热门的新兴市场之一，这一政策无疑给中国的外贸电商带来了困惑。

阿里巴巴旗下的外贸电商平台全球速卖通发布公告称，其将针对收货地址是阿根廷的买家，在下单环节充分告知该国的新规定及风险。此外，速卖通将向出口阿根廷的卖家提供一定的支持和保护政策，卖家可修改运费模板，设置对阿根廷不发货。

针对平台纠纷规则，速卖通表示，清关是买家的义务及责任，若买家不履行清关义务，平台将判定为买家责任，卖家将不会因海关延误而导致的纠纷受到惩罚。

速卖通公告还指出，对于当前进行中的阿根廷订单，如果卖家尚未发货，需及时与买家取得联系，告知交易过程中可能存在的风险，协商解决方案，如果卖家已发货，则需与买家保持沟通并关注物流状态。

卖家可在“运费模板”中进行编辑，在其他国家运费设置不变的情况下，设置物流对阿根廷不发货即可。在卖家承担运费的模式中，同样也可设置不对阿根廷发货。

阿根廷一直是个令人头疼的市场，纠纷率高，退货率也很高。其跨境网购限制的实施将加大交易难度，加重物流问题，最终导致买家购物体验下降，卖家利益受损。

速卖通对阿根廷的新政可算是新年一大喜事，如果该市场订单不多，有的卖家甚至会全部设置不发货。在市场环境的变化下，无论是海关政策还是平台政策的调整，或许又将给另外一批人带来商机。

案例2

浙江某公司长期从事玩具娃娃出口业务，于 2008 年 11 月与印度某公司签订玩具娃娃出口合同，合同标的为 20 万美元，双方约定浙江公司于 2009 年 1 月 26 日至 31 日交货，收货后 30 日内付款。2009 年 1 月 23 日，印度政府宣布依据《印度对外贸易法》第五章的第 3 项第 2 款规定，即日起禁止进口海关税号 9501、9502、9503 项下的中国玩具，禁期为 6 个月，直到发布下一个公告为止。此时货物即将到达印度港口，运输船由于储油量等船舶自身原因难以中途返航。2009 年 1 月 27 日，货物到达印度公司指定的港口。印度公司拒绝接收货物，并要求延缓履行收货义务。浙江公司为了减少损失，只能在印度附近的国家以低于合同约定的价格销售货物。同时，浙江公司不得不在当地临时租用仓库，并雇用临时保管及销售人员。2009 年 2 月 7 日，印度商工部外贸总局向其下属的各许可证局和印度海关各口岸专员发出第 58 号通知，宣布装运日早于第 82 号公告发布日期的中国玩具不在禁止之列，被视为允许进口。此时，浙江公司已经租用当地仓库12天。

此案例是典型的政府禁令引起的贸易封锁。由于当地法律的变更或者政府禁令使印度公司难以按照合同履行义务，企业在订立合同时不能预见、不能避免、不能克服，故印度公司不存在过失，因而浙江公司不能追究印度公司的违约责任。

外贸企业可以采取以下措施防范政治风险。

1）通过合同条款约束

双方在订立进出口合同的时候，我国企业应该注意在合同中增加特定条款，特定条款可以从多个角度保障我国企业的权益。该条款可以约定利于双方贸易安全的适用法律和争议解决方式。一般而言，费用低廉、程序简易的仲裁能使企业更大程度地表达其解决纠纷的意思，也能使解决企业纠纷的成本大大低于其他司法途径，而选择完善、中立的法律也能使企业获得更有利的法律地位。贸易条款可以订立排除双方所在国政府的主权豁免、利率稳定条款、不可抗力条款，也可以约定货币汇兑的稳定性等。例如，双方可以在稳定性条款中约定国家或地区政府将持续支持该国际贸易的进行，合同双方应当依照订立合同时的法律和规定履行合同义务，任何政府的行为或者当地法律法规的变化均不影响合同的履行，除非经过双方当事人的同意。通过稳定性条款，对于贸易国法律变更等原因导致的合同无法履行，我国企业可以在争议的解决中占有更大的主动地位。

2）投保出口风险保险

向出口信用保险机构投保出口风险保险，以转嫁我国企业由于政府行为或法律的变更导致的损失。在中国的出口保险机构提供的出口风险保险中包含多种风险管理，其中也包括政治风险管理和赔付。保险人可以充分利用自身的专业性跟踪贸易国的政治经济情况，及时给予较为准确的风险预警，为出口企业提供风险规避技巧，对于海外的应收账款的追偿也可以提供卓有成效的帮助，并在出口国产生风险时给予企业援助。

3）谨慎选择中长期信用交易

在对贸易国的政治经济环境进行系统全面的评估后，根据不同的情况，确定交易的期限长短。一般而言，中长期信用交易的期限大于半年，应谨慎选择。一方面，国家的政治经济状况与其发展程度和政治经济总体框架相关联，因此，一般不会在短期内发生太大变化。一旦其国家状况不佳，也难以在短时间内得到改善，中长期信用交易将使企业持续受损。另一方面，短期的信用交易更为灵活，一旦该贸易国的政治经济状况发生巨大变化，就可以较快退出该国市场，减少损失。

2. 法律风险

跨境电子商务是指不同国家的交易主体通过电子商务的手段将传统进出口贸易中的展示、洽谈和成交环节电子化，并通过跨境物流及异地仓储送达商品、完成交易的一种国际商业活动。和国内的电商法律相比较，跨境电子商务的法律风险会涉及很多不同的法律领域，相对来说比较复杂。由于我国跨境电商的发展经验还不丰富，相应的法律法规建设还不够完善，因此会产生一系列的法律风险问题。

1）知识产权风险

随着电子商务的发展，网上销售书籍和报刊已经被广泛采纳，这种行为在一定程度上存在著作权的法律风险隐患。由于传统的著作权是以实物为著作载体，而跨境电商的交易模式产生了电子文档和课件浏览的销售方式。在进行电子交易的过程中，企业无法从根本上保证购买者不随意传播书本和报刊信息，也无法保证信息不被其他用户复制，而这些行为都侵犯了原作者的著作权，从而引发著作权的相关法律问题。

2）个人隐私风险

互联网用户在进行电子商务交易的过程中，大多数网站都会要求消费者在交易的过程中进行个人信息登记。如果企业没有采取措施保护用户的个人信息或者由于疏忽导致用户的个人信息泄露，就会造成消费者对企业的强烈不满及排斥。在跨境电商活动中，企业会整理消费者的个人信息，建立庞大的消费者信息资料数据库，有些企业会有偿向第三方出售这些信息，这些行为都违反了个人隐私保护的相关法律。

3）交易风险

以互联网为基础的电子商务，在进行交易的过程中大都采取电子支付的方式，这在一定程度上存在很大的诈骗风险。跨境电子商务的交易风险主要是国际性的非法交易活动，参与到跨境电商活动中的企业没有按照合法的途径进行交易，这会造成企业与消费者之间的经济利益的损失。由于跨境电商在国际上还未形成一个统一的信用评价标准，这在某种程度上给很多不法企业或个人提供了洗钱或骗钱的可能性。除此之外，我国第三方支付平台众多，银行和第三方支付平台在跨境电商交易中存在安全漏洞，会给个别不法机构或个人提供违法违规或诈骗的可能性。这些都导致了跨境电子商务活动中存在的很多已知或未知的风险。

4）税收风险

由于跨境电商在运输货物时会存在货物个体小、总量大及种类分散的问题，很多企业为了逃避税收，会进行多次邮递来运输大量货物，并且很多小型跨境电商企业或个人用混淆自用物品与代购物品的方式逃避税收。这些行为都为海关征税增加了难度。

3. 市场风险

市场风险是指由于国内或国际市场的变化而导致企业在国际贸易中亏损的风险，有时也会演变为价格风险或财务风险。在一般的国际贸易中，企业面临的市场风险主要是汇率风险和价格风险。汇率风险是由本币与外币的价值发生变动的可能性所导致的，价格风险是指企业主要商品的价格发生剧烈波动，从而对企业在国际贸易进程中造成的巨大的风险。

根据电子商务研究中心的资讯，虽然跨境电商发展势头迅猛，但是受人民币汇率波动的影响，在跨境电商领域，“海外直采｜自营保税仓”模式的跨境电商经营者由于大货量和深库存，受到较为严重的冲击。敦煌网总裁王树彤则看到事情的另一面：“跨境电子商务相对传统外贸，其实是把集装箱式的生意碎片化，周转速度快，周转期基本在 7 到 14 天。”她认为无论是保税仓模式还是平台模式的跨境电商，均有“短平快”的优势，降低了汇率风险损失。

案例3

随着中国政府“2025 中国制造”远景规划的不断推进，我国外贸商品有望在国际市场上取得更大的市场份额。然而对于中国商家来说，跨境电商行业不仅意味着巨大的商机和潜力，也存在着比线下市场和国内电商交易更复杂和棘手的交易风险问题。有效应对这类新型风险需要防患于未然，事先了解在线跨境交易中可能存在的各类风险和解决方案，以便及时搬开这块“绊脚石”。

1. 了解非预期损失——退单

如果退单这个术语对你来说比较陌生，那么你可要多加留心。退单是指顾客通过发卡行撤销订单并取消付款。造成退单的原因多种多样，以下是一些常见类型：

(1) 顾客声称未收到物品；

(2) 顾客声称收到的实物与卖家的描述显著不符，或者收到时物品已损坏；

(3) 顾客声称并未授权进行该笔交易，他们的身份或信用卡被盗用。

如果商家可以积极回应顾客的反馈，提供明确的退货政策，或在适当情况下在买家发起退单申请前就已开始处理退款要求，一些退单是可以避免的。倘若是顾客声称未授权交易而产生的退单问题，选择一个合适的支付工具则显得尤为重要。例如，在 PayPal 的卖家保障政策下，商家们可以不必承担由未授权交易引起的退单损失。

2. 抵挡网络欺诈

在亚洲，网络欺诈屡见不鲜。据 2013 年 Sophos 网络安全报告显示，亚太地区的企业及消费者更容易受到网络安全方面的危害和骚扰，在全球最易受网络犯罪侵袭的十大城市中，亚洲城市占有 8 个席位，中国更被列为第二大具有高风险级别的国家。精密的网络欺诈预防机制和工具已被全球广泛采用，以预防诸如个人信息及信用卡盗用等问题。然而，采用不同的网络欺诈预防机制往往会产生不同的防范效果。因此，选择一款安全可靠的在线支付工具成为降低跨境交易风险的重要环节。

美国 2checkout 欺诈指数报告指出，相较信用卡而言，商户们认为使用 PayPal 收款的风险率更低。作为值得信赖的第三方支付平台，PayPal 拥有全球领先的风险管理系统，帮助卖家从交易之初便着手规避恶意欺诈风险。一旦买家提交购买订单，PayPal 的欺诈检测模型便即时启动跟踪，对欺诈交易做出风险预警。一旦监测到可疑交易，PayPal 将立即开展专业的人工核查，由世界一流的风险管理专家亲自核查，从而判定该笔交易是否存在欺诈嫌疑。

当然，卖家也可以自己采取一些措施来鉴别是否是因为信用卡被盗或账户被盗而产生欺诈交易，如通过搜索引擎的 IP 定位服务跟踪并核实买家的送货地址和交易存根、建立买家黑名单、限制买家的购买条件和电话核对买家信息等。此外，卖家需要紧密监测和核实收货地址为高欺诈风险的国家的订单、付款后提出变更收货地址的要求、邮寄至同一地址的多个订单、由于超额支付而提出的电汇退款申请，以及其他可疑行为。

3. 降低现金流压力和解决信任问题

在理想情况下，商家们通常希望能在发货前收到货款，而买家则希望在收到货物后再付款。这个问题在跨境交易中显得尤为突出，因为物品寄送至顾客手中要花费较长的时间，这就意味着商家需要承担较高的现金流风险和买家拖欠货款的风险。

不同于传统银行汇款和一些第三方支付平台在买家确认收货后才会向商家汇款的运营方式，在订单生成时，PayPal 便会向商家及时放款。

4. 为高风险行业定制防欺诈管理机制

不同行业存在的风险大小有所差异。由于虚拟化和易被转售的特点，数字商品及线上机票和酒店预订行业与其他行业相比，存在着更高的风险。PayPal 为这些高风险行业提供了专属的反欺诈指南，商家们可以通过 PayPal 中文官方网站进行下载。作为一个值得信任的商业伙伴，PayPal 也为不同商家提供定制的风险管理解决方案。

Chinatour. net 的总经理徐丰表示："携手 PayPal 后，我们在在线机票交易及收付款流程中面临的诈骗风险大幅降低。PayPal 业界领先的验证技术和高风险规避能力帮助我们实现了销售额的飞速增长；同时，其遍及全球的巨大用户数量也为我们提供了广阔的成长空间。”Chinatour. net 目前已成为业内领先的在线旅游服务公司。

有效的风险管理应当平衡风险和用户体验，帮助交易双方在最短的时间内鉴别对方的信誉度。如果评估时间过长，可能会损失客源。因此，对于商家而言，在选择支付解决方案时，考察其安全性和用户体验同样重要。选择 PayPal 这样有着全面可靠的风险管理系统和全球领先技术的第三方支付平台，能使得商家们集中更多精力发展业务，助其制胜跨境电商贸易市场。

外贸企业可采取以下措施规避国际贸易市场风险。

1）市场交易对象资信调查

在国际贸易中，选择好交易对象是非常重要的，这是规避贸易风险的前提。一定要谨慎考察对方企业的真实性，查清对方的资信情况。资信调查的主要内容如下：查看对方营业执照的正本和副本，同时核查其经营活动情况、货物情况、注册资本、法定地址及现在是否仍在合法地进行经营活动；考察对方资产信用的真实性和履约能力，以及经营管理能力，如生产加工能力、出口许可、原材料供给、货源等；对其主体资格要辨别清楚，例如，对方是以自然人身份还是以法人身份又或是以非法人经济组织身份出现，是以法定代表人的身份还是以委托代理人的身份出现；调查对方企业的信誉度，查看其有无不良行为记录。开展资信调查非常必要，是规避国际贸易风险至关重要的一步。

2）采取手段转移风险

在国际贸易中，外贸出口企业可以采取一些手段，付出一定的代价，通过让有关当事方承担风险的方法，将相关风险有效地转移出去。转移风险的措施的种类较多，外贸主体应依据贸易的具体情况，选择合理的转移方法。具体如下。

（1）恰当投保货物运输保险。国际货物运输往往路途遥远，运输时间长，许多风险隐患出现在货物流转的过程中。为了转嫁货物在运输过程中的风险损失，贸易主体有必要办理货物运输保险。投保货物运输保险不仅有利于进出口企业加强经济核算，而且有利于进出口企业坚持正常的经营。办理投保业务时，务必不错保、不漏保。

（2）充分运用出口信用保险。出口信用保险是国家提供基金，由国家认可的保险机构向出口商提供的一项非营利性、政策性的保险业务。出口信用保险的承保对象是出口业务中一般保险公司所不愿承保的境外买方信用风险。出口信用保险弥补了货物运输保险所不能涵盖的保险内容。投保出口信用保险能够保障出口商安全及时收汇，确保出口企业的资金正常流转。

（3）善于使用国际保理业务。在国际保理业务中，保理公司提供买方资信调查、百分百的风险担保、催收应收账款、财务管理和资金融通等综合性财务服务。在以 D/A、D/P、O/A 等方法结算货款的国际贸易中，外贸企业可以选择国际保理业务来保障货款的安全性，规避出口收汇风险。保理业务对于出口企业来讲，由于给买方客户提供了具有吸引力的付款条件，较容易获得国外订单，促进产品出口。

（4）选择有效的结算方法。与一般的国内贸易相同，国际贸易也存在物流和资金流。如果说进口商关心的是支付货款后能否收到合同规定的货物，那么出口商关心的则是发出货物后能否收到合同中规定的货款。那么，选择同时满足双方安全的结汇方法是至关重要的。在国际贸易中使用的主要支付方法有汇付、托收和信用证。由于汇付是由付款人将款项汇缴收款人，如果付款人在收到货物或取得货物提单之前将款项汇出，一旦因卖方原因不能到货，则会遭受钱货两空的损失。因此，进口方的汇付主要用于合同定金等小量款项的支付。与汇付相反，托收则是出口商发货后，委托当地开户银行通过其进口商所在地的往来行收取货款。与前者相同，它也属于高风险的商业信用。这种支付方法规避风险的方式是跟单托收，并采用付款交单。即便如此，对出口方而言，仍然存在如下风险：一旦市场行情变得对进口方不利，进口方可能会以各种借口拒不付款赎单。这时，尽管出口商掌握货物所有权，但为得到货款，可能要承受巨大损失（如降价销售、变卖）。这时就要尽可能地选择银行信用的结算方法——信用证。信用证结算以银行信用为担保，风险相对小。一般而言，信用证属于凭单付款的支付方法，只要出口商提交的单据符合信用证的要求，开证行（付款行）就会付款，从而大大降低了风险。

(5) 切实提高出口产品质量。如今，国际市场的竞争已从价格的竞争转变为质量的竞争，企业应当依靠科技进步，重视科技成果在生产中的运用，不断开拓新产品，提高产品的质量、档次和加工深度。面对国际间的技巧性贸易壁垒及不断提高的国际标准，我国出口企业要用产品质量进行反击，努力提高我国标准档次，打造品牌产品，增强产品的国际竞争力，以规避技巧性贸易壁垒带来的政策风险。

(6) 严格遵循国际贸易惯例。国际贸易惯例是由国际性组织或商业团体制定的有关国际贸易的通则、准则和规矩。它已被大多数国家的贸易界、银行界人士所熟知，并被广泛接受和应用。企业在合同的签订、货物的交付、货款的结算进程中应严格按进出口贸易的基础操作程序办事，保证利用“银行信用”完成货款的结算，正确处理好合同、信用证、单据、货物之间的关系，尤其是信用证、单据之间的关系，做到“单证一致”“单单一致”，保证货款及时清偿。

4. 合同风险

在国际贸易中，合同风险也是常出现的贸易风险之一。在各国进行国际贸易的过程中，交易双方都需要签订贸易合同。国际贸易合同包含生产、质量、管理、法律、技术等很多内容，其中有很多贸易惯例的专业术语，严格规定了交易双方的权利和义务。如果一方对国际贸易准则及相关法律法规没有详尽的了解，很容易出现操作层面上的风险，这不但会导致贸易中的巨大损失，也会在国际市场上留下不好的形象，使各项国际贸易活动受到影响。

5. 信用风险

作为一种新兴的国际贸易模式，近年来发展较为迅速的跨境电子商务面临的风险主要是信用风险，它多产生于交易一方未能履行签约合同的内容，从而造成一方或多方经济损失的情况。信用风险在很大程度上影响着跨境电子商务的有序和快速发展。当前的信用风险主要由以下四个因素造成。

1) 商品本身的信用风险

和有形市场的商品销售不同，跨境电子商务销售的产品及其质量都具有不确定性，因此，商品本身就会产生很多信用风险问题。最基本的信用风险问题就是商品的可靠度，即商品的质量、性能等是否与网页提供的产品描述相匹配。B2C 电子商务的交易双方会根据平台上的图片和文字描述等信息来选择商品，如果图片和文字描述过于夸张，不够真实，会影响买家的消费体验，直接带来严重的信用危机。

2) 支付方式的信用风险

支付方式的信用风险主要是由 B2C 跨境电子商务交易过程中的安全性和保障性不足造成的信用隐患。跨境电子商务的付款方式过于依赖网上银行、快捷支付、支付宝等第三方平台，在一些环节比较容易出现风险，比如因物流延迟送达，第三方平台会自动默认交易成功，并将购物款打到卖方账户，这一环节就存在一定的信用危机。

3）第三方物流的信用风险

物流运输过程中的不确定性和多主体性加大了跨境电子商务的物流信用风险。从目前大多数电子商务交易的方式看，很多第三方电商平台会将物流作为信用评价的重要指标之一。在网络货物交易量急剧增长的同时，物流方面也面临着很大的挑战。

4）监管体系的信用风险

我国目前还没有完善的用于监管电子商务交易市场的法律法规，而有形市场的法律法规对跨境电商来说缺乏实用性和稳定性。尤其是近几年来，跨境电商中小企业数量猛增，电商消费者投诉的增加从侧面反映了我国电商市场急需完善的监管体系。

6．结算和电子支付风险

浮动汇率是当前国际货币结算中需要了解和使用的重要工具，汇率的实时变化在很大程度上影响了国际贸易结算，尤其是在汇率剧烈变动的当今世界，汇率市场的风险会直接影响国际贸易的进程，为各国企业参与国际贸易带来很大的风险。在进行国际贸易时，不可避免地会遇到货币汇率变动的问题，这意味着我们必然需要解决贸易结算问题，它与国内贸易使用本币结算不同，国际贸易中的货币结算不是简单的本币结算，而是本币与外币之间的汇率折算问题。国际外汇市场随时波动的汇率会影响国际贸易中双方的利益分配，直接或间接地增加企业参与到国际贸易中的风险。

（二）国际贸易风险防范的意义

从国家层面看，防范国际贸易风险有利于促进整个国民经济的健康发展。企业是国民经济的基础，企业的兴衰与国民经济的发展息息相关。通过实施有效的风险管理，降低企业的各种风险，提高企业应对风险的能力和市场竞争能力，以企业的健康发展促进整个国民经济的良性发展。

从企业层面看，防范国际贸易风险，一是有利于企业实现自身的经营目标，增加企业的经济效益。企业经营活动的目标就是追求利润的最大化，实现经济效益和社会效益的有机结合。在实现这一目标的过程中，会受到各种各样的不确定因素的影响，从而影响企业的整个经营目标的实现。因此，对企业来说，进行国际贸易风险管理是非常有必要的，可以化解很多不利因素的影响，保证企业经营目标的实现，同时在国际贸易活动中提升自身的竞争力和信誉度。二是有利于企业在国际贸易活动中采取正确的风险防范措施，提高企业的风险应对能力。在经济全球化日益加强的当今世界，企业在国际市场上面临的环境愈发复杂，不确定性和风险隐患越来越多，其科学决策的难度大大增加，企业只有树立科学的风险防范意识，建立有效的风险管理机制，实施有效的风险管理措施，才能在变幻莫测的国际市场中做出科学正确的决策。

（三）国际贸易风险防范的措施

风险规避是风险应对的一种方法，是指通过有计划的变更来消除风险或风险发生的条件，保护目标免受风险的影响。风险规避并不意味着完全消除风险，我们所要规避的是风险可能给我们造成的损失。一是要降低损失发生的概率，这主要是采取事先控制措施；二是要降低损失程度，这主要包括事先控制、事后补救两个方面。

1．政府

政府要完善税收制度，减少不法分子利用征税漏洞进行少量多次进出境或恶意虚报等逃税、漏税的问题。同时，政府也应进一步加强和统一全国各地海关对进出境监管的操作流程和执法力度,从而减少海关的执法和廉政风险。

由于我国跨境电商还在发展的过程中,相关法律法规具有一定的滞后性,在一定程度上制约了我国跨境电商的发展速度和规模。针对我国跨境电子商务的特点和风险问题,要建立中国特色的电子商务法律法规,在满足国内当前经济需要的同时,也要适应世界经济发展的需要和新格局。国际市场和电商的发展都是灵活多变的,法律法规的制定也要顺应国内和国际市场的要求。除此之外,国家还需要进一步强化征税监管力度,建立电商企业的信用评级系统。

2. 企业

在国际贸易活动中,企业要严格遵守国际贸易法律法规,不仅要遵守贸易双方所在国家的相关贸易法律法规,也要遵守由国际组织或商业团体制定的被业内人士普遍接受并遵守的国际贸易准则。这样才能使国际贸易活动更加规范有序,有效地防范和控制国际贸易活动中容易产生的风险。

企业在进行国际贸易的过程中都存在一定的风险,而企业的风险管理就是对贸易过程中的利益获取和风险隐患进行合理的分配,尽可能地减少风险隐患所占的比例。在国际贸易的操作问题上,企业应选择合理的转移技术手段以规避国际贸易风险,比如利用国际保险业务,合理使用银行保函和备用信用证等,这些技术手段在一定程度上可以转移国际贸易风险。

在合同谈判和签订阶段,首先要确定用户的信用,加强资信调查。在调查中要重点了解对方企业的性质、贸易对象的道德与贸易经验等,特别是贸易伙伴的资金及负债情况、经济作风及履约信用等。合同文本主要有以下防范风险的条款及措施。

(1) 谈判时参照完善的格式样本谈判,自己掌握主动权。

(2) 尽量提供自己的合同文本,自己掌握主动权。

(3) 在磋商过程中,E-mail、传真或口头方式的约定,以签订正式合同确认书为准,使合同具有确定性、公开性、告诫性,避免电子凭据(E-mail、电子数据、传真)的证据缺陷。

(4) 防止侵犯外国专利权。目前我国出现较多此类纠纷,要注意避免侵权带来的收汇风险,明确法律责任。

(5) 支付条款风险防范:如果是汇付方式,尽量在合同条款中要求进口商提供银行保函。如果采取托收方式,事先要注意有的拉美国家常常按照 D/A 的方式处理 D/P,更要注意设法在进口商付款前确保货物的所有权,防止钱货两空。在办理托收时不要在托收委托单上制定代收行。如果是 L/C 方式,要注意规定对方的开证时间、开证银行,并要求进口商退货时将三套正本提单全部退回方可。

(6) 违约金条款不要遗漏,一定要全面,幅度可以高,但不要太高,因为太高会导致条款无效,等于让裁判庭自己决定。

(7) 商检条款:合同应对检验标准、检验期限、凭封单检验还是凭现状检验,以及对标的物质量和数量提出异议和答复的期限做出明确规定,以免进口商拖延不决。

(8) 不可抗力条款:最好在国际合同中尽量列举不可抗力的具体范围、证明条件、通知期限,这样可以避免进口商找借口不付款。

(9) 争议解决方案条款:由于国外执行难等许多原因,最好约定仲裁条款。条款表述要规范,不能模棱两可,造成麻烦。

(10) 法律适用条款:应尽量选用中国法律解决争议。

(11) 可以规定“货物所有权保留”条款。在不影响正常贸易的情况下,约定在进口方尚未付清全部货款之前，货物仍由出口商所有。

(12) 对于对方提供的合同，要防止看不见的条款，即“影子条款”，最好带回公司考虑后再签字，不要匆忙签字。

3. 信用

以前国际贸易的主要支付方式有三种：汇付、托收和信用证。各国企业要根据不同的情况选择合适的结算方式，尽可能降低贸易结算风险。

如今各国之间的贸易往来不仅是依靠价格竞争，更多的是以服务和商品质量为核心的竞争。因此，企业应注重提升商品和服务的品质来增加其信用度，树立质量意识和品牌意识，提升国际竞争力，主动迎合国际标准，使国际贸易风险最小化。

另外，要严格调查贸易对象的资信情况。这是规避贸易风险的前提条件，在进行国际贸易活动之前，一定要考察对方企业的真实性，调查对方的资信情况。资信调查的主要内容如下：首先，查看对方营业执照的正本和副本，同时核对其注册资本、经营状况、法定地址及现在是否仍旧在合法经营；其次，查看对方资产信用的真实性及其履约能力，从而了解其经营管理能力；再次，调查清楚对方的主体资格，了解清楚对方是以自然人还是法人等其他身份进行经营的；最后，了解对方企业的信誉度，查看对方是否存在不良的信誉记录。

4. 物流

物流运输途中，包裹遗失、破损、被海关扣关及被退回的现象时有发生，下面列举一些常见的国际贸易风险问题和相应的解决方案。

1) 未通过航空安检

干扰航班信号的产品、易燃易爆产品、涉嫌假冒伪劣的产品等都无法通过航空安检。因此，若运输货物中有危险品，要做好危险品证明，并在航空公司备案；有电池类产品，要做好 MSDS 证明；不运输涉嫌假冒伪劣的产品。

2) 转运途中的风险

航空包裹在到达目的国的途中要经过很多次中转，这个过程中容易出现很多问题。国际物流中转过程中的丢失，恶劣天气导致的包裹投递延迟，分拣人员暴力分拣、中转拆包导致的外包装破损都是在转运途中容易出现的问题。如果货物中有易碎物品，商家要多贴易碎品标签，在发货前多垫泡沫、气泡袋，打木架或木箱以加固自己的产品，保证产品安全；在货物价值较高的情况下，建议商家购买保险；面对时效要求高的货物，商家要注意选择物流方式，慎用邮政大、小包。

3) 清关问题

关税过高导致买家不愿清关、卖家国家限制进口产品、侵权产品被海关查扣、申报价值与实际不符、货物需要退回或当地弃件及销毁都是比较常见的清关问题。

为了避免出现这些问题，商家要了解产品在目的国海关清关的要求，避免涉嫌侵权，如实申报产品价值。申报品名要尽量详细，避免只写“礼品”“配件”。要注意的是，商业快递邮寄到巴西，一定要写上收件人 VAT 税号，电子产品邮寄到欧洲尤其是意大利和西班牙，一般需要 CE 认证。西班牙、葡萄牙、波兰、乌克兰、俄罗斯、巴西、以色列这 7 个国家不能弃件或销毁。

4) 选择合适的物流

对于要求快速送达的产品，可以选择商业快递。商业快递费用高，可以全程追踪，货物一般 5～7 天到达目的地，丢包和客户撤销付款的风险小。

对于不需要尽快送达的商品，可以选择航空小包。航空小包可以发 2 公斤以下的货物，特点是便宜、方便，全球通邮，价格统一，但时效性不稳定，更新信息慢，丢包和客户纠纷风险大。

不同国家的物流环境，特别是物流软环境不同，物流运输方式差异很大。

在欧洲，西欧、北欧、南欧可以用 DHL 和 TNT，且清关能力强。TNT 在荷兰、比利时优势明显。在东欧，DHL 的优势区域有罗马尼亚、保加利亚、摩尔多瓦、匈牙利等，EMS 的优势区域有希腊、俄罗斯、土耳其等。

在亚洲，韩国、日本、泰国等东南亚国家适合发 FedEx 和 DHL。FedEx 时效快，DHL 具有速度快的特点，但它的价格高。印尼建议发 DHL，因为它的清关能力强。

加拿大、美国等美洲国家，发 FedEx、DHL、UPS 的清关能力强，速度快。墨西哥适合发 FedEx，阿根廷、巴西适合发 EMS，要注意巴西需要提供税号。中南美 FedEx 价格优势明显，但要注意清关风险。

大洋洲发 DHL 和 UPS 的速度快，但价格高；TNT 和 FedEx 的价格低，但网店相对较少。要特别注意澳大利亚的产品包装上要贴“Made in China”的标签。中东地区适合发中东快递 ARAMEX 和 EMS。非洲的商业快递非常贵，且偏远地区多，建议发 EMS。

综上所述，EMS 在各国的通关能力最强，航空小包运输范围广，能到达商业快递到达不了的很多国家和地区，几乎通邮全球。

二、国际贸易欺诈的类型

跨境电商中的诈骗是以非法占有为目的，通过网络信息系统虚构事实或隐瞒真相，骗取较大数额的财物的行为。有数据表明，非洲的电商几乎都充斥着欺诈行为，该地区的电商欺诈率是全球平均水平的十多倍；与此同时，南美地区的欺诈率是全球平均水平的三倍多。相对来说，亚洲刚好处于全球平均水平。同时，亚洲也是电商参与人数最多的地区之一。欧洲地区的电商发展早且成熟，欺诈率比全球平均水平低。

有关欺诈行为的案例如下所示。

案例4

某日用品公司由于对平台不重视，所以生意不佳。2016 年 3 月，公司老板突然接到一个电话，自称是供应商，在阿里巴巴看到公司老板的联系信息，想买个子账号试试效果。考虑到生意不佳，出租子账号能抵消一部分成本，同时与自己的产品没有利益冲突，相反，热门产品有可能带来一定流量，于是老板欣然同意。突然有一天，老板陆续接到通知说有买家投诉他不发货。于是老板打电话给这个供应商，但是对方手机已经关机。面对着近三万美元的赔偿款，老板欲哭无泪。阿里巴巴账号被关闭拉黑，经营状况良好的诚信通道也被关闭，损失惨重。

案例5

某年 2 月，客满团队收到买家投诉，称某电子公司在年前收取 5000 美元，同意过完春节发货，但是后来联系不上供应商。客户经理表示，年前拜访客户时客户办公场地没有人，电话联系负责人时，负责人称公司效益一般，回老家过年了，打算年后再重新招业务员做外贸。客户经理打算年后再与客户沟通方案，可没想到客户再也联系不上了。客户经理急忙在有害信息举报平台提交举报，但为时已晚，已经有三四个买家在平台提交了投诉。最终因联系不上该公司导致投诉问题无法解决，被拉入黑名单。

案例6

2017年12月，某海外买家通过阿里巴巴联系上一个中国供应商，购买二手机械。供应商收到询盘后，迅速报价。双方达成一致后签署了合同，机器编码为CAT0140H0APM032**。支付尾款前，买家检验了该款机器，发现机器编码有重新黏合的痕迹，怀疑供应商将新机器编码贴在了老机器上，于是买家邀请检测机构重新进行检测，发现机器的生产日期为2014年。

案例7

2014年4月，做摄像机电源生意的夏某某接到一个俄罗斯采购商下的订单，总价为5万美元。按照协议，采购商支付了20%的货款(1万美元)作为定金，其余4万美元的货款在本月初交付货物后再一次性结清。然而，夏某某按时交付货物后，迟迟没有收到货款。联系俄方客商时，对方却告诉他，已经按之前收到的电子邮件的要求，把余款打进了他们马来西亚公司的新账户，已被查收。

自己根本没有发过这样的电子邮件，也从来没有在马来西亚注册过公司，俄方客商的回复让夏某某大吃一惊。经过核对，发邮件给俄方客商的这个电子邮箱地址比自己用的电子邮箱多了一个字母，不仔细看，很难看出其中的区别。确定被人骗走货款后，夏某某咨询了多位律师，得知类似的案件目前没有什么办法可以处理，即便报警，也很难追回货款。虽然是采购商承担主要责任，但为了生意能做得长久，夏某某主动承担一半损失。

案例8

2015年3月，某供应商突然接到多个买家的询盘，内容千篇一律，买家均要求卖家线下联系他。供应商尝试通过个人邮箱联系其中一个买家，又过了几天，就有其他买家要求供应商发货，但供应商表示并未收到买家的货款。咨询安全部门工作人员才知道，原来是有骗子冒充买家给供应商发询盘，通过植入木马的方式盗取了供应商的邮箱，进而冒充供应商诱骗买家。

尼尔森(全球市场调研公司)采访了6个国家不同行业的274位企业家，总结出以下几种主要的欺诈类型。

1. 身份盗窃

电商中最常见的欺诈类型是身份盗窃，比例占71%。信用卡是主要盗窃目标，因为骗子进行无卡交易非常方便。

传统的身份盗用案例中，骗子的目标就是用另一个身份进行交易。与其自己创建一个新的身份，直接盗用他人身份信息更简单迅速。

骗子通过获取姓名、地址、邮箱，以及信用卡账户信息盗取他人身份。用别人的姓名和信用卡账号在网上下单购物。网络钓鱼就是用欺诈网站、邮件或短信骗取个人信息。另一种诈骗手法就是网络嫁接，当消费者单击一个网站时，会被直接导入另一个欺诈网站。通常，这些盗用的身份信息都是用来进行欺诈性交易的，大多数情况下，账户中的支付信息已经同时被盗走。

2. 友善欺诈

这种欺诈方式并不像听起来那么友善。消费者在网上订购产品或服务，用信用卡或借记卡付款，然后声称信用卡账户信息被盗窃，要求退款。他们既获得了退款，也保留了商品或服务。

这种盗窃方式多发于服务行业。友善欺诈也经常与再发货联系在一起，骗子用盗来的支付信息付款，但是又不想货物直接送到自己的家庭地址。他们会通过盗用信息下单，然后由中间人（信息被盗用者）退货给骗子。

3. 联属诈骗

联属诈骗是一种国外流行的互联网营销模式。联属欺诈有两种表现形式，都是为了同一个目标：联属会员通过制造虚假访客量和注册数据骗取非法佣金。

4. 三边欺诈

三边欺诈是通过三步来实施的。第一步，注册虚假网店，低价提供高需求商品，再附加其他一些吸引人的条件，如下单后立即发货。这个网店用来收集消费者的地址和信用卡数据，这是它唯一的目的。第二步，利用从别处盗来的信用卡数据和客户名称真正在网店下单，然后收货地址填在自己假网店下单的客户地址。第三步，用假网店盗用的信用卡账号购买其他产品。这样很难追查到订单信息和信用卡之间的联系，导致诈骗难以被发现，容易给卖家造成较大损失。

5. 商家欺诈

商家欺诈很简单：产品标价很低，但是收到货款后不会发货。这种欺诈类型也存在于批发商中，没有针对哪种付款方式，但肯定属于买方无法申请自动退款的类型。

6. 跨境交易欺诈

预防跨境交易欺诈最大的挑战就是缺乏统一的市场交易规范机制。跨境电商交易量不断增加给欺诈预防带来很大困难，各国的欺诈预防工具也有很大差异。语言障碍和将货物跨境发往单一客人的复杂流程都让跨境交易欺诈更加难以防范。

7. 不同销售平台欺诈

欺诈方式根据销售渠道的变化而改变，很多企业都在努力实现多渠道销售，这让欺诈预防的难度更大。通过第三方平台进行的欺诈交易比较容易成功，因为人们疏于防范，其次是移动端交易和自主站交易。

三、国际贸易投诉及纠纷处理

买卖双方在交易过程中产生争议，若双方无法协商或协商不能达成一致意见，一方或双方可申请处理。这里我们以阿里巴巴平台为例。阿里巴巴介入争议后，会通知双方该贸易投诉产生。如果贸易投诉没有被及时解决，很可能升级为欺诈案件，被投诉方可能要承担经济和法律上的责任。

（一）贸易投诉的类型

贸易投诉的类型大致有如下几种。

1. 未收到货物导致投诉

（1）直接不发货：买家付款之后，供应商在收到投诉时，货物仍然未发出。

（2）虚假发货：买家付款后，供应商提供虚假发货凭证，供应商收到投诉时，投诉方没有收到货物或者提供的物流单号无法追踪信息。

（3）拒绝退货：买卖双方协商一致买家退货后，供应商不予解决（拒绝重新发货、拒绝退款、不合理拖延、联系不上等）。

2. 货物与约定不符招致投诉

(1) 严重的质量问题:买家收到的货物存在严重的质量问题。

(2) 严重短装:买家收到的货物少于合同约定的数量或者重量。

(3) 假货:买家收到的货物是假货,不是正品。

3. 未收到货款招致投诉

买家收到货物后,未按照合同约定付款。

(二) 如何避免贸易投诉和欺诈的发生

1. 做好账户管理,防止邮箱被盗

外贸企业因邮箱被盗而被骗走货款的案例,近来屡见不鲜。关键原因是此类案件发生后,企业很难依靠正常的法律渠道追回损失,使不法分子有恃无恐。不法分子先是利用网络漏洞或黑客程序盗取企业的电子邮箱密码,掌握企业的外贸交易状况。之后,在企业电子邮箱所在的网站注册一个前缀类似的邮箱,例如,企业原来的邮箱是 butterflyvalve@163.com,不法分子就注册一个 butteflyvalve@163.com 的邮箱,并给企业客户发邮件,让对方把货款打到另外的账户上。

综合来看,骗取货款的账户绝大多数都属于海外公司。现在注册一家海外公司或离岸公司并不难,视注册国家不同,所需费用一般为数千至两万元。另外,现在有一些网站或论坛会公布盗取邮箱密码的木马软件,甚至教人如何安装、操作及窃取他人的密码。较低的违法成本和便利的违法操作,使外贸企业的电子邮箱越来越不安全。如果企业没有较好的网络防范措施,很容易中招。外贸企业可以从以下几个方面来防患于未然。

(1) 企业与外商联系的专用邮箱,最好专人专用,妥善保管相关账户和密码,避免多处登录增加被盗的概率。

(2) 当邮箱接到可疑链接时,不要轻易点击,以免给后台自动安装的木马程序提供可乘之机。

(3) 平时常用的电脑最好安装专业的查杀病毒软件,并调高浏览器的安全级别。

(4) 如果条件允许,请技术人员为企业内部的互联网络设置较为完善的防火墙,尽最大可能阻止他人远程入侵。

(5) 企业想避免类似案件的发生,最好与每个采购商达成付款环节的共识,例如,收到付款邮件后,必须用电话或传真确认收款人的身份和收款账户,或者事先说明接受货款的账户必须是合同上指定的账户,不得更改。

2. 做好账号管理,小心账号转让的陷阱

今年是王先生和阿里巴巴合作的第三年,双方合作得非常愉快,生意也比较稳定。王先生很喜欢逛外贸论坛,通过论坛,他认识了一些生意上的朋友,其中就有小肖。小肖对外贸非常熟悉,有什么问题,王先生总爱向他求教。久而久之,双方成了非常要好的朋友。突然有一天,小肖告诉王先生想注册成为阿里巴巴会员,但希望能先看看效果,问王先生能不能先租个子账号给他。在了解到小肖经营的产品和自己的没有冲突后,王先生二话不说就给他注册了个子账号。一个月过去了,双方相安无事。突然,王先生两天内收到了 8 个国外买家的投诉,投诉他收

款不发货。王先生非常纳闷，经核实后发现是小肖收了买家的钱。联系小肖时，已经联系不上了。由于涉案金额达到了五万美元，王先生无法解决问题，最终使用了三年的账号被关闭，王先生欲哭无泪。

1）骗子惯用的手段

准备阶段：在论坛发布求购信息，或直接电话联系供应商（骗子直接收购账号）；骗子从供应商熟人、朋友、同学处下手，通过熟人向客户求租账号。

行骗阶段：发布产品，如苹果手机、自行车、化工产品等，并以超低价诱骗买家上当。

收网：买家付款，骗子逃之夭夭。

2）警示点

阿里巴巴国际站《中国供应商服务合同》第 8.1.4 节规定：擅自允许他人使用本合同项下服务或擅自将服务转让或部分转让给他人使用的，阿里巴巴有权提前终止服务，且不退尾款。

账号转让产生贸易投诉的概率非常大，几乎 100％产生案件，且案件量多，涉案金额大，影响较恶劣。

法律层面，账号属于会员财产，因账号问题（盗号除外）产生的投诉问题，需要会员承担责任。

后续追偿难：会员自身无权利向警方求助，因其本身是非受害方；会员几乎无法通过法律途径向骗子追偿；骗子基本信息造假，会员无法找到骗子。

3. 提高警惕，识别骗子买家

案例10

3 个月前，小芳通过阿里巴巴结识了印尼买家，对方很爽快，认识当天就下了个 trial order，双方合作很愉快。不久，买方又找到小芳，表示对货物很满意，这次决定订一集装箱的货物，总金额 5 万美元。鉴于是老客户，双方约定 30％TT，70％见提单付清，货物需在一个月内发出。收到买家的付款水单后，小芳催促工厂在一个月内完成了货物生产，并将货物发了出去。货物到达对方港口后，小芳即催促买家付尾款，但买家迟迟不给答复。小芳心生疑惑，仔细查看了付款水单，和银行核实后发现付款水单系仿冒，预付款并未到账。正当小芳想将货物运回时，发现买家勾结当地海关已提取货物，小芳财货两空，损失惨重。

骗子买家识别技巧如下：行骗准备阶段，买家通常会以大单诱惑卖家；行骗手段通常是支付预付款或提供造假水单；行骗结果为拒付尾款，与海关勾结提取货物，停止沟通。

4. 签订合同时的注意事项

(1) 避免过度承诺。国外客户较重视合同条款，因此在签订合同时，应该尽可能给自己留一点空间，不要为了留住客户过度承诺，最终导致客户投诉。

(2) 避免欺瞒买家。当无法按照合同交货时，部分供应商会想出各种借口欺瞒买家，其实如果这时供应商能如实相告，更能得到买家的理解。

(3) 避免不理睬。双方出现纠纷时，部分卖家会采取冷处理，即不理睬买家的诉求或较敷衍地回复买家，友好沟通通常可以减少买家的投诉。

5. 发货以后的注意事项

(1) 关注物流运输情况。发货后因为物流原因导致货物灭失的，应及时联系物流公司赔偿,然后将实情告知买家,给出赔偿方案,既避免自己受损,也能得到买家的理解。

(2) 及时协助客户收货。货物已经到达买家国度,可能因为海关原因导致货物被退回或者派送不成功被退回。及时提醒客户货物已经到达目的地,减少因为第三方原因导致未收到货物的情况。

(3) 保留发货凭证。发货后尽量保存发货凭证及产品信息,例如产品照片、发货批次的产品质检报告等,保证在产生纠纷时有证明无责的材料。

(三) 如何处理贸易投诉

三种贸易投诉的对应解决办法如下。

1. 未收到货物

与买家协商发货或者退款,然后提供发货或退款的底单作为解决问题的凭证。

2. 货物与约定不符

与买家协商补发货物、补差价或者共同协商其他解决办法。

3. 未收到货款

与卖家协商付款,提供完整的付款凭证。

案例11

近日,国际第三方支付平台 PayPal 被爆出有大量中国商户的账户因为诉讼遭到冻结。部分商户因为没有在规定期限内应诉,其账户资金可能将被支付平台清零,造成巨额经济损失。一个 PayPal 账户维权 QQ 群的负责人统计显示,群内 134 位商户被冻结了共计 179.4511 万美元,折合人民币约 1114 万元。与此同时,大量 PayPal 账户被冻结的商户还活跃于网络论坛、微信等社交平台,个别群内的维权人数高达 1400 多人。

在义乌做生意的余女士就遇到了这样的困境。余女士:"我的账号被我弟弟拿去,然后有一个客户通过他那个账号问他,您这边这个包有没有货,我想买 20 个,能不能通过 PayPal 付款?他就把我的账号提供过去了。我这边就直接收到一封 PayPal 发过来的邮件,说我们收到法院传票,你的账户涉嫌卖侵权产品被冻结了。"

不少被冻结账户的商家遭遇了和余女士相似的情况:有来自美国的买家以高价购买仿冒品为由与中国商户聊天,获取其 PayPal 账户,随后相关品牌商凭借聊天记录在美国提起诉讼。随之而来的是这些中国商户的 PayPal 账户及资金被冻结,甚至清零。整个过程与饱受争议的"钓鱼执法"颇有些神似。面对部分商户的质疑,PayPal 早前给出的回应是:因为你这个产品的一个问题而导致您的账户受到了限制。这个账户已经收到法务方面的一些临时禁令了,所以不是 PayPal 可以单独决定的了。

PayPal 也叫贝宝,是美国 eBay 公司的全资子公司。近年来随着跨境电子商务企业的迅速增加,国际第三方支付业务也得到了快速发展,越来越多的中国商户参与到跨国销售的行列中。与此同时,遭遇的各类纠纷也不断增加。

那么,这些被冻结的资金究竟去哪儿了?最终进了谁的腰包?今天凌晨,PayPal 公司对中国之声回应称:"当 PayPal 收到法院判决书后,会根据要求执行扣除赔偿金,并根据法院要求汇入指定账户。理论上,客户账户在扣除赔偿金后仍然会有余额,但是实际上,由于法院判决的赔偿金额往往远远大于客户的账户余额,因此才会出现账户归零的情况,PayPal 本身并不会'清零’用户账户。”

按照PayPal公司的解释，电商平台在此类诉讼中属于第三方，既不是原告方，也不是被告方，没有立场挑战美国法庭的指令。PayPal公司还表示，如果商户对原告的指控持不同意见，建议商户聘请熟悉美国法律程序的律师，以便获得最合理的应对诉讼的建议。同时，PayPal也鼓励商户积极与原告方律师进行沟通并澄清误会。

不过，遭遇PayPal账户冻结的商户汤女士指出，外国商户被美国买家提起诉讼时，相关诉讼通知需要通过电商平台代为转达，然而在这一点上，PayPal的通知工作并不能保证及时到位。

汤女士：“比如说它关了我们的账户，那它至少也要用电话或者用其他方式通知我们嘛，它也没有做到这方面的工作。而且有些邮箱很久都没有用了，它只是说有书面的通知，但我们有没有确实地收到这个通知，它也没有进行这方面的确认。”

余女士也反映称，PayPal在处理事件的过程中没能及时传递法院传票等关键信息，这给她的跨国应诉增加了难度。

余女士：“包括那些被清零了的账户，也没有收到正当的理由，说你的这些钱流向了哪里之类的，包括它提到的法院传票，我们管贝宝公司要，说既然你有法院传票，你收到这个指令了，那你把法院传票的电子档给我们看一下，他们都提供不过来，他们没有。”

电子商务观察员鲁振旺表示，PayPal公司处理此类问题的透明度确实有待提高。

鲁振旺：“对eBay来说，它跟中国卖家这方面的沟通实际上还是少的，它有它自己的规则，一旦触犯它的规则的话，它可能直接采用冻结封杀的方式，我感觉电商出口这一块，eBay是所有平台里面做得最大的，它跟中国卖家之间的合作应该更透明一些。”

法律问题最终还需要通过法律途径解决。不过对于中国商户来说，即便选择应诉，维权之路同样举步维艰，摆在他们面前的最大问题是跨国诉讼高昂的成本。以刚才提到的余女士为例，她被冻结资金2.5万美元，在美国请律师花费4000美元，最终支付和解金1.5万美元，算下来一共支付了十几万人民币，搭进去的时间和精力也让余女士疲惫不堪。

本章小结

近年来，我国跨境电子商务发展迅速，已形成一定的产业集聚和交易规模。支持跨境电子商务发展有利于“互联网＋外贸”实现优进优出，发挥我国制造业的优势，扩大海外营销渠道，合理增加进口，扩大国内消费，促进企业和外贸转型升级；有利于增加就业，推进大众创新、万众创业，打造新的经济增长点；有利于加快实施“一带一路”等国家战略，推动开放型经济发展升级。

本章介绍了跨境电子商务的概念、特点、分类，还有当前我国跨境电子商务的发展及其所带来的运作方式、商业模式的变化。企业或个人在开展跨境电子商务时，要对不同的跨境电子商务平台的经营范围、平台优势、平台收费模式、信息流运作模式、资金流运作模式、物流运作模式等进行分析比较，对跨境电子商务平台进行合理的选择。本章还介绍了防范国际贸易风险的意义，分别解释了什么是国际贸易政治风险、市场风险、合同风险、信用风险、结算和电子支付风险。同时还介绍了经典的跨境电商欺诈行为，如账号转让、联系不上、货不对板、收款不发货和邮箱被盗等。外贸企业必须防患于未然，才能规避以上风险和诈骗，避免遭受损失。

本章练习题

一、关键术语解释

跨境电子商务　B2B　B2C　购付汇　收结汇

二、简答题

1. 简述跨境电子商务与传统外贸的区别。
2. 简述出口电商平台第三方支付机构收结汇业务流程。
3. 简述跨境电商一般进口模式的操作流程。

第五章

主流跨境电商平台

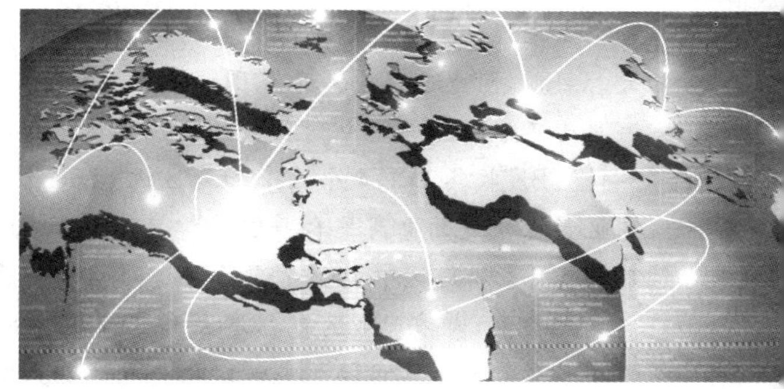

KUAJING DIANSHANG
JICHU YU SHIWU

学习目标

- 了解阿里巴巴国际站平台
- 了解全球速卖通平台
- 了解亚马逊平台
- 了解 Wish 平台

全球电商市场的竞争将愈演愈烈

2018 年，全球电商市场的竞争愈演愈烈，在越来越多中小型商家投身电商浪潮的同时，主流电商平台也正在进行着一场没有硝烟的战争。

日前 WBE(Website Builder Expert)发布了一份当前全球电商趋势报告，对未来趋势做了相关预测。除了众所周知的业务范围涵盖 58 个国家和地区 12 亿消费者的亚马逊帝国外，还有其他亮点值得深究。

如果以网购消费者的数量作为衡量指标，那么中国电商巨头阿里巴巴和亚马逊的差距并不大。目前，阿里巴巴的业务范围涵盖 15 个国家和地区近 11 亿的消费者。WBE 表示，目前还没有平台可以对亚马逊电商巨头的地位产生威胁。

WBE 收集了 174 个国家和地区近 8700 个电商网站的数据，以此为基础计算出每个国家和地区最受欢迎的电商平台并进行排名。然而包括沃尔玛在内的一些大型电商平台并没有成为 174 个国家和地区中最受欢迎的电商网站。而总部位于美国的 eBay 尽管在亚马逊的对比下有点黯然失色，却依旧成为包括澳大利亚在内的 8 个国家和地区中最受欢迎的电商平台。

尽管如此，eBay 和一些电商巨头相比仍旧相形见绌。根据 WBE 的分析，亚马逊主导的 58 个国家和地区的领土面积接近 1920 年日不落大英帝国的面积，而阿里巴巴主导的市场面积也接近 1790 年疆域辽阔的中国。

根据数据分析，排名第三的电商平台是 MercadoLibre，它是墨西哥和美国南部大部分地区的电商巨头，其覆盖面积超过了 1810 年西班牙帝国鼎盛时期的国土面积。而排名第四的 Naspers 则在苏联的大部分领土上成为消费者的首选电商。

WBE 认为："全球电商市场的竞争正逐渐演化为亚马逊和阿里巴巴两个巨头间的竞争，它们各自主导着美国和中国这两个最大的市场。基于中国庞大的人口红利和不断增长的互联网用户数量，中国市场将是值得跟踪调查的有趣案例。"

不同于西方的绝对主导地位，亚马逊在中国的经营状况为阿里巴巴的发展创造了巨大的机会。除中国外，阿里巴巴还在东亚和东南亚地区有着巨大的业务规模。不过由于这些业务多以不同平台的名义进行，因此较为分散。

展望未来，非洲将会成为下一个电商战场。不同于其他地区，数家电商都在争夺非洲市场的主导地位，但目前没有一个平台获得成功。因此在未来，非洲市场将会发生巨大的变化。目前在 6 个非洲国家和地区中，最大的在线零售商是主营日本二手车的 Be Forward。这表明在这些国家，电商的主要用途是购买汽车。

第一节 阿里巴巴国际站平台

阿里巴巴国际站贸易平台(https://www.alibaba.com)(见图5.1)提供帮助中小企业拓展国际贸易的出口营销推广服务,它是全球领先的企业电子商务网站,通过向海外买家展示、推广供应商的企业和产品,进而获得贸易商机和订单,是出口企业拓展国际贸易的首选网络平台之一。阿里巴巴国际站提供一站式的店铺装修、产品展示、营销推广、生意洽谈及店铺管理等全系列线上服务,帮助企业低成本、高效率地开拓外贸大市场。

图5.1 阿里巴巴国际站

一、阿里巴巴国际站的发展现状

1999年,马云带领18位创始人在杭州成立了阿里巴巴集团,集团的首个网站便是www.alibaba.com,也就是阿里巴巴国际站。这个网站致力于帮助中小企业发展出口业务,是中国最早出现的B2B跨境电商平台。

从1999年开始至今,阿里巴巴国际站一直服务于中小企业出口。这一平台已经能影响中国2%的出口额,服务全球200多个国家和地区的买家。平台覆盖超过40个主要行业,卖家累计超过50 000万人,中国本土供应商超过10万家。阿里巴巴国际站被美国《财富》杂志评为"全球企业家首选B2B网站",连续8次被《福布斯》评为"全球最佳B2B网站"。

阿里巴巴国际站的发展趋势包括以下几点。

(一)由信息平台转型为交易平台

在传统的国际贸易中,整个业务可以划分为先后两部分,即"谈成交易"和"完成交易"。而B2B模式下买方和卖方互动的场景同样主要有两个部分,第一部分是"Meet"环节,即买家和卖家联系、洽谈的环节;第二部分是"Work"环节,涉及交易和后续的出口流程。

以往阿里巴巴国际站大部分业务是在"Meet"环节,这一环节的价值是带来更多的商机,要想实现信息平台向交易平台的转型,阿里巴巴国际站未来必须在"Work"环节有所动作。目前阿里巴巴国际站将在"Meet"环节实现买家卖家"高效匹配"的基础上,努力做好"Work"环节的配套和服务,使买卖双方能够借助阿里巴巴国际站完成支付、包装、运输、保险、通关、退税等一系列流程。

（二）实现信用与安全保障

一直以来，由于跨境 B2B 涉及的一般贸易流程环节多，贸易周期长，线下支付习惯稳固，交易功能很难推广。阿里巴巴看到了 B2B 交易的难点在于买卖双方对大额贸易的互不信任问题，如果能够解决信用保障问题，那么在线交易和支付预付款就变得可行。因此，阿里巴巴国际站正在努力实现基于信用保障的跨境交易。

为了解决交易的信任基础问题，阿里巴巴推出了“信用保障体系（Trade Assurance）”，核定卖家的信用额度，帮助国内的中小企业进行海外贸易。阿里巴巴国际站根据每个中小企业在国际站上的基本信息和贸易交易额等（一般是一达通通关额度）核定真实出口情况，再加上其他信息综合评定给予其一定的信用保障额度，帮助他们向买家提供跨境贸易安全保障。（如果出现付款后不发货等情况，阿里巴巴会先行赔付买家。）

（三）构建跨境电商生态圈

阿里巴巴国际站将不仅是一个贸易信息平台，而且会逐步走向一个交易体系和生态圈。与 B2B 跨境贸易相关的各类服务将在数据、信息的驱动下融为一体，网上贸易、物流、支付、通关等环节都可以在阿里巴巴国际站实现。

（四）实现在线小额批发

随着 B2B 订单越来越小额化，越来越多的标品小订单开始选择类似境内电商的直接交易，实现了一种比较灵活的贸易模式——在线小额批发。在线小额批发最大的特点是针对有标准描述且有库存的商品明码标价，可直接下单购买，并直接使用信用卡或第三方支付工具实现支付。由于直接下单购买的商品往往在数量和价格上相对较小、较低，因此也常常采用快递、邮政小包等物流方式。随着跨境支付和物流的便利化，在线小额批发模式开始爆发。

未来，阿里巴巴国际站将为国内中小企业提供更多更好的服务，开发出更多的国际市场需求，让中国的产品走向世界，让中国的出口贸易能够得到进一步发展。

二、阿里巴巴国际站的核心价值

阿里巴巴国际站的核心价值体现在以下三个方面：

（1）买家可以搜索卖家所发布的公司及产品信息；

（2）卖家可以搜索买家的采购信息；

（3）为买家、卖家提供了沟通工具、账号管理工具。

三、阿里巴巴国际站的特点

阿里巴巴国际站有以下几个特点：

（1）互动：为交易双方提供社区服务频道；

（2）可信：为付费会员提供细致、周到、安全的第三方认证服务；

（3）专业：拥有人性化的网站设计、类目丰富的搜索和网页浏览、简便的沟通工具及账号管理工具；

（4）全球化：客户遍布全球。

四、阿里巴巴国际站的线下服务

阿里巴巴国际站可以提供以下线下服务：

(1) 客户经理上门服务，一对一专业辅导，助您操作无忧；

(2) Call Center 服务专线，365 天为您服务；

(3) 360 度客户培训，助您成为电子商务专家；

(4) 走近国际大买家，开拓贸易新商机；

(5) 全球商展推广，直面买家采购。

第二节 全球速卖通平台

全球速卖通(https://www.aliexpress.com)于 2010 年 4 月正式上线，是阿里巴巴旗下唯一面向全球市场打造的在线交易平台，被广大卖家称为“国际版淘宝”。全球速卖通面向海外买家，通过支付宝国际账户进行担保交易，并使用国际快递发货，是全球第三大英文在线购物网站。全球速卖通是阿里巴巴为帮助中小企业接触终端批发零售商，实现小批量、多批次的快速销售，拓展利润空间而全力打造的融合订单、支付、物流于一体的外贸在线交易平台，如图 5.2 所示。

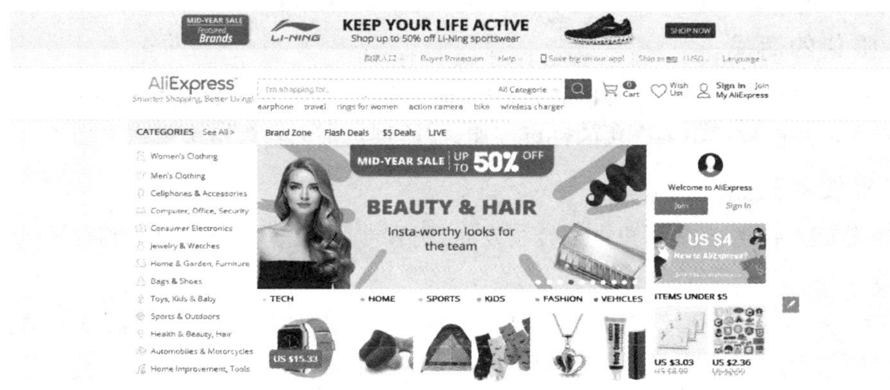

图 5.2 全球速卖通网站页面

一、全球速卖通的发展现状

截至 2013 年 3 月，全球速卖通已经覆盖 220 多个国家和地区的买家；海外买家流量超过 5000 万人/日；交易额年增长速度持续超过 400%；在全球网站 Alexa 上排名 131，并在快速提升中。

二、全球速卖通的行业分布

全球速卖通覆盖 3C、服装、家居、饰品等共 30 个一级行业类目。其中，优势行业主要有服装服饰、手机通信、鞋包、美容健康、珠宝手表、消费电子、电脑网络、家居、汽车摩托车配件、灯具等。

三、全球速卖通的适销产品

适销产品包括适宜通过网络销售并且适合通过航空快递运输的商品。这些商品基本符合下面的条件：

(1) 体积较小，主要是方便以快递方式运输，降低国际物流成本。

(2) 附加值较高，价值低过运费的单件商品是不适合单件销售的，可以打包出售，降低物流成本占比。

(3) 具备独特性，在线交易的商品需要独具特色，才能不断刺激买家购买。

(4) 价格较合理，在线交易价格若高于产品在当地的市场价，就无法吸引买家在线下单。

根据以上条件，适宜在全球速卖通销售的商品主要包括服装服饰、美容健康、珠宝手表、灯具、消费电子、电脑网络、手机通信、家居、汽车摩托车配件、首饰、工艺品、体育与户外用品等。

四、全球速卖通的禁限售商品

很多淘宝上允许销售的商品，速卖通上会被禁止销售，比如减肥药。所以卖家朋友在开店前需要进行充分的了解。

(一) 禁售的商品

禁售商品包括毒品及相关用品，医药相关商品，枪支、军火及爆炸物，管制武器，警察用品，间谍产品，医疗器械，美容仪器及保健用品，酒类及烟草产品等。

(二) 限售的商品

限售商品指发布商品前需取得商品销售的前置审批、凭证经营或授权经营等许可证明，否则不允许发布。若已取得相关合法的许可证明，应将许可证明提供给全球速卖通平台。

(三) 侵权的商品

在全球速卖通平台，严禁用户未经授权发布、销售涉及第三方知识产权的商品，包括但不局限于三大类：

(1) 商标侵权：未经商标权人的许可，在同一种或类似的商品上使用与其注册商标相同或相似的商标的行为，以及其他法律规定的损害商标权人合法权益的行为；

(2) 著作权侵权：未经著作权人同意，又无法律上的依据，使用他人作品或行使著作权人专有权的行为，以及其他法律规定的损害著作权人合法权益的行为；

(3) 专利侵权：未经专利权人许可，以生产经营为目的，实施依法受保护的有效专利的违法行为。

第三节 亚马逊平台

亚马逊(https://www.amazon.com)成立于 1995 年，一开始只在网络上经营书籍销售业务，现在则扩及其他产品，销售范围相当广，已成为全球商品品种最多的网上零售商和全球第二大互联网企业，如图 5.3 所示。

图 5.3　亚马逊平台页面

一、亚马逊的发展现状

2004 年 8 月亚马逊全资收购卓越网，使亚马逊全球领先的网上零售专长与卓越网深厚的中国市场经验相结合，进一步提升了客户体验，并促进了中国电子商务的成长。2016 年 10 月，亚马逊在 2016 年全球 100 大最有价值品牌中排第 8 名。2017 年 2 月，Brand Finance 发布 2017 年度全球 500 强品牌榜单，亚马逊排名第 3。在 2017 年 6 月 7 日发布的 2017 年《财富》美国 500 强排行榜中，亚马逊排名第 12。2017 年 6 月，2017 年 BrandZ 最具价值全球品牌 100 强公布，亚马逊名列第 4 位。

二、亚马逊的行业分布

亚马逊及其他销售商为客户提供数百万种独特的全新、翻新及二手商品，如图书、影视、音乐、游戏、数码下载、电子和电脑、家居园艺用品、玩具、婴幼儿用品、食品、服饰、鞋类、珠宝、健康和个人护理用品、体育及户外用品、玩具、汽车及工业产品等。

三、亚马逊全球开店

亚马逊全球开店是由美国总部于 2012 年 3 月发起的一个旨在帮助中国卖家通过亚马逊网上销售平台将商品销售给全球消费者的项目。企业可以通过亚马逊全球开店招商团队申请加入全球开店项目。企业可以入驻亚马逊以下三个地区，共九个国家的站点。

北美站：美国、加拿大、墨西哥；

欧洲站：英国、德国、法国、意大利、西班牙；

日本站：日本。

中国企业只要加入全球开店这个项目，就可以成为全球卖家。即使产品、工厂、公司、团队都在国内，也能将业务迅速拓展到北美、欧洲、日本三个地区。

四、亚马逊的注册方法

亚马逊对新用户注册的标准相对较高，如果不能提供合理的开店信息，则无法通过开店审核。亚马逊卖家账号的注册一般有两种方式：通过亚马逊招商团队以“全球开店”方式注册和自注册方式。以“全球开店”方式注册卖家账号需要公司资料，中国卖家通过招商经理给的邀请注册链接开设的账号不管什么站点统一称为“全球开店”。自注册卖家账号也需要公司资料，卖家自行到亚马逊官网点击 sell 注册账号就称为“自注册”。注意通常只要不是经过亚马逊招商团队邀请链接注册的账号都属于自注册账号。若自注册账号之后希望重新开通“全球开店”渠道，可先在亚马逊后台联系客服，注销账号后再重新申请，一般注册资料是可以再次使用的。

五、注册所需资料及流程

(一) 全球开店注册所需资料

(1) 双币种信用卡(推荐 VISA)；

(2) 公司营业执照扫描件；

(3) 卖家信息表；

(4) 产品信息表；

(5) 干净的身份信息及电脑、网络；

(6) 收款银行账号(推荐 World First)；

(7) KYC 资料：公司营业执照、法人和占股超过 25%的股东的护照或身份证和户口本、银行对账单、公司水电账单(香港公司需要)以及个人水电账单(操作 IP、发货地址可以是大陆，不限于香港，只是要提供大陆运营地址的账单证明)。

(二) 自注册所需资料

(1) 电脑(未注册或登录使用亚马逊账号)；

(2) 网线(未注册或登录使用亚马逊账号)；

(3) E-mail 邮箱；

(4) 办公地址(英文或拼音填写)；

(5) 电话(固定电话或手机，手机号建议是移动号码)；

(6) VISA 或 Mastercard 信用卡(激活状态)。

(三) 注册流程(以日本站为例)

(1) 选择日本站点进行注册(https://gs.amazon.cn/japan.htm)(见图 5.4)。

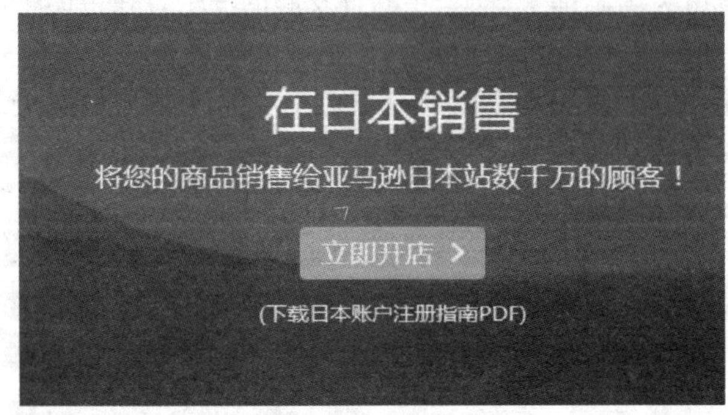

图 5.4 亚马逊日本站点

日本拥有 1.28 亿人口，经济规模居世界第三。尼尔森调查公司近期的调查显示，有 83% 的日本人在网上买过东西，其中 60% 的人每月至少网购一次。因此，亚马逊日本站是跨境电商卖家不可忽略的站点之一。

注册过程中，所有信息必须使用拼音或者英文填写。

(2) 填写姓名、邮箱、密码、验证码，创建账户(见图 5.5)。

amazon.co.jp

创建账户

名字 请使用英文或拼音填写，例如：zhangsan

邮箱地址

密码

请输入至少 6 个字符

请重新输入密码

请输入您在这个图片中看到的字符：

c3cgf5

换一张图片

输入字符

如果您看不清楚，请单击此处

创建您的 Amazon 账户

创建账户，即视为您同意遵守 Amazon.com 的使用规章和隐私规章。

已拥有账户？ 登录 ›

图 5.5 亚马逊创建账户界面-1

(3) 选择公司所在地为中国(见图 5.6)。

公司用户，使用英文或拼音填写公司注册名称。个人用户，使用英文或拼音填写个人名称，勾选同意相关协议。

(4) 使用拼音或英文输入卖家信息，并验证电话号码(见图 5.7)。如接收不到验证电话，可以在电话验证语言栏里尝试选择其他语言进行验证，或尝试短信认证。

(5) 输入信用卡信息(见图 5.8)。

请使用国际信用卡(VISA、Master card 等卡均可)。

确认默认地址信息是否与信用卡账单地址相同，如不同，请使用英文或者拼音填写地址。

信用卡持卡人与账户注册人无须为同一人；公司账户亦可使用个人信用卡。

若填写信息正确，系统会尝试对该信用卡进行预授权以验证该信用卡是否尚有信用额度，持卡人可能会收到发卡行的预授权提醒。

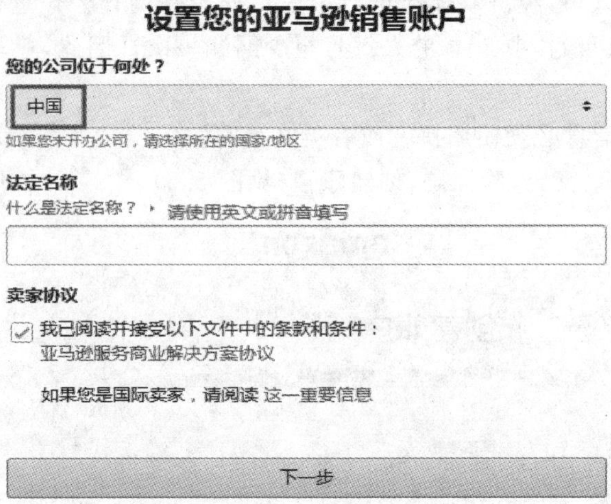

设置您的亚马逊销售账户

您的公司位于何处？

中国

如果您未开办公司，请选择所在的国家/地区

法定名称

什么是法定名称？ 请使用英文或拼音填写

卖家协议

我已阅读并接受以下文件中的条款和条件：
亚马逊服务商业解决方案协议

如果您是国际卖家，请阅读 这一重要信息

下一步

图 5.6　亚马逊创建账户界面-2

您好. 告诉我们您的业务

选择唯一的公司显示名称

公司显示名称是什么？

用英文或拼音填写展示给消费者的卖家名称　可用

国家/地区 请选择中国　邮编

中国

州/地区/省　市/镇

街道地址 请用英文填写您的营业执照地址

地址行 2

选择接收 PIN 的选项，以验证您的电话号码

电话　SMS

手机号码

+86 131 2345 6789　请选择中国区号 "+86"

在国家/地区代码后，输入您的区域代码（省略前面的"0"）并添加您的电话号码。

立即给我发 SMS 短信

中文　立即给我发短信

如果在线销售商品，请输入网站 URL（可选）

我们为何会要求这一点？

example.com

下一步

图 5.7　亚马逊创建账户界面-3

设置您的信用卡

您的信用卡信息

仅接受 Visa、MasterCard、Amex 和 JCB 请注意信用卡类型

卡号 有效期 1 / 2017

持卡人姓名

添加不同的账单地址 如果信用卡账单地址和前一步输入的公司地址不一致，请点击添加新地址

上一步 下一步

图 5.8 亚马逊创建账户界面-4

在注册完成和账户运营过程中，可随时更换信用卡信息。

此信用卡用于在账户结算时，您的卖家账户结余不足以抵扣相关款项，系统会从您的信用卡中扣除每月月费或其他销售费用。

如果收到通知，告知卖家账户中注册的信用卡信息无效，需要检查以下信息：

①账单地址，该地址必须与信用卡对账单中的账单地址完全相同。

②与开户银行核实，确认信用卡尚未过期，拥有充足的信用额度，且对被拒金额的网上扣款无任何限制。

(6) 根据实际情况，完善以下商品信息(见图 5.9)。

亚马逊会列举一些问题请您回答，包括商品性质、计划销售规模、商品类别等，亚马逊会基于这些信息提供更简便的上架商品体验，并推荐适合的物流工具和售前审批流程。

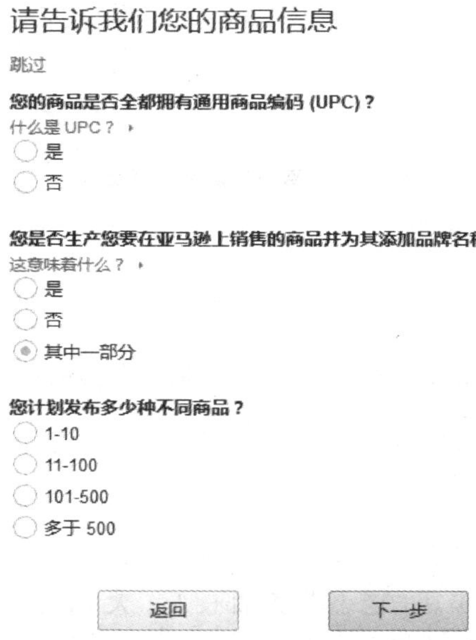

请告诉我们您的商品信息

跳过

您的商品是否全都拥有通用商品编码 (UPC)？

什么是 UPC？

是

否

您是否生产您要在亚马逊上销售的商品并为其添加品牌名称？

这意味着什么？

是

否

其中一部分

您计划发布多少种不同商品？

1-10

11-100

101-500

多于 500

返回 下一步

图 5.9 亚马逊创建账户界面-5

(7) 根据实际情况选择商品分类(见图 5.10)。

图 5.10 亚马逊创建账户界面-6

(8) 点击"完成注册",注册成功。

六、亚马逊卖家类型

亚马逊卖家分为专业卖家和个人卖家,在收费上向专业卖家每月收取 39.99 美元的固定费用,个人卖家按照每件 0.99 美元收取手续费。除此之外,亚马逊还会按一定比例收取交易费用,根据所卖的产品不同收取的比例不同。

七、提高销售额的基本方法

不管是新手卖家还是经验丰富的老手卖家,都投入了大量时间和精力试图提高在亚马逊上的销售额。提高销售额的基本方法如下。

（一）经常检查 UPC 码

在亚马逊上发布新产品 listing 时，可以选择输入产品条码或 UPC 码，亚马逊就会自动访问所有产品信息。但制造商可能不会更新其 UPC 码，即使产品已被更改或更新，因此卖家需要保持警惕。也就是说，卖家应始终确保亚马逊自动检索出来的产品详情是准确的，否则卖家将有可能陷入各种麻烦中。

（二）让产品价格有竞争力

许多电商消费者都希望在亚马逊上找到便宜货。消费者会走进商店，然后在亚马逊上查看产品，如果你的价格非常有竞争力，消费者就会直接在亚马逊上向你购买产品。因此建议卖家要查看竞争对手的价格，并相应地进行定价。

（三）使用高质量图片

图片是消费者购物体验的重要组成部分，因为在网上，他们无法亲自感受和体验产品，只能通过图片从视觉上直观感受产品。因此图片模糊、变形、背景杂乱等都会对买家的购物决策有一定的影响。同时卖家也要确保图片能真实地展示产品。卖家可以尝试从多个角度拍摄产品，显示产品使用细节，并使用纯白背景，去除图片中一些杂乱、无关紧要的东西。现在有越来越多的消费者是视觉动物，因此卖家必须用超出平均水平的图片来吸引他们的注意力。

（四）尝试赢得 Buy Box

赢得 Buy Box（见图 5.11）可以促进卖家销售额的提高，鉴于亚马逊并没有公开获得 Buy Box 的秘密，卖家或许可以通过以下方法提高赢得 Buy Box 的概率：

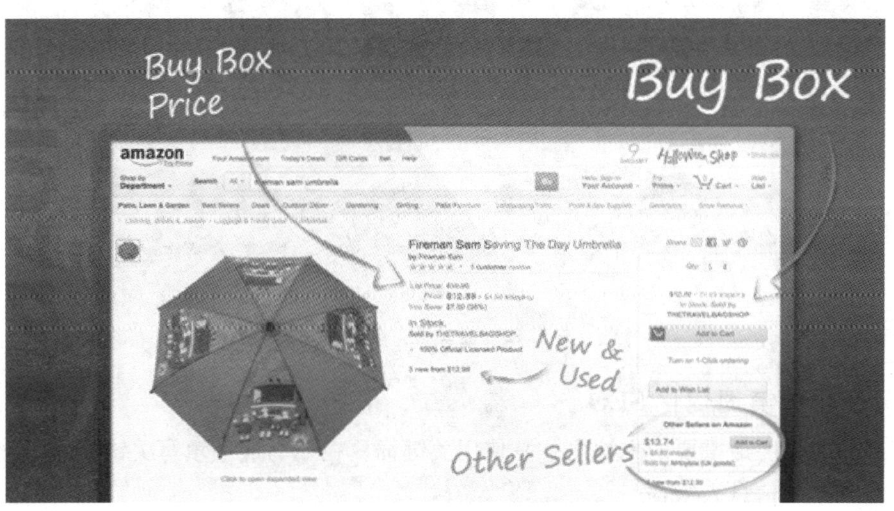

图 5.11　Buy Box 页面

（1）提供较低、有竞争力的价格；

（2）保持良好的库存水平；

（3）使用亚马逊 FBA 发货；

（4）保持较高的卖家评级；

（5）得到许多消费者的好评；

（6）创建独特的捆绑产品，即 3 种或更多产品捆绑在一起销售，如香水套装等。

以上并不能保证卖家一定能获得 Buy Box，但基于观察，这些都是亚马逊算法考虑的一些关键因素。

（五）站外引流

亚马逊官方不允许卖家将流量转移到自己的网站上，但却允许卖家从其他网站将流量引到亚马逊上，卖家可以考虑使用 Facebook、Pinterest 和 Instagram 等社交媒体平台引流。为了提高产品 listing 流量，卖家可以采取赠送优惠券等方法。

（六）使用亚马逊营销服务（AMS）

亚马逊营销服务的优势在于：

(1) 广告具有高度针对性和可见性；

(2) 卖家只需按点击付费（PPC），而不是根据曝光率；

(3) 卖家可以获得广告系列数据；

(4) 卖家能根据这些反馈优化广告系列。

亚马逊广告页面如图 5.12 所示。

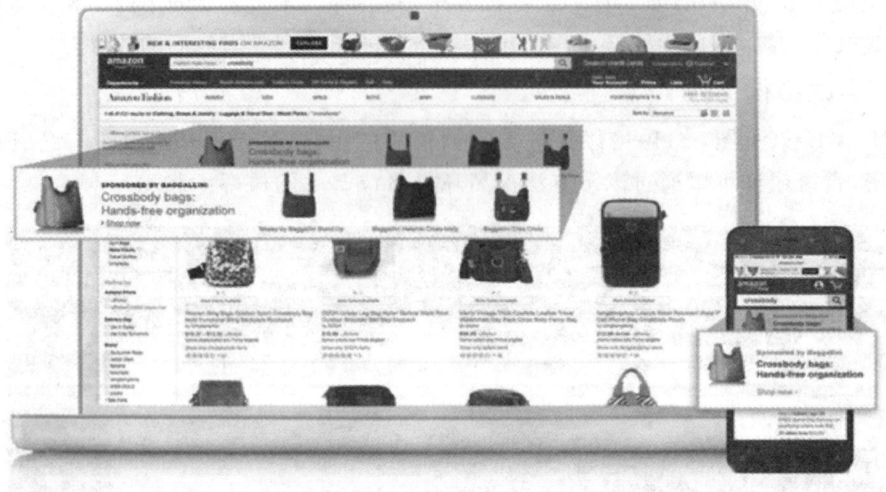

图 5.12　亚马逊广告页面

（七）使用关键词优化 SEO

提高产品能见度最重要的方法之一是使用关键词。在亚马逊上填写关键词时，卖家应该首先从以下最基本的信息入手：

(1) 品牌；

(2) 产品描述；

(3) 生产系列；

(4) 材质；

(5) 颜色；

(6) 尺寸；

(7) 数量。

此外，卖家可以使用亚马逊的搜索关键词自动填充功能，并收集亚马逊上受欢迎的长尾关键词，该工具会根据关键词进行评分，卖家可以选择评分最高的关键词放入谷歌关键词规划师中，查看关键词的搜索量。

（八）使用亚马逊专业卖家计划

使用亚马逊专业卖家计划的好处在于：

（1）能为目前亚马逊上没有的产品创建 listing，也可以捆绑销售产品；

（2）只有专业卖家可以申请在亚马逊上销售限制品类，如服装和珠宝品类；

（3）亚马逊为专业卖家提供反馈工具，如库存报告和电子表格；

（4）促销和礼品服务仅适用于专业卖家；

（5）只有专业卖家才能参与竞争 Buy Box。据统计，亚马逊上有 78% 的销售额来自 Buy Box。

（九）提高商品平均售价

提高商品平均售价能帮助卖家提高利润率并降低销售费用占比。卖家要记住，无论销售什么品类，平均售价越高，利润率就越高。在亚马逊上，好的 ASP 在 35 美元左右。产品平均售价较高，卖家的利润率提高了，销售费用占比相对降低了，例如：

（1）售价 15 美元的手镯，亚马逊将收取 5.42 美元的费用，相当于售价的 36.1%；

（2）售价 144 美元的搅拌机，亚马逊将收取 23.35 美元的费用，相当于售价的 16.2%。

（十）使用 FBA 发货

亚马逊 FBA 发货具有许多优点：

（1）所有 FBA 产品都符合 Prime 配送资格；

（2）产品提供两日达服务；

（3）所有的物流、产品配送由亚马逊负责。

在使用 FBA 发货时，亚马逊会处理所有退货和客服问题。对于大多数忙于经营和发展业务的卖家来说，这是一大优势。

（十一）客服很重要

亚马逊上有很多卖家销售相同的产品，如果卖家想脱颖而出，可以通过提供出色的客户服务来做到这一点。这将有助于卖家提高转化率及留住消费者。好的客服做法包括：

（1）快速回答消费者的问题；

（2）冷静、专业地解决纠纷；

（3）友善处理退货事宜。

（十二）鼓励消费者评论

好评是卖家优化搜索引擎和赢得 Buy Box 的关键。如果卖家想获得好评，建议卖家在整个采购流程中与消费者保持联系，并确保他们对产品满意。如果产品没办法让消费者满意，那么要尽量修复问题。

（十三）关注库存水平

如果卖家能保持高库存水平，那么产品在亚马逊上将有更高的排名和能见度。如果你在多个渠道销售产品，那么可以考虑使用电商库存管理服务。

（十四）成为专家并创建自己的品牌

亚马逊要创建自己的优势，并成为品类专家。同时卖家也可以创建品牌，提高消费者的品牌意识及自身的辨识度。

第四节 Wish 平台

Wish（www.wish.com）是时下最热门的移动端跨境电商平台，2011 年成立于美国硅谷，其 95%的订单量来自移动端，89%的商户来自中国，APP 日均下载量稳定在 10 万上下，如图 5.13 所示。

图 5.13　Wish 平台

一、Wish 平台的特点

Wish 平台是在移动互联网的发展中诞生的，和其他跨境电商平台最大的区别在于 Wish 是基于手机端 APP 的运用，买家都是通过移动端浏览和购物的，所以在 Wish 平台上运营时要充分考虑到如下特点：

（1）买家的浏览环境：屏幕小，操作困难。

（2）买家浏览时间碎片化：没有明确的购物目的，多以无目的的浏览为主，在这种情况下决策的时间也是很短的，容易造成冲动消费。

（3）有别于传统的电商买家的购物模式（通过搜索浏览想要购买的商品），Wish 买家是根据系统平台推荐的内容浏览自己可能感兴趣的商品，是一种被动的浏览。

二、Wish 商户准入要求

(一) 只能售卖版权归自己所有或者被授权的产品

入驻 Wish 的商户可以是生产商、品牌授权商、零售商，也可以是手工业者、进口商、研发发明者和艺术家。但是商户必须拥有创造、生产产品的能力，或者拥有分销权或零售权，才能通过 Wish 进行销售。

(二) 售卖的商品必须是有形产品

售卖的商品必须是有形产品且需准备符合 Wish 要求的产品资料，比如图片、价格、文案等。产品展示必须清楚、详细，描述和图片必须能准确地展现商品。

(三) 拥有快速可靠的物流配送

订单必须在 1～5 天内进行发货，并且使用可信任的物流公司进行配送，而且需要提供有效的物流单号。

(四) 为用户提供自主服务

商户自己需要履行订单并及时回复用户问题。如果采用代发货模式，那么商户必须有能力进行大规模代发货。

三、Wish 开店需要的资料及流程

(一) 资料

大陆公司：营业执照、税务登记证、法人身份证(原件扫描/拍照)。

香港公司：营业执照(CR 证及 NC，股本和创始人页)、税务登记证(商业登记证，董事/法人)。

(二) 流程

第一步：登录 china-merchant. wish. com 并点击“免费使用”。

第二步：在“开始创建您的 Wish 店铺”页面选择习惯使用的语言，英文或者中文。选择按钮在页面的右上角。

输入常用的邮箱开始注册流程，该邮箱也将成为未来登录账户的用户名。若已有 Wish 卖家账户，请点击“登录”。输入登录密码。为确保账户安全，密码必须不少于 8 个字符，并且包含字母、数字和符号，如“password100@store”。

输入手机号码以及右边显示的图像验证码。

输入手机验证码。

完成以上所有步骤之后，请点击“创建你的店铺”。

设置用户名页面见图 5.14。

第三步：在 Wish 与商户协议页面阅读 Wish 商户协议，并在全部阅读完后点击最下方的选框，见图 5.15。

第四步：前往邮箱验证页面，Wish 将发送验证邮件至注册时使用的邮箱，点击“立即查收邮件”，见图 5.16。

检查邮箱，收到一封 Wish 发来的邮件。点击“确认邮箱”或者 URL 后会直接跳转到商户

开始创建您的Wish店铺

设置用户名　请填写账号信息　注册完成

注册邮箱

注册邮箱

密码

8个或更多字符

手机号码

+86　手机号码

图像验证码　看不清？刷新

请输入图片中的文字

手机验证码

验证码　发送验证码

创建店铺

创建了店铺意味着您同意 Wish政策

图 5.14　设置用户名页面

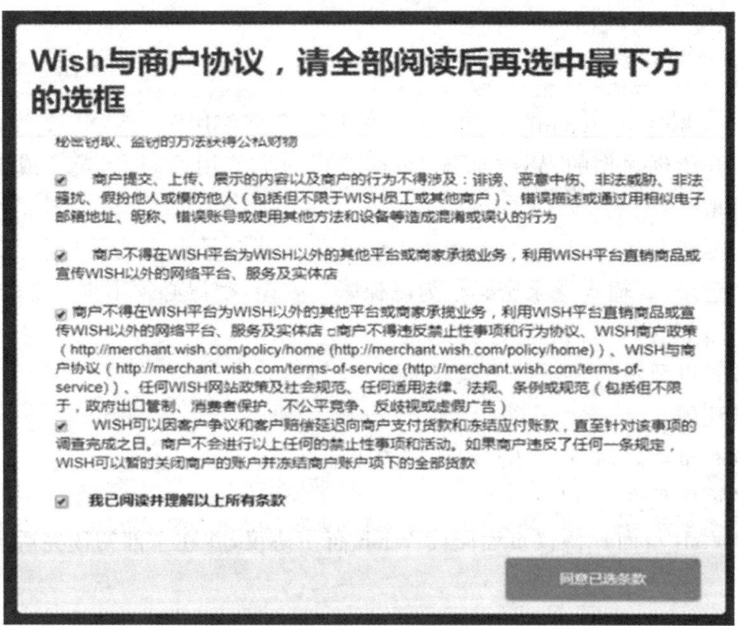

图 5.15　Wish 与商户协议页面

图 5.16　邮箱验证页面

后台，见图 5.17。

图 5.17　确认邮箱页面

第五步：在“告诉我们您的更多信息”页面输入店铺名称，并确认店铺名称不含有“Wish”字样。店铺名称一旦确定，将无法更改。

输入姓氏和名字。

输入所在的国家、省份、城市、街道地址以及邮政编码。

点击“下一步”继续注册流程。

“告诉我们您的更多信息”页面见图 5.18。

然后进入实名认证界面，选择 Wish 账号类型“个人”或者“企业”，可通过“个人账号和企业账号有什么区别”来了解更多信息，见图 5.19。

个人账号认证，请输入您的身份证号，见图 5.20。

准备好拍照工具、本人身份证、深色笔及一张 A4 白纸。

提示如下：

(1) 使用数码相机或拍照像素 500 万以上的手机(不要使用具有美颜功能的机型)。

(2) 照片清晰度和文件大小(3MB 以内)将影响您的实名认证，请谨慎选择拍照工具。

(3) 整个认证需要在 15 分钟内完成。

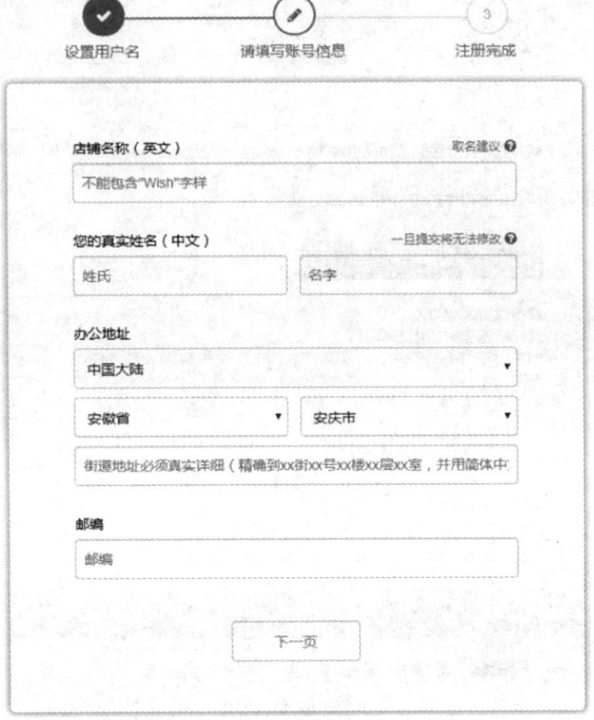

图 5.18 “告诉我们您的更多信息”页面

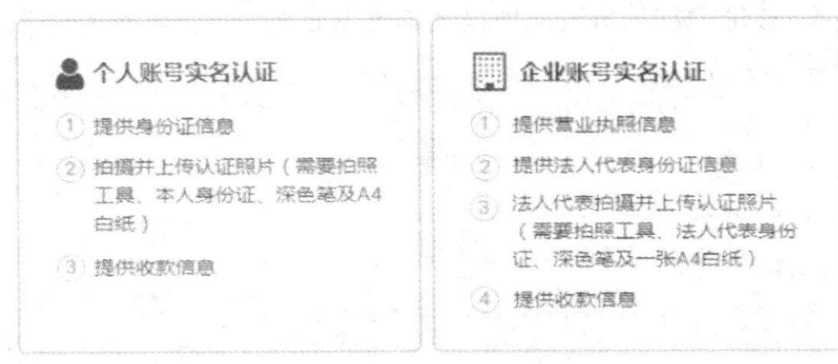

图 5.19 实名认证界面

个人账户实名验证

身份证信息　身份证认证　支付信息

店主姓名

店主身份证号　不要使用临时或过期的身份证

身份证号码需与账号拥有者信息一致

下次再说　开始认证

图 5.20　个人账户实名验证页面

上传验证照片，点击“下一页”进入支付平台的选择，具体要求见图 5.21。

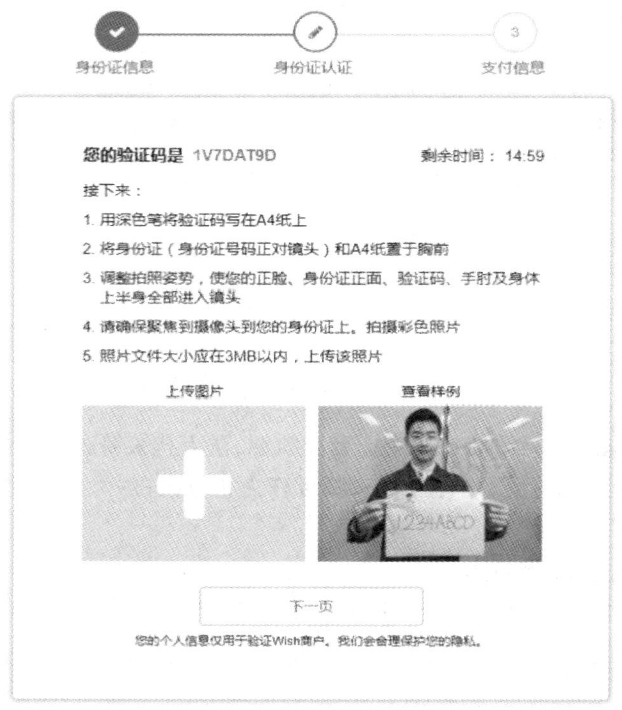

图 5.21　验证照片上传页面

如图 5.22 所示，此处展示如何添加收款信息，以便 Wish 业务开展后能正常收到货款。可选择多种收款方式，如 bills.com、Payoneer、PayEco 等。

若使用易联(PayEco)收款，请选择易联。图 5.23 是信息填写示例。

个人账户实名验证
身份证信息
身份证认证
支付信息
提供商
请选择一个支付平台
请选择一个支付平台
AllPay
PayPal China
PingPong 金融
联动优势 (UMPAY) - 直达中国对公账户
联动优势 (UMPAY) - 直达中国个人账户
派安盈 (Payoneer)
易联支付 (PayEco)

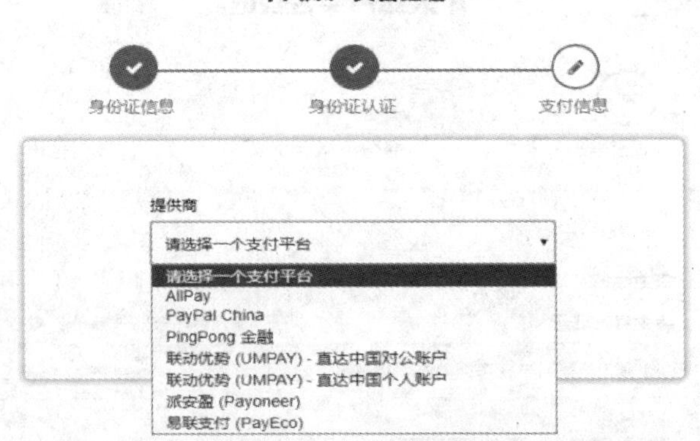

图 5.22 添加收款信息

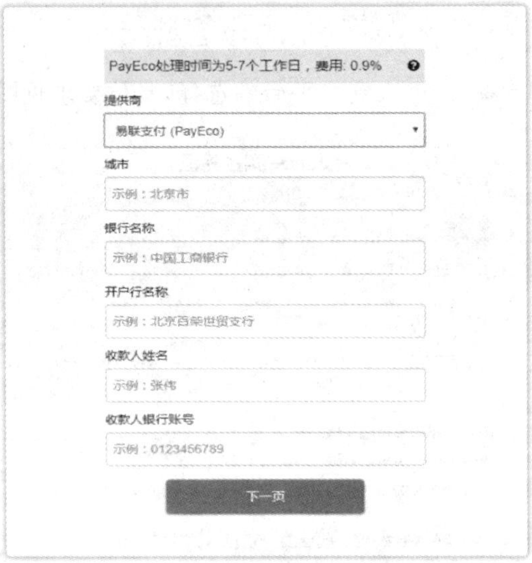

PayEco处理时间为5-7个工作日，费用: 0.9%
提供商
易联支付 (PayEco)
城市
示例：北京市
银行名称
示例：中国工商银行
开户行名称
示例：北京西单世贸支行
收款人姓名
示例：张伟
收款人银行账号
示例：0123456789
下一页

图 5.23 易联收款信息填写

企业账号认证见图 5.24，请准备好企业营业执照、法人代表身份证信息。

输入企业的公司名称，注意，个体工商户不可作为企业账户。

输入统一社会信用代码。

上传清晰的营业执照彩色照片。

输入法人代表姓名和法人代表身份证号码，如图 5.25 所示。

准备好拍照工具、法人代表身份证、深色笔及一张 A4 白纸。

提示如下：

(1) 使用数码相机或拍照像素 500 万以上的手机(不要使用具有美颜功能的机型)。

(2) 照片清晰度和文件大小(3MB 以内)将影响实名认证，请谨慎选择拍照工具。

(3) 整个认证必须在 15 分钟内完成。

上传验证照片，点击“下一页”进入支付平台的选择，具体要求见图 5.26。

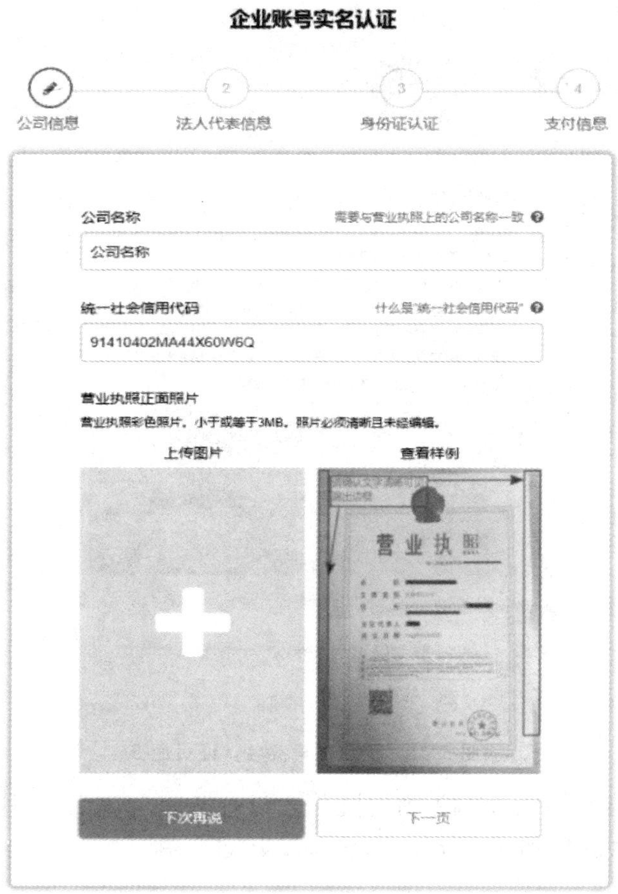

企业账号实名认证

公司信息　法人代表信息　身份证认证　支付信息

公司名称　需要与营业执照上的公司名称一致

公司名称

统一社会信用代码　什么是"统一社会信用代码"

91410402MA44X60W6Q

营业执照正面照片

营业执照彩色照片，小于或等于3MB，照片必须清晰且未经编辑。

上传图片　查看样例

营业执照

下次再说　下一页

图 5.24　企业账号实名认证页面-1

企业账号实名认证

公司信息　法人代表信息　身份证认证　支付信息

法人代表姓名

请填写与法人身份证号对应的法人姓名

法人代表身份证号

示例：330303198810100001

下一页

图 5.25　企业账号实名认证页面-2

企业账号实名认证

公司信息　法人代表信息　身份证认证　支付信息

您的验证码是 9D8TJB5T　剩余时间：15:00

接下来：

1. 用深色笔将验证码写在A4纸上
2. 将身份证（身份证号码正对镜头）和A4纸置于胸前
3. 调整拍照姿势，使您的正脸、身份证正面、验证码、手肘及身体上半身全部进入镜头
4. 请确保聚焦到摄像头到您的身份证上，拍摄彩色照片
5. 照片文件大小应在3MB以内，上传该照片

上传图片　查看样例

下一页

您的个人信息仅用于验证Wish商户。我们会合理保护您的隐私。

图 5.26　企业账号实名认证页面-3

如图 5.27 所示，此处展示如何添加收款信息，以便 Wish 业务开展后能正常收到货款。可选择多种收款方式，如 bills. com、Payoneer、PayEco 等。

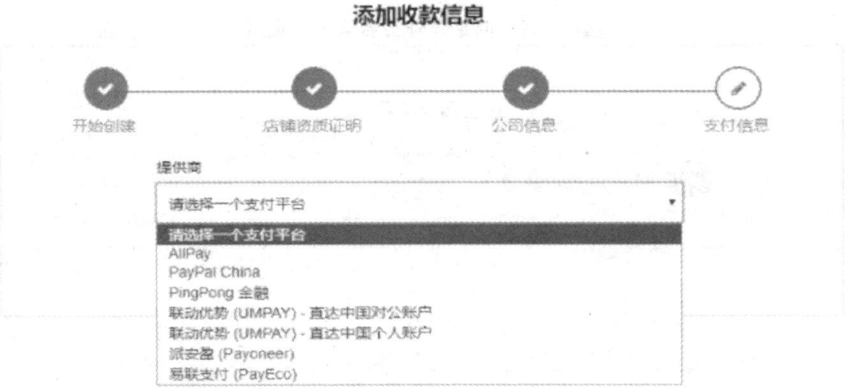

添加收款信息

开始创建　店铺资质证明　公司信息　支付信息

提供商

请选择一个支付平台

请选择一个支付平台
AllPay
PayPal China
PingPong 金融
联动优势 (UMPAY) - 直达中国对公账户
联动优势 (UMPAY) - 直达中国个人账户
派安盈 (Payoneer)
易联支付 (PayEco)

图 5.27　添加企业收款信息

若使用易联(PayEco)收款，请选择易联。图 5.28 是信息填写示例。

在确认无误，提交审核后，将看到图 5.29 所示界面，审核需要 1～3 个工作日。

到此 Wish 注册流程已全部完成。若信息在审核后被退回，需及时按照 Wish 商户后台的要求更新，以免耽误开通账户。

图 5.28　收款信息填写示例

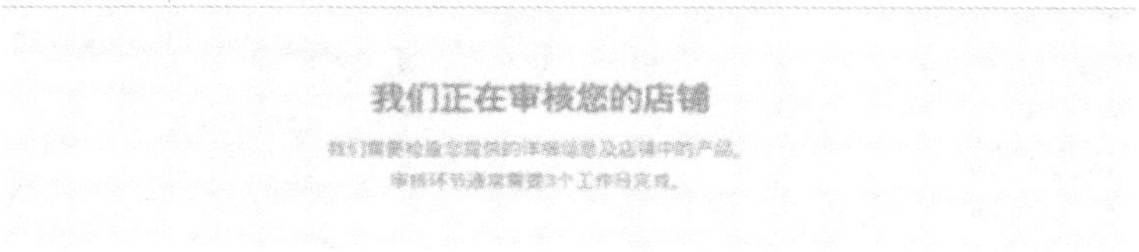

图 5.29　待审核页面

四、Wish 平台的主要销售类目

目前 Wish 平台的主要销售类目有女装、男装、美妆、配饰、3C 配件、母婴、家居。根据 Wish 买家的浏览方式可以了解到，在 Wish 平台上受欢迎的类目有如下特点：产品种类丰富、更换频率高、有话题性等。

在挑选商品时，卖家需要注意一点：因为 Wish 的技术要求，在同一页面或同一个推送下不出现重复或相似度高的产品，所以在选择商品时需要尽量考虑到差异化。这一点和其他平台不同。在其他平台上同质化商品可以通过低价来吸引流量，抢夺市场，但是在 Wish 平台上同质化的商品可能意味着没有曝光的机会。

五、Wish 平台禁售产品

某些产品在 Wish 上是不允许售卖的，如果有商户将禁售产品上架，相关产品将被移除，并且该商户的销售权将被暂停或终止。

以下类型的产品禁止出售：虚拟数字产品（无形的物品或必须以电子方式交付的产品）；仿

品；礼品卡（实物或者虚拟）；未授权的商品（品牌权归属他人）；酒精类产品；烟草以及其他烟类产品（包括电子烟）；打火机；药品、声称专治某病的药物、医药用品；活体动物、非法的动物产品；人体残骸或者身体部位（包括牙齿和头发）；色情或成人用品、淫秽材料；枪支或者武器（包括手持型武器），比如警棍、拳击装备或者电枪；任何包含或宣扬对民族、种族、宗教、性别、身份、残疾或者性取向等的仇恨或者歧视的产品。

本章小结

本章介绍了阿里巴巴国际站、速卖通、亚马逊和 Wish 四大主流 B2B、B2C 平台。对于跨境电商卖家来说，在线渠道多元化是拓展网络销售规模的重要途径。对于某些产品或品牌来说，选择合适的目标市场进行深耕细作也是重要的策略。跨境电商行业中各大平台都有自己的特点、行业优势以及客户群，因此，选择适合自己行业、自己产品、自己销售计划的电商平台显得尤为重要。

本章练习题

1. 简述阿里巴巴国际站、速卖通、亚马逊和 Wish 四大主流 B2B、B2C 平台的优缺点，并结合所在区域和产品特色找出合适的跨境电商平台注册销售产品。

2. 某校国贸专业的同学计划开拓俄罗斯市场，请分析俄罗斯跨境电商市场的特点，找出在俄罗斯排名前三的跨境电商平台并针对平台特性做出一份计划书，利用 SWOT 法则分析在俄罗斯市场用哪个跨境电商平台更有优势，并结合本地市场所拥有的货源优势进行阐述。

第六章

跨境电商平台模拟实操

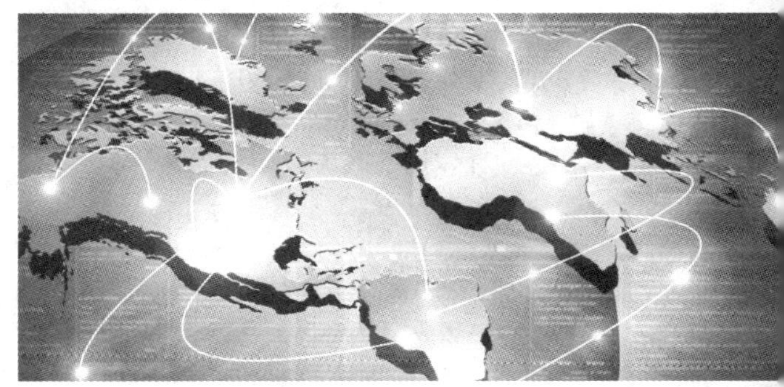

KUAJING DIANSHANG JICHU YU SHIWU

- 掌握阿里巴巴国际站模拟实操
- 掌握全球速卖通模拟实操
- 了解亚马逊模拟实操
- 了解 Wish 模拟实操

第一节　阿里巴巴国际站模拟实操

阿里巴巴国际站模拟实操主要借助于南京世格公司的 POCIB＋软件。POCIB(practice for operational competence in international business)即国际贸易从业技能综合实训是中国国际贸易学会继外销员考试、跟单员考试等考试项目之后，联合国际贸易杂志社和世格软件共同推出的互联网培训证书课程。POCIB 项目重点针对国际贸易及相关专业的高校学生以及国际贸易行业新进人员，以提高学习者的外贸综合业务技能为目标，以仿真的在线国际贸易游戏为核心方式，为我国外经贸人才培养引入了创新、高效、务实和科学的教学方法和培训手段。

一、下载并登录 POCIB 客户端

登录 www. pocib. com，点击“下载中心”，下载安装“POCIB 客户端安装程序”“Microsoft. net 安装程序”和“Microsoft. net SP1 补丁”。

注意：请分别下载并安装这三个程序，如果电脑上本来没有安装. net 组件，一定要先安装. net与. net SP1 补丁才能成功登录 POCIB 客户端。

下载安装完成后，会在桌面生成一个 POCIB 快捷方式，双击它，打开登录画面。

如图 6.1 所示，请输入您的账号和密码(账号即您在注册时填写的邮箱地址，密码就是注册时填的密码)，然后点“登录”按钮，就可以开始使用了。如果是个人电脑，您也可以选择“保存我的信息”并“记住我的密码”，这样下次登录的时候就更加方便了(公共电脑不建议选择此两项)。

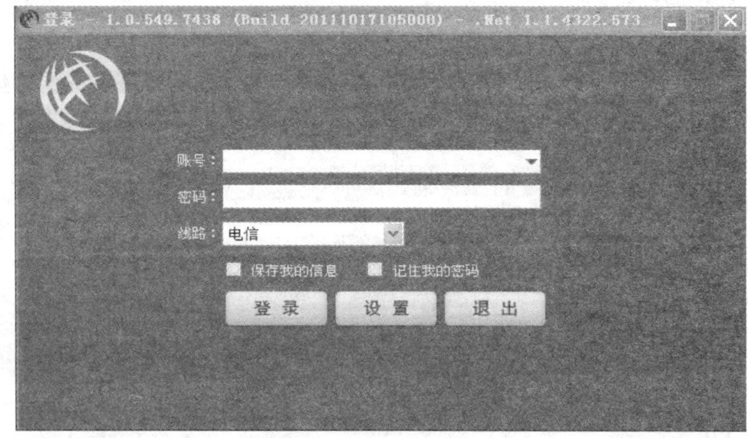

图 6.1　登录界面

二、POCIB 操作画面简介

(一) 首页

现在您已经登录成功并进入了 POCIB 的操作画面的首页，如图 6.2 所示。

图 6.2 POCIB 操作画面首页

在首页上，除了上方的功能按钮，我们可以看到公司名称及业务提示两项内容。请注意，当您第一次进入 POCIB 时，需要做的第一件事情就是注册一个贸易公司，才能开展接下来的各项进出口业务。注册的方法是点击公司名称（未注册时显示的是“没有注册公司”），填写公司各项资料以完成注册，注册后的公司名称将直接显示在页面上。业务提示则是一些操作建议以及针对您业务过程中一些比较薄弱的环节做出提示，供您参考。

接下来我们分别介绍主画面上方的各个功能按钮（见图 6.3）。

图 6.3 功能按钮

(二) My World(世界地图)

首先点击“My World”，打开画面如图 6.4 所示。

My World 实际上是一个世界地图，其中有 10 个国家可点击进入并查看其相关信息，包括中国、美国、英国、日本、德国、俄罗斯、巴西、南非、古巴和澳大利亚。POCIB 提供了这 10 个国家供您在注册贸易公司时选择，不同国家的公司之间才可以进行贸易往来。

(三) My City(城市地图)

接下来点击“My City”，打开画面如图 6.5 所示。

My City 是一张城市地图，在地图上可以看到许多建筑物，每个建筑物都代表一个机构，如

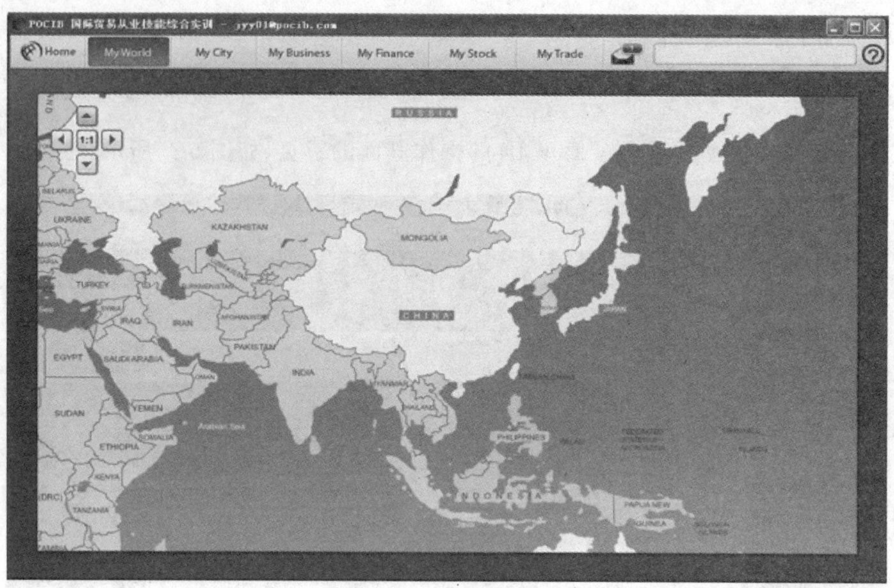

图 6.4 My World 画面

图 6.5 My City 画面

银行、海关等，鼠标放到建筑物上即可显示其相应名称。在 POCIB 的进出口业务中，所有与机构相关的业务都需要到这里来办理。

如图 6.6，点击银行建筑物（每个国家对应的银行名称不同）。

打开银行办事页面，如图 6.7 所示。

在页面中可以看到银行非常多的业务种类，当贸易过程中遇到这些业务时，都需要来银行办理。此外我们可以看到银行名称的下方有一个“访问网站”按钮，点击即可进入银行的网站，网站里的内容非常全面。

图 6.6　建筑物按键

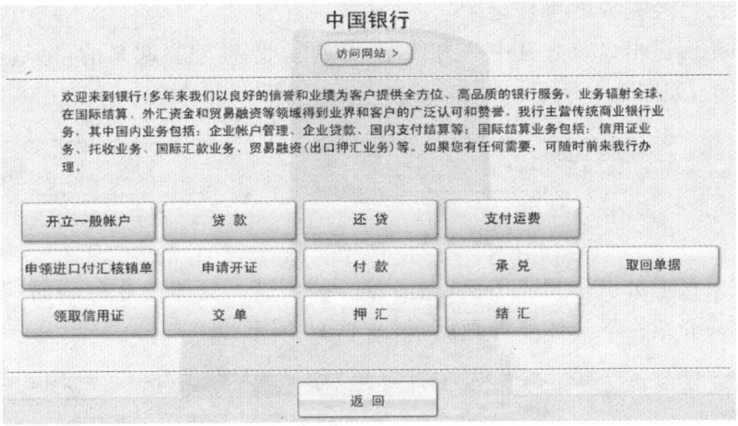

图 6.7　银行办事页面

每个建筑物的网站都相当于这个建筑的帮助中心，可以查看该机构的相关新闻动态、相关操作流程、单据填写方法及样本、业务费用及相关资料等，还可以学习相关知识或法规。

注意：如果不了解操作步骤，或者不清楚如何填写单据，请务必进入“机构网站”或“POCIB百科”查询。另外，每个网站会不定期地发布通知，例如汇率调整、费用调整等，请及时查看。

（四）My Business（业务中心）

接下来点击“My Business”，打开画面如图 6.8 所示。

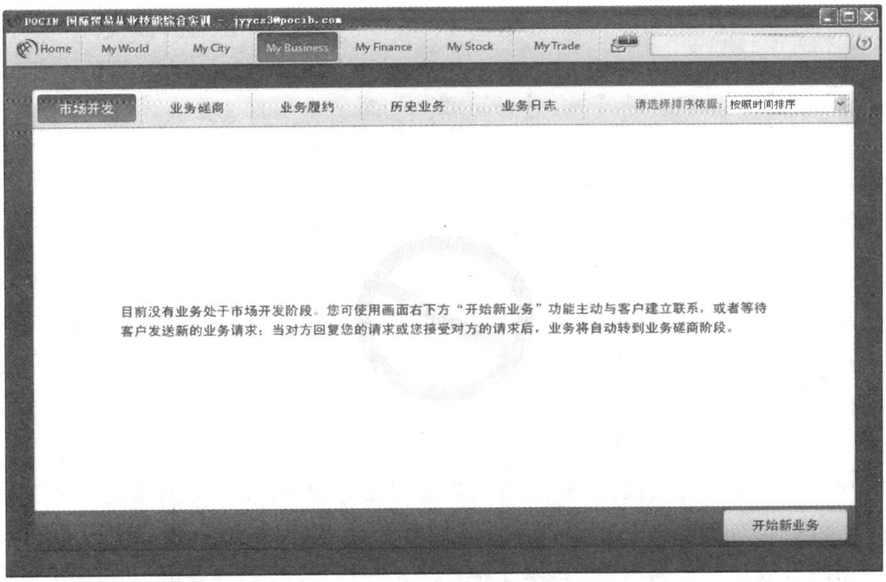

图 6.8　My Business 画面

My Business 是 POCIB 的业务中心。在 My Business 中,业务被分为四个阶段:市场开发、业务磋商、业务履约及历史业务。其中刚建立的新业务都在市场开发阶段,这个阶段的业务是可以删除的;当一笔新业务的业务联系中已有双方往来的邮件后,就会被转移到业务磋商阶段;业务履约阶段的业务则都是已经完成签订合同,开始履行合同的业务;最后,当一笔业务的所有步骤都完成后,将进入历史业务,表明这笔业务已经结束。此外,还有一个"业务日志"的功能,可以随时查看自己已经完成的操作记录。

每笔业务都是由进出口双方其中一方使用"开始新业务"建立起来的,每笔业务在列表中都将显示成一条记录,如图 6.9 所示。

图 6.9 业务显示记录

鼠标移到该条目上会出现相应按钮,点击"进入"可进入具体的业务画面,我们以一笔已经完成的业务为例来介绍一下具体业务画面,如图 6.10 所示。

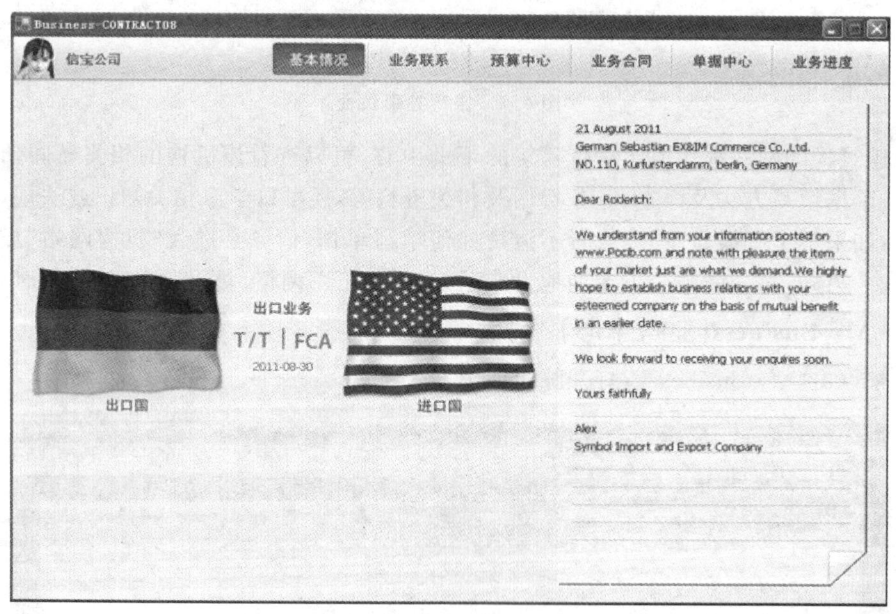

图 6.10 业务基本情况画面

首先看到的是基本情况。我们点击第二个按钮"业务联系",如图 6.11 所示。

这里实际上是一个消息中心,整笔业务过程中所有双方往来的函电,以及系统自动发送的一些通知消息都记录在这里。同时这里也是贸易双方在 POCIB 中联系,进行业务商谈的主要途径,您可点击"写消息"给对方发送邮件。

再来看"预算中心"(见图 6.12)。

确定好交易对象及交易商品后,进出口商都应当做好预算,双方协商确定商品交易价格,再签订合同,以确保双方的利润。My Business 里进入每笔业务后,都有预算中心页面,进出口双方可分别利用预算表进行价格核算(具体计算方法见在线帮助)。预算应该在签订合同前进行,一旦合同被进口方确认,双方的预算表就不能修改了。在之后的业务过程中,当某项费用实际

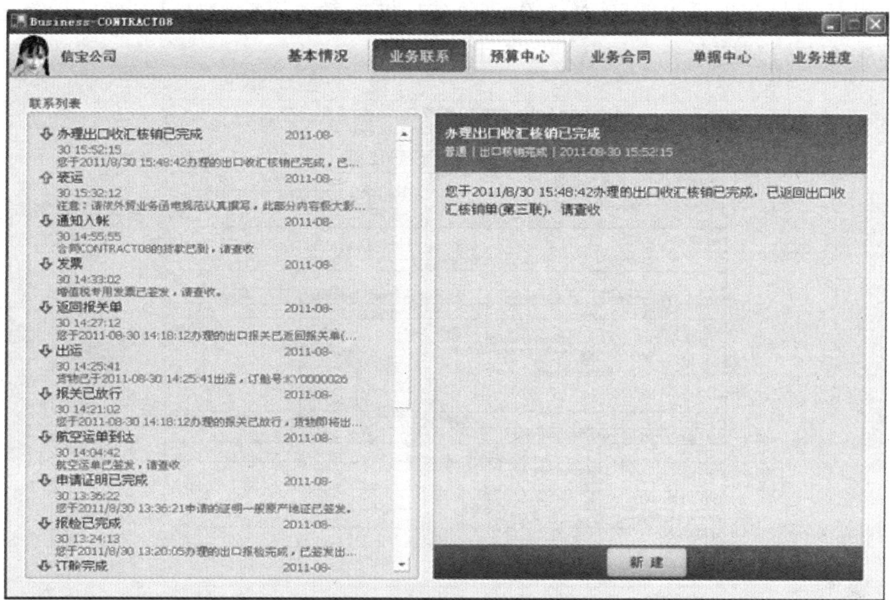

图 6.11　业务联系画面

出　口　成　本　预　算　表

有关项目	预算费用（EUR）	实际发生金额
汇率	EUR 1 = USD 1.3389	
	EUR 1 = EUR 1	
成本栏	收购价（含税进货价款）EUR 67000.00	67000.00
	出口退税收入：　EUR 0.00	0.00
	A．实际采购成本：　EUR 67000.00	67000.00
费用	商 检 费：　EUR 187.50	187.50
	报 关 费：　EUR 9.00	9.00
	出 口 税：　EUR 0.00	0.00
	核 销 费：　EUR 9.00	9.00
	银 行 费 用：　EUR 75.00	75.00
	其　他：　EUR 19.00	19.00
	B．国 内 费 用：　EUR 299.50	299.50
	出口总成本C（FOB/FCA成本）：　EUR 67299.50	67299.50
	C=A+B　EUR 67299.50	67299.50
	出口运费F：　USD 0.00	0.00
	EUR 0.00	0.00
	CFR/CPT成本:(=C+F)　EUR 0.00	67299.50
	EUR 0.00	67299.50
	出口保费I：　EUR 0.00	0.00
	总保费率：　0.00 ‰	0.00
	投保加成：　0.00 %	0.00
	投保金额：　EUR 0.00	0.00
	CIF/CIP成本:(=C+F+I)　EUR 0.00	67299.50
	EUR 0.00	67299.50
报价栏	预期盈亏率：11.44 %	11.44
	预期盈利额或亏损额P：EUR 10310.20	7700.50
	对外报价（FOB/FCA）：(=C+P)　EUR 75000.00	75000.00
	对外报价（CFR/CPT）：(=C+F+P) EUR 0.00	0.00
	对外报价（CIF/CIP）：(=C+F+I+P) EUR 0.00	0.00

保存

图 6.12　预算中心画面

发生以后，也将显示在预算表的“实际发生金额”中，供您参考以检验自己之前的计算是否正确。

“预算中心”右边是“业务合同”(见图 6.13)。

German Sebastian EX&IM Commerce Co.,Ltd.

NO.110, Kurfurstendamm, berlin, Germany

SALES CONFIRMATION

Messrs:	Symbol Import and Export Company No.388, Atlantic Ave. Brooklyn,New York,America	No.	CONTRACT09
		Date:	2011-08-29

Dear Sirs,

We are pleased to confirm our sale of the following goods on the terms and conditions set forth below;

Choice	Product No.	Description	Quantity	Unit	Unit Price	Amount
			[FCA]	[Hamburg,Germany]		
○	25004	18K Gold Pendant Size: 29mmx17mm, Gold weight: 3.42g, Packed with elegant giftbox, 10boxes/carton	1000	PCS	EUR 75	EUR75000
		Total:	1000	PCS		[EUR][75000]

Say Total: EUR SEVENTY FIVE THOUSAND ONLY

Payment:	T/T AT SIGHT
Packing:	10BOXES/CARTON
Port of Shipment:	Hamburg,Germany
Port of Destination:	New York,America
Shipment:	immediate shipment [ ] By air
Shipping Mark:	18K GOLD PENDAN AMERICA C/NO.1-100 MADE IN GERMANY
Quality:	AS PER SAMPLE SUBMITTED BY SELLER.
Insurance:	TO BE COVERED BY THE BUYER.
Documents:	1. Signed commercial invoice in 3 originals and 3 copies . 2. Clean Air Waybill showing "freight to collect". 3. Packing List Memo in 3 originals and 3 copies indicating quantity, gross and weights of each package. 4. Certificate of Quantity/Weight in 1 original and 1 copies . 5. Certificate of Quality in 1 original and 1 copies . 6. Certificate of Origin in 1 original and 1 copies .

BUYERS	SELLERS
美国信宝进出口公司 Symbol Import and Export Company Alex (Manager Signature)	德国赛巴斯进出口贸易公司 German Sebastian EX&IM Commerce Co.,Ltd. Roderich (Manager Signature)

图 6.13　业务合同画面

业务合同通常是由出口商起草，填写完成后发送给进口商，一旦进口商盖章确认，合同就不能再修改，双方由此进入履约阶段。合同填写说明请参考在线帮助。

接下来再看“单据中心”(见图 6.14)。

单据中心里的单据部分是由进出口商自行添加并填写，用以办理报检报关等各项业务，也有部分是业务过程中系统自动生成的。单据分为可修改与不可修改两种状态，凡是使用过的单据，都不能再修改。

最后一项是“业务进度”(见图 6.15)。

业务进度实际上是一张完整的流程图，根据合同确定的贸易术语和支付方式的不同而不同。业务过程中，您可随时通过查看这个流程图来了解该笔业务的进度。流程图详细罗列了一笔完整交易中所包含的各个步骤，字体分黑蓝灰三色。其中，黑色表示已完成的步骤；蓝色表示目前可以操作的步骤；灰色表示未完成的步骤。具体每个步骤的操作方法可以查看各个机构网站。

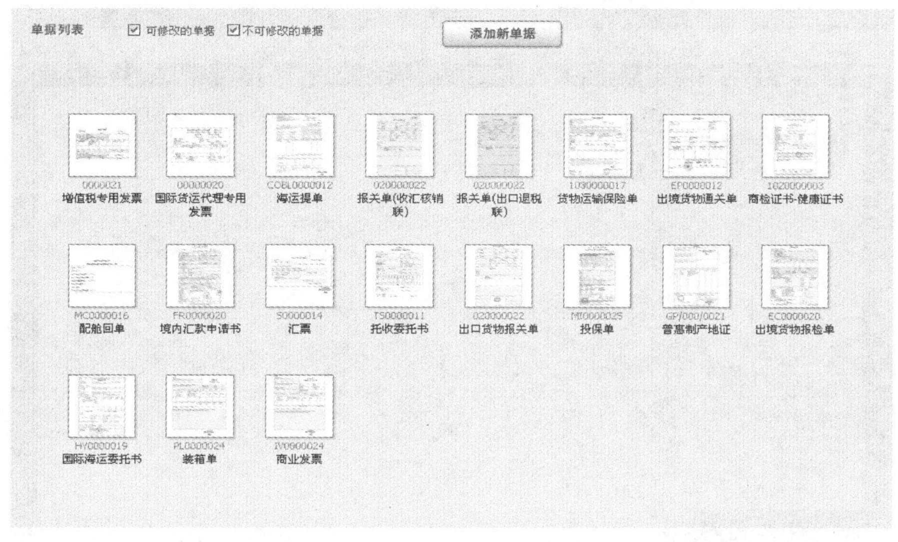

图 6.14　单据中心画面

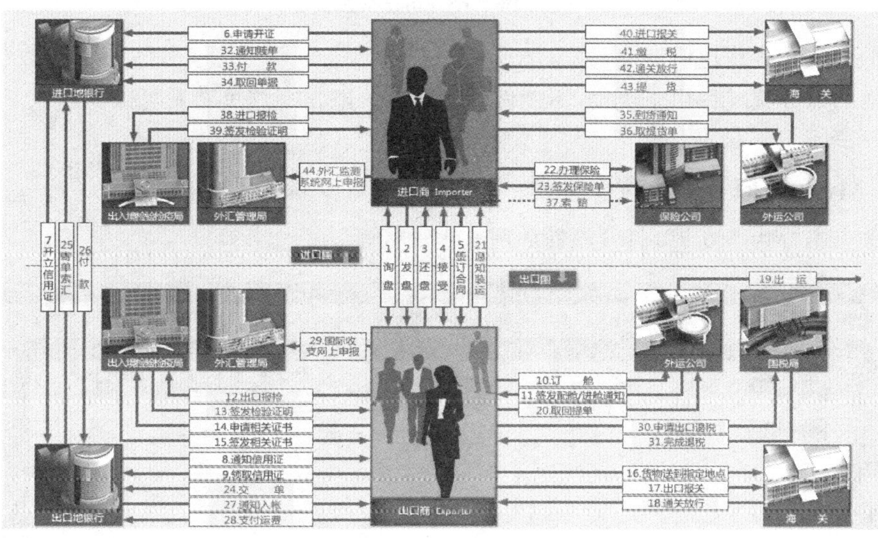

图 6.15　业务进度画面

(五) My Finance(财务中心)

看完具体业务画面，我们回到 POCIB 主页面，接下来点击“My Finance”，打开画面如图 6.16所示。

My Finance 相当于公司的财务中心，可以查看三项内容：账户列表、财务流水与贷款明细。

“账户列表”中可查看各币别账户的资金状况（每个国家都有对应的币别，如需外币账户应先在银行开立）；所有业务往来发生的收入、支出都在“财务流水”中体现；所有与贷款有关的项目则在“贷款明细”中一一列出。

My Finance 里的初始资金是注册完公司资料后系统分配的资金，当前资金包括账户列表里每个账户资金的总和（系统自动换算成本币）和未偿还的贷款总额。公司的盈利＝当前资金

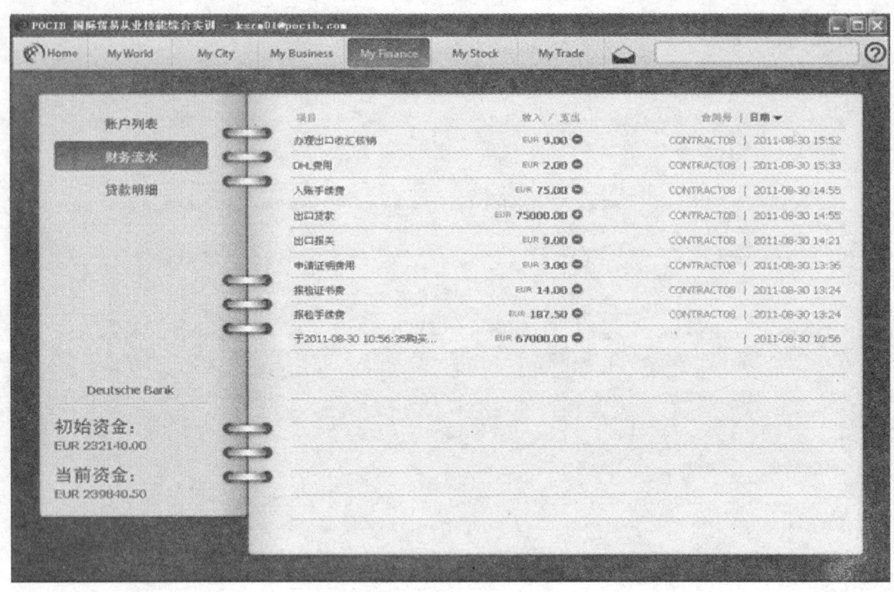

图 6.16 My Finance 画面

一未偿还的贷款总额一注册资金。

本画面的财务状况只用于查询，不能做任何修改。经常来这里看看可以更好地了解自己公司的财务状况。

(六) My Stock(库存中心)

接下来点击“My Stock”，打开画面如图 6.17 所示。

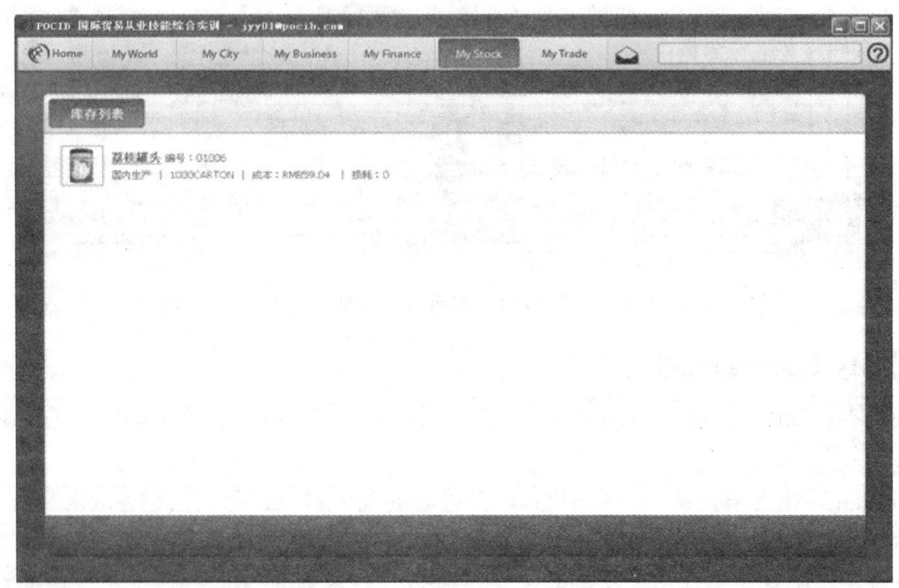

图 6.17 My Stock 画面

这里相当于是公司的库存中心。

货物分为国内购买与国外进口两种性质，随着业务的进展，系统将根据进货后库存量增加，销货后库存量减少的原则自动统计出来，本画面只能查询，不能做修改。

（七）My Trade（寻找贸易伙伴）

接下来点击“My Stock”右边的“My Trade”，进入 My Trade 网站，如图 6.18 所示。

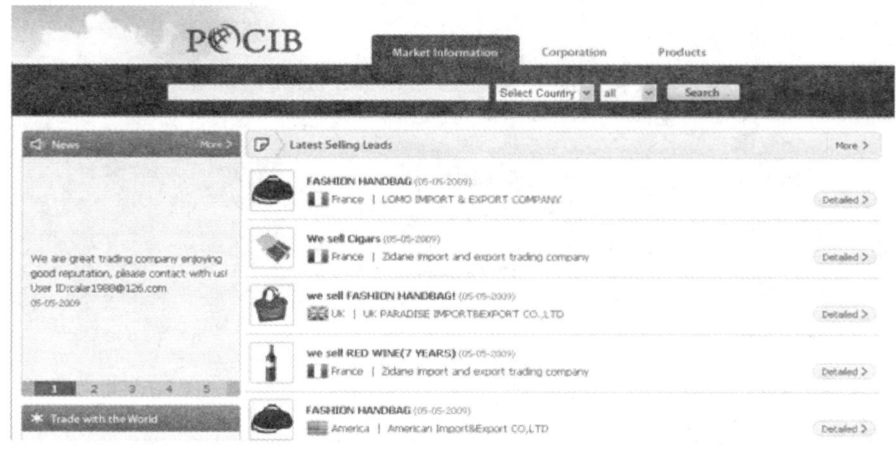

图 6.18　My Trade 网站

这里是 POCIB 中一个 B2B 电子商务中心，提供仿真的国际商业环境。用户在 My City 中的“广告公司”发布了公司广告或市场买卖信息以后，都将显示在 My Trade 网站中，所有系统用户都可以看到。您可以从这些广告与信息中寻找合适的交易对象，并在 My Business 中通过“开始新业务”与之建立业务联系。

（八）消息

在 POCIB 操作主画面的右上方，还有几个较小的按钮，但也非常重要，我们来一一了解下它们的功能：

当　显示红色时，点击它即可查看具体的消息内容。

（九）POCIB 百科

点击按钮　可打开 POCIB 百科，如图 6.19 所示。

POCIB 百科是 POCIB 中非常重要的一个内容，不仅包括详细的使用帮助，还有详细的国际贸易理论知识。

POCIB 提供了 CIF（CIP）、CFR（CPT）、FOB（FCA）六种国际贸易术语及 L/C、D/P、D/A、T/T 四种支付方式供您在交易时选择，此外还分海运和空运，不同交易方式的操作流程也有所不同。POCIB 百科中提供了三种不同组合方式的操作示例，里面有详细的操作步骤以及相关单据样本，建议您在初次使用时依照操作示例来操作，以便更快熟悉相关业务流程。

三、“My B2B”跨境电商平台页面介绍

“My B2B”跨境电商平台是一个仿真模拟阿里巴巴国际站的跨境电商平台。它提供中英文切换功能，您可以在此平台上实际操作跨境电子商务网站的业务。只需要在客户端点击 My B2B，在登录界面输入客户端的账号及密码即可登录 B2B 跨境电商平台。打开 B2B 跨境电商平台，画面如图 6.20 所示。

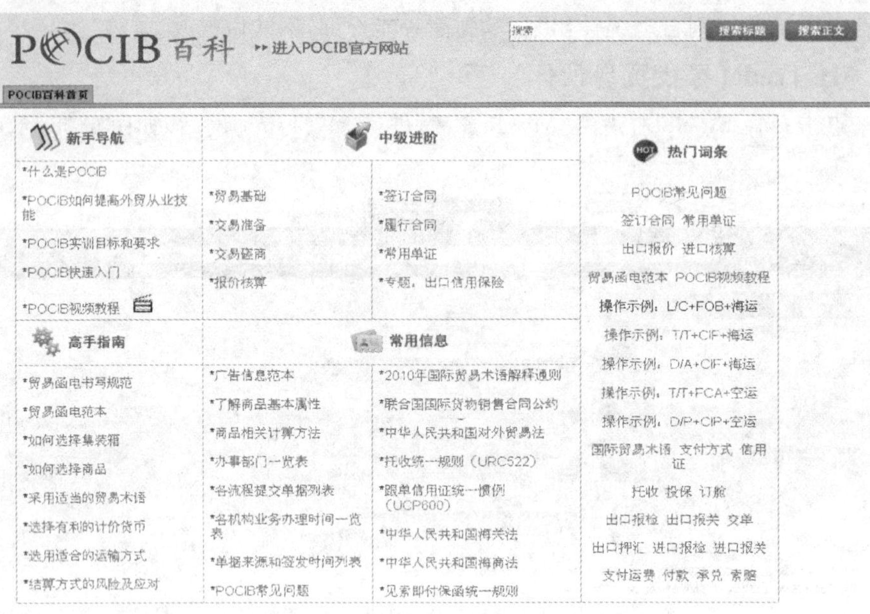

图 6.19　POCIB 百科页面

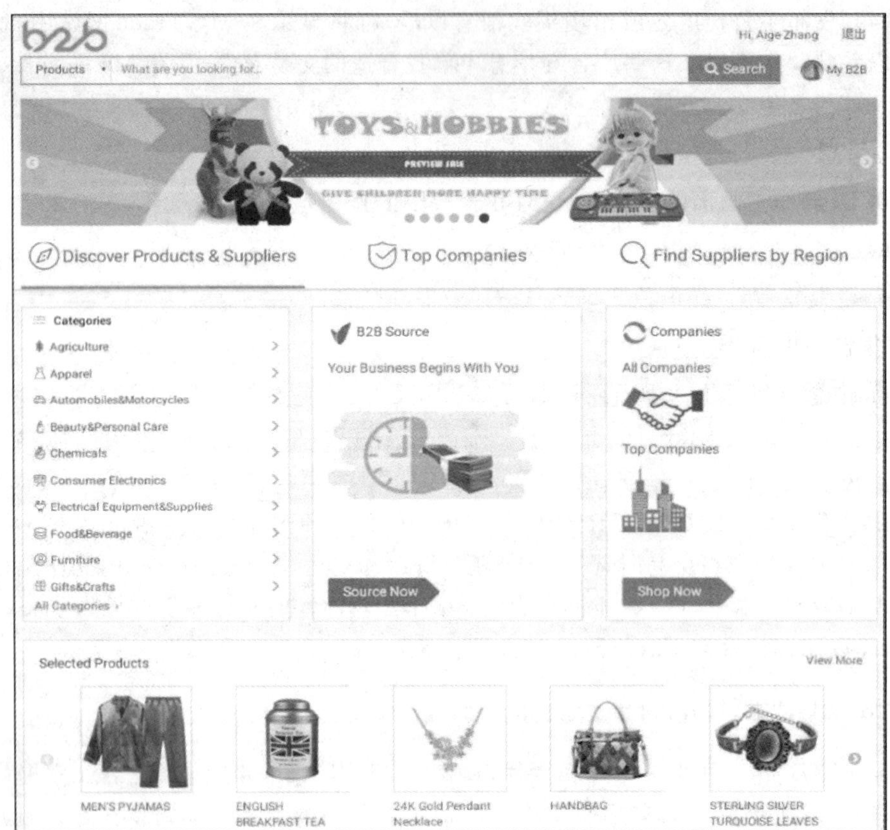

图 6.20　B2B 跨境电商平台

B2B 跨境电商平台包括以下主要内容。

（一）B2B 网站首页

B2B 网站首页界面主要包括产品、供应商、采购需求的搜索框、热门大类产品的促销活动、各大类产品、采购需求、所有公司、公司广告、热门产品、各国公司信息等。

(1) 所有大类产品界面：列出所有产品大类以及各大类包含的具体产品，点击具体的产品可直接查看该产品的搜索结果。

(2) Top Companies 界面：展示发布公司广告的供应商，可查看公司广告详情。

(3) All Companies 界面：展示所有供应商，可查看供应商店铺。

(4) Markets(B2B Source)界面：展示所有采购需求，可查看采购需求详情。

(5) 各国供应商界面：可按照国家查看供应商。

（二）B2B 后台操作

B2B 网站后台操作平台：可以在这里进行 B2B 网站的各项操作，如发布、管理产品，发布、管理采购需求，完善公司信息，装修店铺等。

1. 建站管理

(1) 管理公司信息：完善公司信息，填写主营产品，选择公司形象图，查看营业执照、专利证书、荣誉证书、商检证书等。

(2) A&V 认证：A&V 实地认证操作是为了完善供应商准入机制，保障网站供应商身份真实有效，为买家提供更加真实有效的交易环境，确保买家在网站上放心交易，完成认证后，相应的公司信息前有醒目的认证标识。

(3) 管理能力评估报告：可以查看企业能力评估报告 Supplier Assessment Report 与主营产品认证报告 Main Product Lines Verification Report。

(4) 管理全球旺铺：可以个性化装修店铺。

2. 采购需求

(1) 发布采购需求：高仿真模拟阿里巴巴国际站发布采购需求界面，可填写内容包括产品关键词、需求数量、需求详细内容、贸易术语、期望单价、目的港，支付方式等贸易信息。

(2) 查看采购需求：可以查看采购需求详情。

(3) 管理采购需求：可以查看、编辑、关闭已发布的采购需求。

(4) 搜索采购需求：可以搜索、查看进口商发布的采购需求，出口商可方便快捷地寻找到交易对象。

3. 产品管理

(1) 发布产品：高仿真模拟阿里巴巴国际站发布产品界面，选择产品大类后再填写产品详情(包括产品名称、产品关键词、产品图片、产品属性、交易信息、物流信息、产品详细信息等)，各大类产品均有相对应的编辑界面。

(2) 查看产品详情：可以查看产品详情。

(3) 搜索产品：可以按产品名称、关键词搜索产品，便于进口商查看产品详情，寻找到适合交易的产品。

(4) 管理产品：可以查看、编辑、下架已发布的产品。

(5) 管理认证产品：可以将产品设置为认证产品且可排序，认证产品标题前有醒目的

“Main”标识,店铺内有醒目的认证产品展位供展示。

(6) 管理橱窗产品:可以将产品设置为橱窗产品且可排序,店铺内有醒目的橱窗产品展位供展示。

(7) 产品分组与排序:可以自定义排序规则,设置产品分组,在店铺内可以按照设置的分组与排序查看产品。

(8) 图片银行:展示所有产品的主图、附图、公司形象图、公司头像标识以及店铺横幅。

4. 我的店铺

(1) 店铺首页:可以查看店铺资料、认证产品、橱窗产品、最新产品等。

(2) 店铺产品大类:可以按照设置的分组与排序规则查看店铺内的产品。

(3) 店铺资料:可以查看店铺联系资料包括公司名称、国家、主营产品、其他产品、法人姓名、账号等信息,进口商可方便快捷地联系对方建立业务关系。

(4) 搜索店铺:可以搜索店铺,进入他人店铺查看具体信息。

5. 外贸服务

可以加入金品诚企,金品诚企主要是帮助企业做外贸批发业务推广,成为金品诚企后可以在 B2B 网站获得 10 个主营产品认证(独特标识)、40 个橱窗产品展示机会,及查看企业能力评估报告 Supplier Assessment Report 与主营产品认证报告 Main Product Lines Verification Report 等服务,可以获得进口商更多关注,让公司脱颖而出。

6. 收藏夹

可以收藏感兴趣的产品与店铺。

(三) 发布采购需求

作为进口商,可以在 B2B 跨境电商平台中发布需要购买的产品信息,主要以介绍需要采购的产品为主,方便供应商了解自己的采购需求,并及时和自己取得联系。方法:登录 B2B 跨境电商平台→My B2B→采购需求 B2B Source→发布采购需求 Post Buying Request,填写相关信息,如图 6.21 所示。

发布示例如图 6.22 所示。

(四) 查看采购需求

发布完成的采购需求可以在 B2B 网站被搜索查看到,出口商可以通过采购需求详情里的账号与进口商建立业务关系,如图 6.23 所示。

(五) 发布产品

作为出口商来发布产品信息是 B2B 跨境电商平台建设的基础,也是最关键的一步,可以方便买家了解您的产品并及时和您取得联系。方法:登录 B2B 跨境电商平台→My B2B→产品管理 Products→发布产品 Display a New Product,填写相关信息,如图 6.24 所示。

选择产品类目如图 6.25 所示。

填写产品详情如图 6.26、图 6.27、图 6.28 所示。

(六) 查看产品

发布完成的产品可以在 B2B 网站被搜索查看到,进口商可以通过产品详情里的账号与出口商建立业务关系。

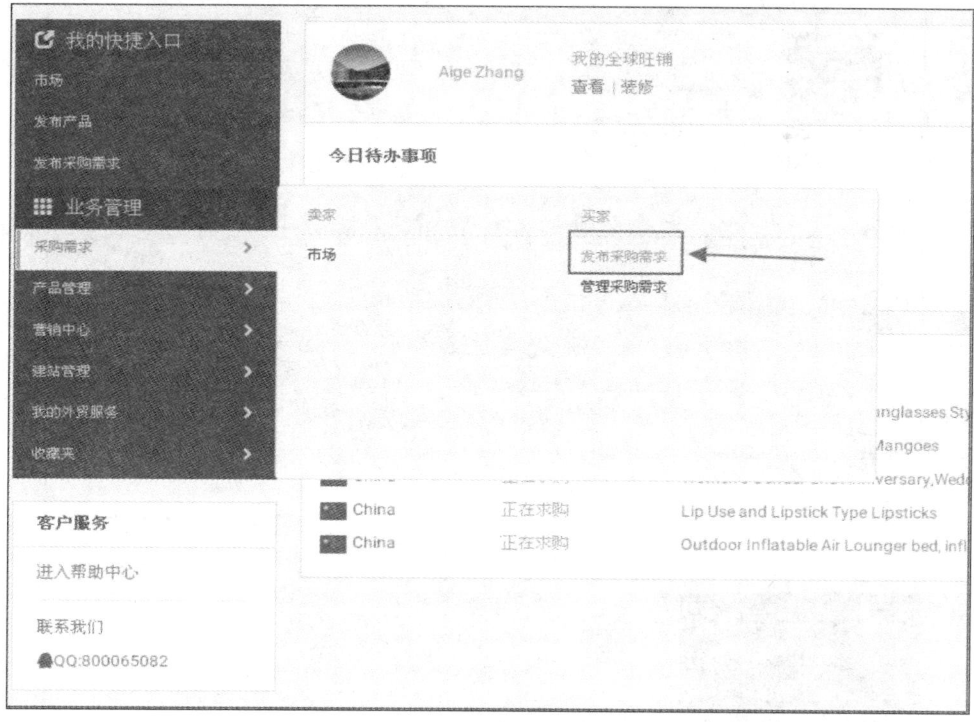

图 6.21　发布采购需求页面

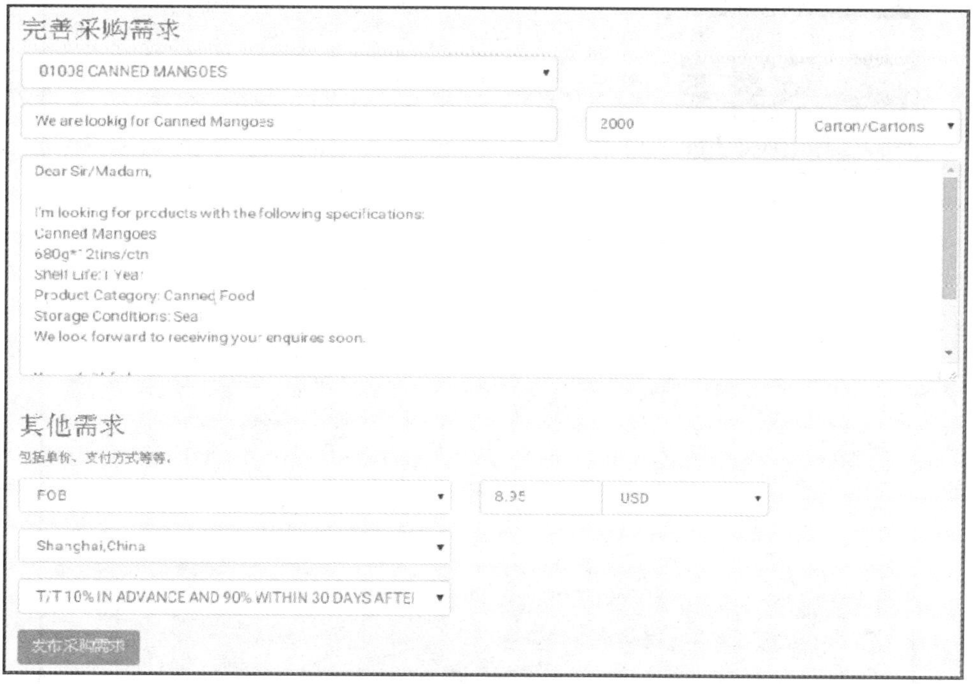

完善采购需求

01008 CANNED MANGOES

We are lookig for Canned Mangoes　2000　Carton/Cartons

Dear Sir/Madam,

I'm looking for products with the following specifications:
Canned Mangoes
680g*12tins/ctn
Shelf Life: 1 Year
Product Category: Canned Food
Storage Conditions: Sea
We look forward to receiving your enquires soon.

其他需求

包括单价、支付方式等等。

FOB　8.95　USD

Shanghai,China

T/T 10% IN ADVANCE AND 90% WITHIN 30 DAYS AFTEI

发布采购需求

图 6.22　发布示例

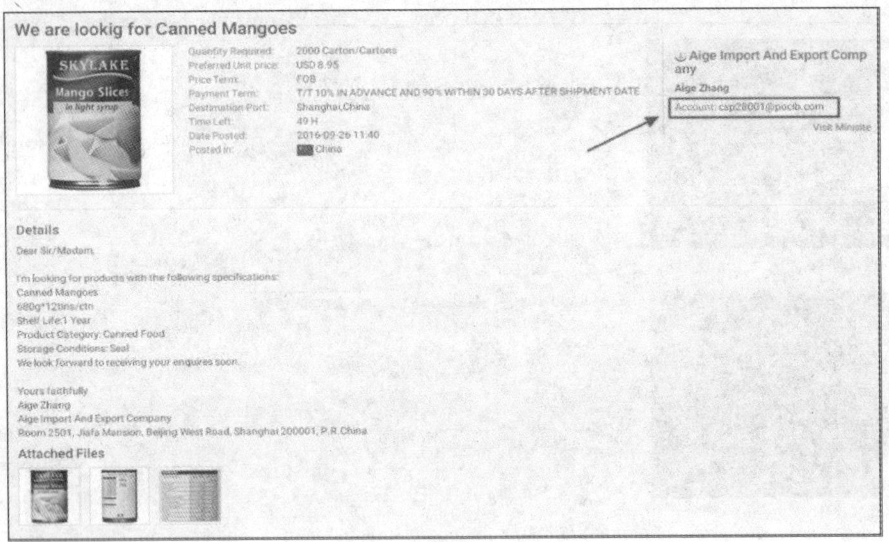

图 6.23　采购需求详情页面

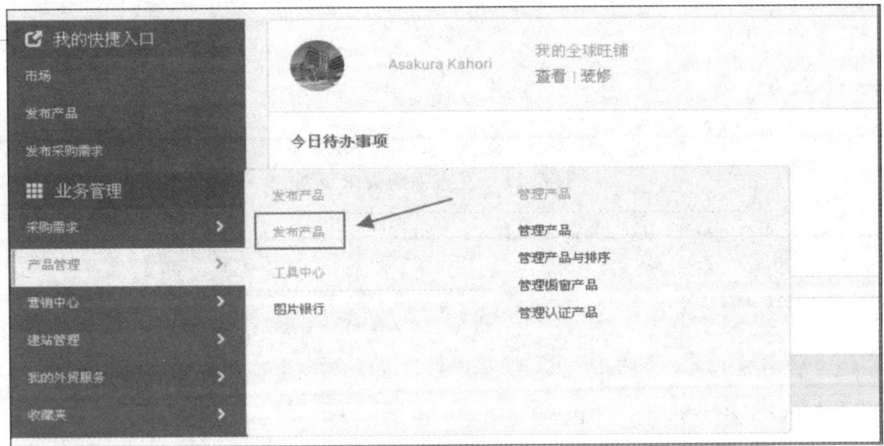

图 6.24　发布产品页面

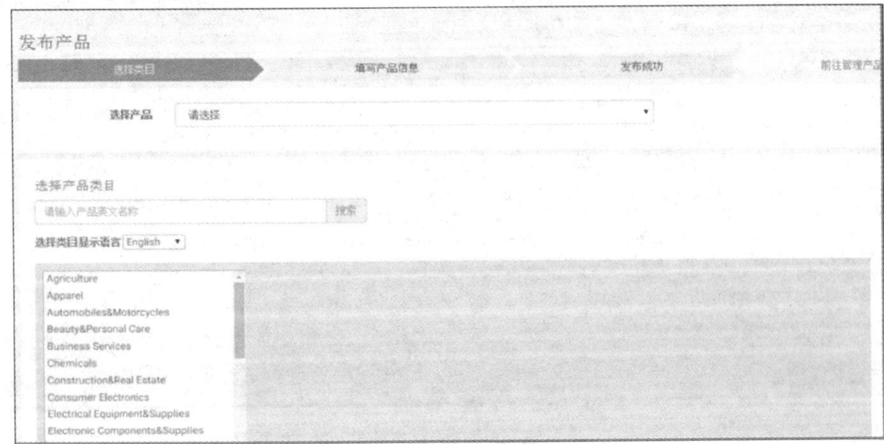

图 6.25　选择产品类目页面

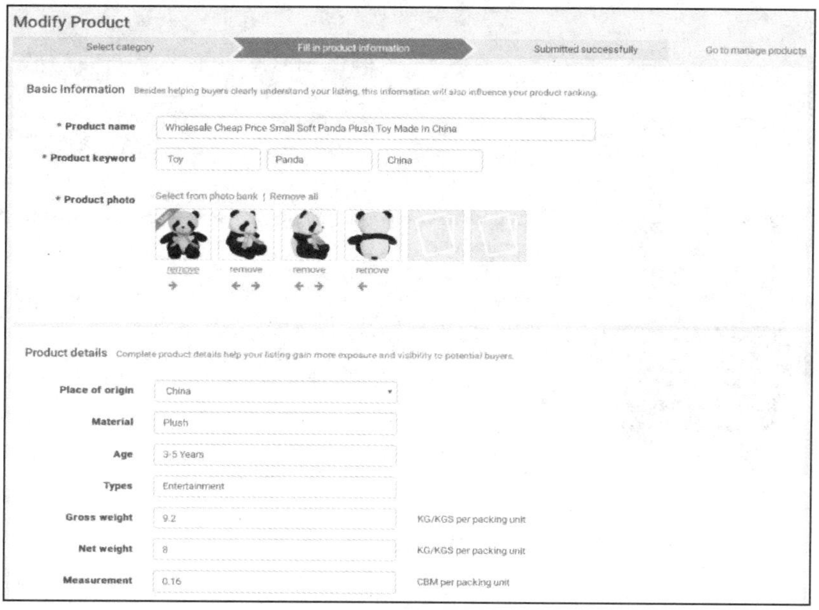

Modify Product

Select category | Fill in product information | Submitted successfully | Go to manage products

Basic Information　Besides helping buyers clearly understand your listing, this information will also influence your product ranking.

* Product name　Wholesale Cheap Price Small Soft Panda Plush Toy Made In China

* Product keyword　Toy　Panda　China

* Product photo　Select from photo bank | Remove all

remove　remove　remove　remove

Product details　Complete product details help your listing gain more exposure and visibility to potential buyers.

Place of origin　China

Material　Plush

Age　3-5 Years

Types　Entertainment

Gross weight　9.2　KG/KGS per packing unit

Net weight　8　KG/KGS per packing unit

Measurement　0.16　CBM per packing unit

图 6.26　产品详情页面-1

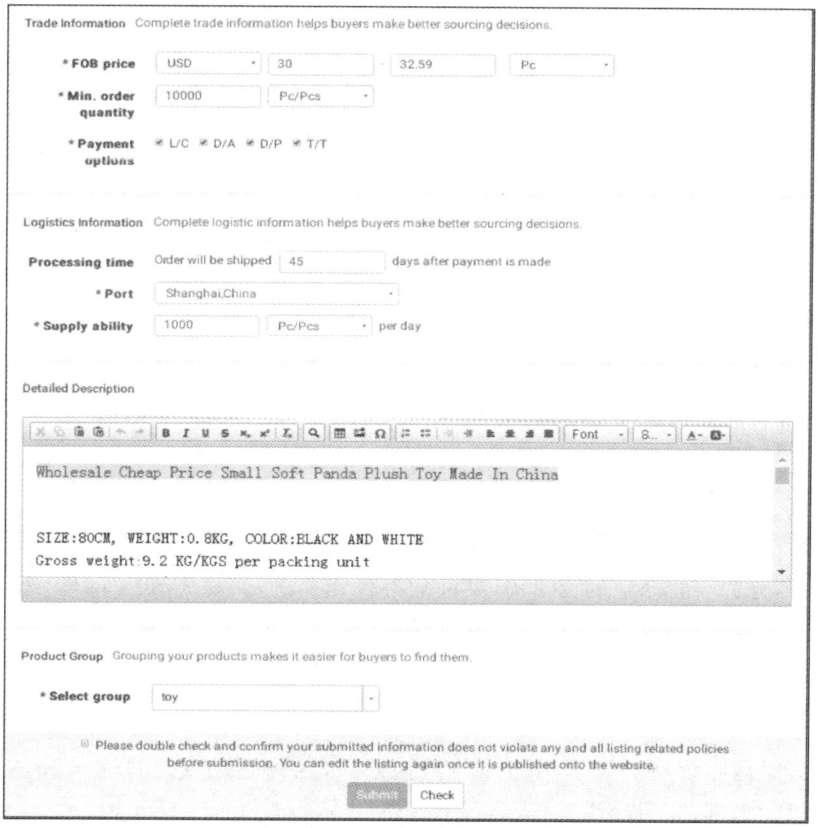

Trade Information　Complete trade information helps buyers make better sourcing decisions.

* FOB price　USD　30 - 32.59　Pc

* Min. order quantity　10000　Pc/Pcs

* Payment options　L/C　D/A　D/P　T/T

Logistics Information　Complete logistic information helps buyers make better sourcing decisions.

Processing time　Order will be shipped　45　days after payment is made

* Port　Shanghai,China

* Supply ability　1000　Pc/Pcs　per day

Detailed Description

Wholesale Cheap Price Small Soft Panda Plush Toy Made In China

SIZE:80CM, WEIGHT:0.8KG, COLOR:BLACK AND WHITE
Gross weight:9.2 KG/KGS per packing unit

Product Group　Grouping your products makes it easier for buyers to find them.

* Select group　toy

Please double check and confirm your submitted information does not violate any and all listing related policies before submission. You can edit the listing again once it is published onto the website.

Submit　Check

图 6.27　产品详情页面-2

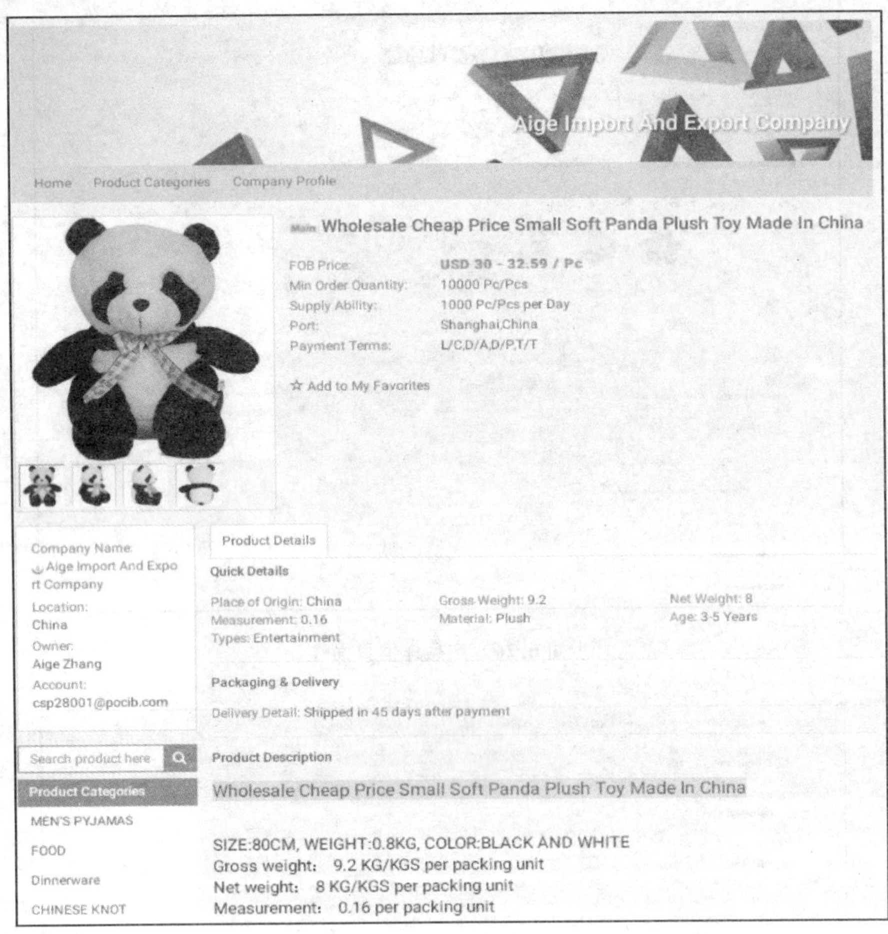

图 6.28 产品详情页面-3

（七）我的店铺

在 B2B 跨境电商平台中，每家公司都有自己的 B2B 店铺，您发布的产品都可以在自己的店铺里展示，且可以被他人搜索查看到。如图 6.29、图 6.30 所示。

四、POCIB 的使用

熟悉了操作界面后，就可以开始使用 POCIB 了，在使用过程中可随时参考 POCIB 百科。

说明：本部分为一套完整的 POCIB 实际业务操作实例，交易方式为 L/C+FOB 海运，由于不同交易方式下贸易流程不尽相同，本例中的数据资料与单据内容仅供参考，请依照具体情况来完成实际操作。

（一）交易准备阶段

L/C 方式是国际贸易中最常用的一种付款方式，因为它的安全度是最高的，下面我们以 L/C+FOB 海运为例，介绍操作流程。

(1) POCIB 客户端下载安装完成后运行，学生以已注册的用户名登录，输入用户名（如 dst02@desun.com）与密码，点击“登录”，进入 POCIB。

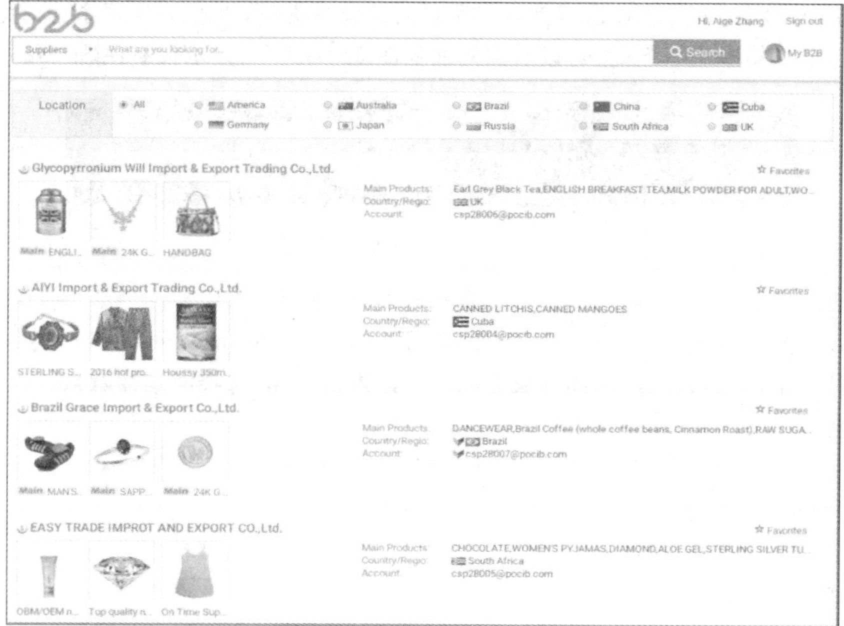

图 6.29　店铺展示-1

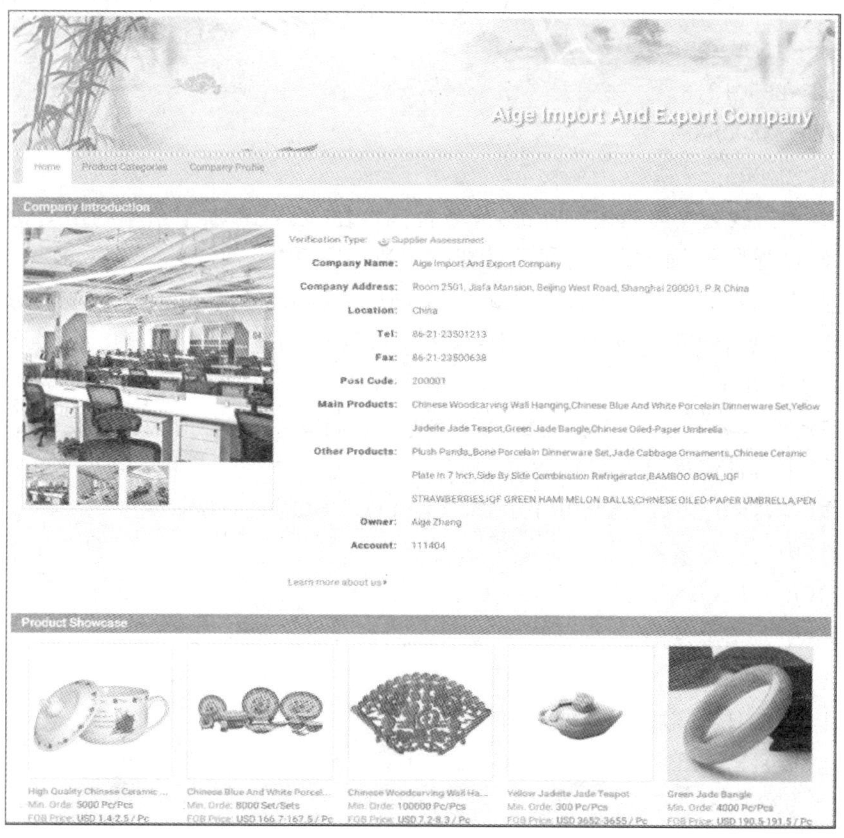

图 6.30　店铺展示-2

(2) 创建公司。每个同学登录后首先都需要创建公司资料，POCIB 中每个公司都可以从事进口或出口业务。第一次登录时，可以看到画面如图 6.31 所示，显示没有注册公司。

图 6.31 “没有注册公司”画面

点击“没有注册公司”字样，可打开公司资料画面，逐项填写如下。

以下公司资料在本笔业务中作为出口商(账号为 dst02@desun. com)。

选择要注册的国家：China(不同国家之间才可以进行交易，选择时请注意)。

公司全称(中)：艾格进出口贸易公司。

公司全称(英)：AIGE IMPORT & EXPORT COMPANY。

公司简称(中)：艾格公司。

公司简称(英)：AIGE COMPANY。

法人代表(中)：张艾格。

法人代表(英)：AIGE ZHANG。

公司地址(中)：中国上海市北京西路嘉发大厦 2501 室。

公司地址(英)：ROOM 2501，JIAFA MANSION，BEIJING WEST ROAD，SHANGHAI 200001，P. R. CHINA。

电话：86-21-23501213。

传真：86-21-23500638。

邮政编码：200001。

公司介绍(中)：我公司经营多种商品，业务范围广泛，已经有二十余年的历史，在世界各地都有贸易往来，信誉卓著，如果你有需要，请随时和我们联系！

公司介绍(英)：Hello! We have being deal with all items trading for over twenty years, and we are always enjoying great reputations. If you have any needs, please contact with us!

以下公司资料在本笔业务中作为进口商(账号为 dst03@desun. com)。

选择要注册的国家：Japan(不同国家之间才可以进行交易，选择时请注意)。

公司全称(中)：日清进出口贸易公司。

公司全称(英)：RIQING EXPORT AND IMPORT COMPANY。

公司简称(中)：日清贸易。

公司简称(英)：RIQING EIC。

法人代表(中)：川本一郎。

法人代表(英)：CHUANBEN。

公司地址(中)：日本名古屋 1589 邮箱。

公司地址(英)：P. O. BOX 1589，NAGOYA，JAPAN。

电话：81-3-932-3588。

传真：81-3-932-3589。

邮政编码：197-0804。

公司介绍(中):我公司经营多种商品,业务范围广泛,已经有二十余年的历史,在世界各地都有贸易往来,信誉卓著,如果你有需要,请随时和我们联系!

公司介绍(英):Hello! We have being deal with all items trading for over twenty years, and we are always enjoying great reputations. If you have any needs, please contact with us!

资料输入完毕后,先点"保存"。确认内容无误后,点击"完成注册"(完成注册后资料不能再修改)。完成注册后关闭窗口,回到主画面,可看到公司资料显示如图 6.32 所示。

图 6.32　公司资料显示画面

以后若要查看公司资料,点击图上的公司名称简称即可。

(3) 出口商(艾格公司)发布公司广告。点"My City",再点标志为"广告公司"的建筑物,在弹出页面中点"发布公司广告",逐项填写如下。

输入标题:We are great trading company!

输入内容:We are great trading company enjoying good reputation, please contact with us! User ID:dst02@desun. com.

填写完毕后,点"发布",成功发布公司广告。

发布成功的公司广告将显示在"My Trade"网站里"Corporation(公司库)"的左边广告列表中。

注意:只有成功发布广告或市场信息并且处在有效期内,其公司资料才能显示在"Corporation(公司库)"列表中,一旦广告或市场信息过期,公司资料也不再显示,必须重新发布广告或者信息。

(4) 出口商(艾格公司)查看本国可交易商品。点"My City",再点标志为"国内工厂"的建筑物,在弹出页面中点"购买商品",即可看到本国工厂可生产的商品列表,点击商品编号或名称可查看商品详细信息(不同国家市场可生产的商品不同)。在这笔业务中我们选择 01006 荔枝罐头进行交易(此处可先不购买,待合同签订以后再来买货)。

(5) 出口商(艾格公司)发布供应信息。点"My City",再点标志为"广告公司"的建筑物,在弹出页面中点"发布市场信息",逐项填写如下。

选择信息类型:我要卖。

选择商品:01006 荔枝罐头。

输入标题:We sell CANNED LITCHIS!

输入内容: We sell CANNED LITCHIS, please contact with us! User ID: dst02 @ desun. com.

填写完毕后,点"发布",成功发布市场信息。

发布成功的市场信息将显示在"My Trade"网站的"Market Information(市场信息)"页面中。

(6) 进口商(日清贸易)查看市场信息。点"My Trade",打开相应网站,在首页上即可查看各类市场信息，其中在 selling 信息中可找到出口商 AIGE IMPORT & EXPORT COMPANY 发布的出售 CANNED LITCHIS 的信息。

（二）交易磋商阶段

(1) 进口商(日清贸易)与出口商(艾格公司)建立业务关系(建立业务关系的邮件可由出口商发送，也可由进口商发送)。进口商回到业务主页面，点“My Business”，进入市场开发的页面，点右下方“开始新业务”。

选择业务类型：进口业务。

输入客户账号：dst02@desun. com(这里应输入想要建立业务关系的客户账号，即对方使用的登录用户名，事先应向对方询问或在“My City”中“市场”的相关网站中查找)。

输入业务请求：

Dear Sir,

We known your name and address from the website of www. POCIB. net and note with pleasure the items of your market just are what we demand. We highly hope to establish business relations with your esteemed company on the basis of mutual benefit in an earlier date.

Looking forward to receiving your earlier reply.

Yours faithfully,

CHUANBEN

RIQING EXPORT AND IMPORT COMPANY

填写完毕后，点“确认”。

(2) 出口商(艾格公司)收到进口商发来的业务请求，点画面右上方的消息按钮(如图 6. 33 所示)，可查到消息具体内容。

图 6. 33 消息按钮

看完消息后，出口商进入“My Business”的市场开发页面，即可看到与进口商日清贸易的该笔业务条目，点击“进入”按钮(鼠标移到该条目上方可显示按钮)，在弹出画面中点击“业务联系”，再点“写消息”，回复邮件给进口商。

输入标题：Introduce。

选择业务种类：推销。

输入内容：

Dear Mr. CHUANBEN,

Our firm is an exporter of various items. We highly hope to establish business relations with your esteemed company on the basis of mutual benefit in an earlier date. We are sending a catalogue and a pricelist under separate cover for your reference. We will submit our best price to you upon receipt of your concrete inquiry.

We are looking forward to receiving your earlier reply.

Yours faithfully,

AIGE ZHANG

AIGE IMPORT & EXPORT COMPANY

填写完毕后，点“发送消息”。

(3) 进口商(日清贸易)收到出口商回复的业务请求，点画面右上方的消息按钮，可查到消息具体内容。看完消息后，进口商首先需确认本国进口港与对方出口港。进入“My City”，点标志为“国际货运有限公司”的建筑物，在弹出页面中点“访问网站”，在网站的“常用查询”中查看“航程及运费查询”，从中查到日本的港口为 NAGOYA(名古屋)，中国的港口为 Shanghai(上海)。然后再进入“My Business”的市场开发页面，即可看到与出口商艾格公司的该笔业务条目，点击“进入”按钮(鼠标移到该条目上方可显示按钮)，在弹出画面中点击“业务联系”，再点“写消息”，回复邮件给出口商，向其询价。

输入标题：Inquiry。

选择业务种类：询盘。

输入内容：

Dear Mr. AIGE ZHANG,

Thanks for your E-Mail.

With reference to your letter, we are glad to learn that you wish to enter into trade relations with us.

At present, we are in the market for CANNED LITCHIS, and shall be glad to receive your best quotations for this item, with indications of packing, for date of shipment, FOB Shanghai.

Your early replay will be appreciated.

Yours sincerely

CHUANBEN

RIQING EXPORT AND IMPORT COMPANY

填写完毕后，点“发送消息”。

(4) 出口商(艾格公司)收到进口商发来的询盘，点画面右上方的消息按钮，可查看消息具体内容。看完消息后，出口商进入“My City”，点标志为“国内工厂”的建筑物，在弹出页面中点“购买商品”，即可看到本国工厂可生产的商品列表，查看 01006 荔枝罐头的商品生产价格。

(5) 出口商(艾格公司)进入“My Business”的预算中心页面，根据工厂的商品生产价格，核算出成本与利润(计算方法请参考 POCIB 百科首页 “报价核算”中的“出口报价”)，然后进入“My Business”的“业务磋商”页面(此时业务已从市场开发阶段转到业务磋商阶段)中该笔业务的条目，在“业务联系”中点“写消息”，回复报价邮件给进口商。

输入标题：Quotation。

选择业务种类：发盘。

输入内容：

Dear Mr. CHUANBEN,

We have received your letter, asking us to offer the CANNED LITCHIS and highly appreciate that you are interested in our products.

Comply with your kindly request, we are pleased to offer our best price as follows:

1. CANNED LITCHIS.

2. Packing:EXPORTER CARTON.
3. Specification:850Gx24TINS/CTN.
4. Quantity:1000 CARTON.
5. Price:JPY1200/CARTON FOB Shanghai.
6. Payment:L/C.
7. Brand:At your option.

Our offer remains effective until August 30.

Yours faithfully,

AIGE ZHANG

AIGE IMPORT & EXPORT COMPANY

填写完毕后,点“发送消息”。

(6) 进口商(日清贸易)收到出口商的发盘,点画面右上方的消息按钮,可查看消息具体内容。看完消息后,进口商进入“My City”,点标志为“国内市场”的建筑物,在弹出页面中点“售出商品”,即可看到所有商品的市场售价。根据 01006 荔枝罐头的市场售价,核算出成本与利润(计算方法请参考 POCIB 百科首页“报价核算”中的“进口核算”),决定是否接受出口商报价(本例中进口商直接接受了报价,在实际中,双方为了保证自身利益,往往会有议价的过程,直到达成一致)。然后再进入“My Business”的“业务磋商”页面(此时业务已从市场开发阶段转到业务磋商阶段)中该笔业务的条目,在“业务联系”中点“写消息”,回复接受邮件给出口商。

输入标题:Acceptance。

选择业务种类:议价。

输入内容:

Dear Mr. AIGE ZHANG,

We have received your E-Mail.

After the consideration, we have pleasure in confirming the following offer and accepting it:

1. Commodity:CANNED LITCHIS.
2. Packing:EXPORTER CARTON.
3. Specification:850Gx24TINS/CTN.
4. Quantity:1000 CARTON.
5. Price:JPY1200/CARTON FOB Shanghai.
6. Payment:L/C.

Please send us a contract and thank you for your cooperation.

Yours sincerely,

CHUANBEN

RIQING EXPORT AND IMPORT COMPANY

填写完毕后,点“发送消息”。

(7) 出口商(艾格公司)收取进口商接受发盘的通知。

(三) 签订合同阶段

(1) 出口商(艾格公司)和进口商(日清贸易)这笔合同使用 JPY 作为交易币别,由于两国默认账户只有本币账户和美元账户，JPY 为进口商（所选国家为日本）本币，因此出口商需先开立 JPY 账户（如果 My Finance 的“账户列表”中已有 JPY 账户则不需再开立）。出口商（艾格公司）进入“My City”，点标志为“银行”的建筑物，在弹出页面中点“开立一般账户”，选择 JPY 日元，点“开户”按钮，开立账户。

（2）出口商（艾格公司）起草外销合同。进入“My Business”的“业务磋商”页面，再进入该笔业务，在弹出画面中点“业务合同”，再点画面下方“起草合同”，按要求进行填写（填写说明可参考 POCIB 百科首页“常用单证”中的“合同”，表单样本请参考附表 1）。

注：合同只能由出口商起草，填写过程中可随时“检查合同”（尽量迅速准确地填好单据，检查次数和填写时间都是考核的一部分），查看填写错误提示，确认合同填写无误，填写完成后点“保存合同”。

（3）出口商（艾格公司）发送合同。回到“业务合同”画面中，点“发送合同”，将自动把合同发给进口商。

（4）进口商（日清贸易）收取出口商发送合同的通知，查看通知内容后，进入“My Business”的“业务磋商”页面，再进入该笔业务，在弹出画面中点“业务合同”，查看合同详细内容。确认内容无误后，点合同下方 BUYERS 栏的“盖章”，然后再点画面下方“确认合同”（如果发现合同有错误，也可点“拒绝合同”，让出口商修改合同后再重新发送）。

（5）出口商（艾格公司）收取进口商已确认合同的通知。合同签订完成后，进出口双方即可查看“业务进度”，照图中步骤提示履行合同（图中蓝色步骤为目前可以做的步骤，黑色步骤为已经完成的步骤，浅灰色步骤为目前还不能做的步骤）。

（四）履行合同阶段

（1）进口商（日清贸易）填写不可撤销信用证开证申请书。点“单据中心”，再点“添加新单据”，在弹出画面中点击“不可撤销信用证开证申请书”对应的“添加”按钮（鼠标移到该条目上方可显示按钮），然后回到单据中心，点击不可撤销信用证开证申请书，打开单据进行填写（填写说明可访问 My City 中“银行”的相关网站，或参考 POCIB 百科首页“常用单证”中的“信用证开证申请书”，表单样本请参考附表 2）。

（2）进口商（日清贸易）申请开证。进入“My City”，点标志为“银行”的建筑物，在弹出页面中点“申请开证”，选择该笔合同，添加单据（外销合同、不可撤销信用证申请书），然后点击“办理”，完成开证申请。等待一段时间后，出口商（艾格公司）将收到银行发来的信用证到达通知，然后在单据中心里可看到“信用证通知书”。

（3）出口商（艾格公司）接受信用证。进入“My City”，点标志为“银行”的建筑物，在弹出页面中点“领取信用证”，选择合同为该笔合同，添加单据（信用证通知书），然后点击“办理”，完成信用证领取。再进入单据中心，可点击查看信用证内容（如果对信用证内容有疑义，例如发现信用证有效期过短等问题，可要求进口商修改信用证，修改方法与申请开证类似，具体说明可访问 My City 中“银行”的相关网站）。

（4）进口商（日清贸易）指定外运公司。进入“My Business”的“业务履约”页面中该笔业务的条目，在“业务联系”中点“写消息”，发送指定运输公司的邮件给出口商（标题内容自定，选择业务种类为“指定运输公司”）。

（5）出口商（艾格公司）备货。进入“My City”，点标志为“国内工厂”的建筑物，在弹出画面点“购买商品”，点击进入商品 01006 荔枝罐头的详细资料画面，在下方输入交易数量 1000，然后点击“购买”，完成商品订购。等待一段时间后（时间长短依赖于商品日产量），将收到国内工厂发来的货物生产完成的通知，在“My Stock”里可看到商品已在库存列表中。

（6）出口商（艾格公司）填写商业发票与装箱单。在单据中心添加“商业发票”和“装箱单”，再按要求填写[填写说明可访问 My City 中“国际货运有限公司（海运部）”的相关网站，或参考 POCIB 百科首页“常用单证”中的“商业发票”和“装箱单”，表单样本请参考附表 3 和附表 4]。

（7）出口商（艾格公司）填写国际海运委托书。在单据中心添加“国际海运委托书”，按要求进行填写[填写说明可访问 My City 中“国际货运有限公司（海运部）”的相关网站，或参考 POCIB 百科首页“常用单证”中的“国际海运委托书”，表单样本请参考附表 5]。

（8）出口商（艾格公司）订舱。相关单据填写完成后，在“My City”里点“国际货运有限公司”（海运部），在弹出画面点“订舱”，选择合同为该笔合同，添加单据（国际海运委托书、商业发票、装箱单），然后点击“办理”，完成订舱申请。等待一段时间后，将收到国际货运有限公司发来的已成功订舱通知，在单据中心里可看到货运公司签发的“配舱回单”。

（9）出口商（艾格公司）出口报检。在单据中心添加“出境货物报检单”，按要求进行填写（填写说明可访问 My City 中“出入境检验检疫局”的相关网站，或参考 POCIB 百科首页“常用单证”中的“出境货物报检单”，表单样本请参考附表 6）。

单据填写完成后，在“My City”里点“出入境检验检疫局”，在弹出画面点“出口报检”，选择合同为该笔合同，添加单据（出境货物报检单、商业发票、装箱单、合同、信用证），然后点击“办理”，完成出口报检申请。等待一段时间后，将收到出入境检验检疫局发来的已完成检验的通知，在单据中心里可看到出入境检验检疫局签发的“出境货物通关单”及其他报检单上勾选申请的检验证书。

（10）出口商（艾格公司）申请产地证。在单据中心添加“普惠制产地证”，按要求进行填写（填写说明可访问 My City 中“出入境检验检疫局”的相关网站，或参考 POCIB 百科首页“常用单证”中的“普惠制产地证”，表单样本请参考附表 7）。

单据填写完成后，在“My City”里点“出入境检验检疫局”，在弹出画面点“申请证明”，选择合同为该笔合同，添加单据（普惠制产地证、商业发票、装箱单），然后点击“办理”，完成证书申请。等待一段时间后，将收到出入境检验检疫局发来的证书申请已完成的通知，在单据中心里可看到出入境检验检疫局盖章签发的“普惠制产地证”。

（11）出口商（艾格公司）送货。货物生产完成后，在“My City”里点“海关”，在弹出画面点“送货”，选择合同为该笔合同，添加单据（除化学药品需要提交货物运输条件鉴定书外，其他商品此处不需提交单据），然后点击“办理”，完成送货。

（12）出口商（艾格公司）出口报关。在单据中心添加“出口货物报关单”，按要求进行填写（填写说明可访问 My City 中“海关”的相关网站，或参考 POCIB 百科首页“常用单证”中的“出口货物报关单”，表单样本请参考附表 8）。

单据填写完成后，在“My City”里点“海关”，在弹出画面点“出口报关”，选择合同为该笔合同，添加单据（出口货物报关单、商业发票、装箱单、出境货物通关单），然后点击“办理”，完成报关申请。等待一段时间后，将陆续收到海关发来的已通关的通知以及货物自动出运的通知。

（13）出口商（艾格公司）取提单（空运方式下提单为自动发放，不需再取提单）。收到货物出运通知后，在“My City”里点“国际货运有限公司”（海运部），在弹出画面点“取提单”，选择合同为该笔合同，添加单据(配舱回单)，然后点击“办理”，取回提单。

(14) 出口商(艾格公司)通知装运。到“My Business”，进入该笔业务的业务联系画面，点“写消息”，选择业务种类为“通知装运”，输入标题与内容(通常包括船名、航次、开船日期、预计到达日期等内容)，然后点击“发送消息”，完成通知装运。

(15) 进口商(日清贸易)办理保险(FOB 方式下进口商投保需在出口商订舱后、货物运抵进口港前办理，建议尽早办理，以免货物发生意外无法索赔)。在单据中心添加“投保单”，按要求进行填写(填写说明可访问 My City 中“保险公司”的相关网站，或参考 POCIB 百科首页“常用单证”中的“货物运输投保单”，表单样本请参考附表 9)。

单据填写完成后，在“My City”里点“保险公司”，在弹出画面点“投保”，选择合同为该笔合同，添加单据(投保单)，然后点击“办理”，完成保险申请。等待一段时间后，将收到保险公司发来的保险办理完成的通知，在单据中心里可看到保险公司签发的“货物运输保险单”。

(16) 出口商(艾格公司)填写汇票。在单据中心添加“汇票”，按要求进行填写(填写说明可访问 My City 中“银行”的相关网站，或参考 POCIB 百科首页“常用单证”中的“汇票”，表单样本请参考附表 10)。

(17) 出口商(艾格公司)交单。在“My City”里点“银行”，在弹出画面点“交单”，选择合同为该笔合同，添加单据[商业发票、装箱单、海运提单、汇票、信用证、普惠制产地证明书、商检证书——品质证书、商检证书——健康证书、商检证书——数量/重量证书、商检证书——植物检疫证书(后面五张证书本例中有申请，因此需要提交，如果没有申请此处可不提交)]，然后点击“办理”，完成交单。等待一段时间后，进口商(日清贸易)将收到银行发来的赎单通知。

(18) 进口商(日清贸易)付款(即期信用证付款后才能赎单，远期信用证此处只要承兑就能赎单，在汇票到期日前付款即可)。收到赎单通知后，在“My City”里点“银行”，在弹出画面点“付款”，选择合同为该笔合同，添加单据(对外付款/承兑通知书)，然后点击“办理”，完成付款。

(19) 进口商(日清贸易)取回单据。付款后，在“My City”里点“银行”，在弹出画面点“取回单据”，选择合同为该笔合同，然后点击“办理”，取回单据。

(20) 出口商(艾格公司)收取银行发来的进口商已付款的入账通知。

(21) 出口商(艾格公司)办理国际收支网上申报。在“My City”里点“外汇管理局”，在弹出画面点“国际收支申报”，申报信息录入页面请查看百科的填写说明。

等待一段时间后，将收到外管局发来的国际收支网上申报已通过审核的消息。

(22) 出口商(艾格公司)办理出口退税。在“My City”里点“税务局”，在弹出画面点“申请出口退税”，选择合同为该笔合同，添加单据[商业发票、增值税专用发票、报关单(出口退税联)(这张单据由海关在通关后签发，需等待较长时间，具体时间请查看系统帮助里“各机构业务办理时间一览表”)]，然后点击“办理”，完成退税申请。等待一段时间后，将收到税务局发来的已完成退税的通知。

(23) 出口商(艾格公司)结汇(并非每笔业务都要结汇，出口商可根据自己的账户资金状况决定是否需要通过结汇将外币账户内的资金转入本币账户中)。收到货款后，在“My City”里点“银行”，在弹出画面点“结汇”，选择要结汇的外币账户，然后在下方输入要结汇的金额(不能超过该外币账户现有金额)，点击“办理”，完成结汇。

(24) 进口商(日清贸易)收取出口商发来的装运通知。货物完成运输抵达进口港时，进口商将收到货物到达通知，同时国际货运有限公司将签发“国际货物运输代理业专用发票”。

(25) 进口商(日清贸易)支付运费(FOB方式下,运费由进口商支付)。在单据中心添加"境内汇款申请书",按要求进行填写(填写说明可访问My City中"银行"的相关网站,或参考POCIB百科首页"常用单证"中的"境内汇款申请书",表单样本请参考附表11)。

单据填写完成后,在"My City"里点"银行",在弹出画面点"支付运费",选择合同为该笔合同,添加单据(境内汇款申请书、国际货物运输代理业专用发票),然后点击"办理",完成运费支付。

(26) 进口商(日清贸易)取提货单。在"My City"里点"国际货运有限公司"(海运部),在弹出画面点"取提货单",选择合同为该笔合同,添加单据(海运提单),然后点击"办理",换取提货单。

(27) 进口商(日清贸易)进口报检。在单据中心添加"入境货物报检单",按要求进行填写(填写说明可访问My City中"出入境检验检疫局"的相关网站,或参考POCIB百科首页"常用单证"中的"入境货物报检单",表单样本请参考附表12)。

单据填写完成后,在"My City"里点"出入境检验检疫局",在弹出画面点"进口报检",选择合同为该笔合同,添加单据[入境货物报检单、商业发票、装箱单、合同、提货单、普惠制产地证明书、商检证书——品质证书、商检证书——健康证书、商检证书——数量/重量证书、商检证书——植物检疫证书(后面五张证书本例中有申请,因此需要提交,如果没有此处可不提交)],然后点击"办理",完成进口报检申请。等待一段时间后,将收到出入境检验检疫局发来的已完成检验的通知,在单据中心里可看到出入境检验检疫局签发的"入境货物通关单";

(28) 进口商(日清贸易)进口报关。在单据中心添加"进口货物报关单",按要求进行填写(填写说明可访问My City中"海关"的相关网站,或参考POCIB百科首页"常用单证"中的"进口货物报关单",表单样本请参考附表13)。

单据填写完成后,在"My City"里点"海关",在弹出画面点"进口报关",选择合同为该笔合同,添加单据(进口货物报关单、提货单、合同、商业发票、装箱单、入境货物通关单),然后点击"办理",完成报关申请。等待一段时间后,将收到海关发来的要求缴纳税费的通知,在单据中心里可以看到海关签发的"海关进口关税专用缴款书""海关进口增值税专用缴款书"和"海关进口消费税专用缴款书"(本例中商品没有进口消费税,因此没有这张单据,其他部分商品会有)。

(29) 进口商(日清贸易)缴税。在"My City"里点"海关",在弹出画面点"进口缴税",选择合同为该笔合同,添加单据[海关进口关税专用缴款书、海关进口增值税专用缴款书、海关进口消费税专用缴款书(本例中商品没有进口消费税,因此没有这张单据,其他部分商品会有)],然后点击"办理",缴纳税费。等待一段时间后,将收到海关发来的已通关的通知,在单据中心里可以看到海关签发的"进口报关单(付汇证明联)"。

(30) 进口商(日清贸易)提货。在"My City"里点"海关",在弹出画面点"提货",选择合同为该笔合同,添加单据(提货单),然后点击"办理",提领货物。

(31) 进口商(日清贸易)办理外汇监测系统网上申报。在"My City"里点"外汇管理局",在弹出画面点"外汇监测系统网上申报",信息录入页面请点击查看百科填写说明。

(32) 进口商(日清贸易)销货。进口货物后,可在"My City"里点"市场",在弹出画面点"售出商品",点击进入商品01006荔枝罐头的详细资料画面,在下方输入交易数量1000,然后点击"售出",完成商品销售,回收资金。

附表 1 至附表 13 为单据样本。

附表 1　国际买卖合同

AIGE IMPORT & EXPORT COMPANY

ROOM 2501, JIAFA MANSION, BEIJING WEST ROAD, SHANGHAI 200001, P.R.CHINA

SALES CONFIRMATION

Messrs:	RIQING EXPORT AND IMPORT COMPANY P.O.BOX 1589, NAGOYA, JAPAN	No.	contract01
		Date:	2011-08-29

Dear Sirs,

We are pleased to confirm our sale of the following goods on the terms and conditions set forth below;

Choice	Product No.	Description	Quantity	Unit	Unit Price	Amount
			[FOB]	[Shanghai,China]		
○	01006	CANNED LITCHIS 850Gx24TINS/CTN	1000	CARTONS	JPY 1200	JPY1200000
		Total:	1000	CARTONS		[JPY][1200000]

Say Total: JPY ONE MILLION TWO HUNDRED THOUSAND ONLY

Payment:	L/C　AT SIGHT
Packing:	850Gx24TINS/CTN
Port of Shipment:	Shanghai,China
Port of Destination:	Nagoya,Japan
Shipment:	Shipment in [September] By vessel 20' CONTAINER × [1]
Shipping Mark:	CANNED LITCHIS JAPAN C/NO.1-1000 MADE IN CHINA
Quality:	AS PER SAMPLE SUBMITTED BY SELLER.
Insurance:	TO BE COVERED BY THE BUYER.
Documents:	1. Signed commercial invoice in 1 original and 3 copies . 2. Full set of clean on board Bills of Lading made out to order and blank endorsed, marked "freight to collect". 3. Packing List Memo in 1 original and 3 copies indicating quantity, gross and weights of each package. 4. Certificate of Quantity/Weight in 1 original and 3 copies . 5. Certificate of Quality in 1 original and 3 copies . 6. Certificate of phytosanitary in 1 original and 3 copies . 7. Health Certificate in 1 original and 3 copies . 8. Certificate of Origin Form A in 1 original and 3 copies .

BUYERS	SELLERS
日清进出口贸易公司 RIQING EXPORT AND IMPORT COMPANY **CHUANBEN** (Manager Signature)	艾格进出口贸易公司 AIGE IMPORT & EXPORT COMPANY **AIGE ZHANG** (Manager Signature)

附表 2 不可撤销信用证开证申请书

IRREVOCABLE DOCUMENTARY CREDIT APPLICATION

TO: THE BANK of TOKYO-MITSUBISHI, LTD. **DATE:** 2011-08-29

[x] Issue by airmail [ ] With brief advice by teletransmission [ ] Issue by express delivery [ ] Issue by teletransmission (which shall be the operative instrument)	**Credit NO.** Date and place of expiry [2011093] [china]
Applicant RIQING EXPORT AND IMPORT COMPANY P.O.BOX 1589, NAGOYA, JAPAN	Beneficiary (Full name and address) AIGE IMPORT & EXPORT COMPANY ROOM 2501, JIAFA MANSION, BEIJING WEST ROAD, SHANGHAI 200001, P.R.CHINA
Advising Bank BANK OF CHINA 170 People Avenue, Shanghai, China	Amount [JPY][1200000] JPY ONE MILLION TWO HUNDRED THOUSAND ONLY
Parital shipments [x] allowed [ ] not allowed Transhipment [x] allowed [ ] not allowed Loading on board/dispatch/taking in charge at/from SHANGHAI,CHINA not later than 20110901 For transportation to： NAGOYA,JAPAN [x] FOB [ ] CFR [ ] CIF [ ] or other terms	Credit available with ANY BANK IN CHINA By [x] sight payment [ ] acceptance [ ] negotiation [ ] deferred payment at select against the documents detailed herein [ ] and beneficiary's draft(s) for 100 % of invoice value at select sight drawn on ISSUE BANK

Documents required: (marked with X)

1.(×)Signed commercial invoice in 1 original(s) and 3 copy(copies) indicating L/C No. and Contract No. contract01.

2.(×)Full set of clean on board Bills of Lading made out to order and blank endorsed, marked "freight [×]to collect / [ ] prepaid [ ] showing freight amount" notifying THE Applicant.

( )Clean Air Waybill consigned to ____________,marked "freight [ ] to collect/[ ] prepaid " notifying ____________.

3.( )Insurance Policy/Certificate in ____ original(s) and ____ copy(copies) for ____ % of the invoice value showing claims payable in ____ in currency of the draft, blank endorsed, covering ____________.

4.(×)Packing List Memo in 1 original(s) and 3 copy(copies) indicating quantity, gross and weights of each package.

5.(×)Certificate of Quantity/Weight in 1 original(s) and 3 copy(copies)

6.(×)Certificate of Quality in 1 original(s) and 3 copy(copies)

7.( )Certificate of Origin in ____ original(s) and ____ copy(copies)

Other documents, if any

1.(×)Certificate of phytosanitary in 1 original(s) and 3 copy(copies)

2.(×)Health Certificate in 1 original(s) and 3 copy(copies)

3.(×)Certificate of Origin Form A in 1 original(s) and 3 copy(copies)

Description of goods:

01006
CANNED LITCHIS
850Gx24TINS/CTN
QUANTITY: 1000CARTONS
PRICE: JPY1200

Additional instructions:

1.(×)All banking charges outside the opening bank are for beneficiary's account.

2.(×)Documents must be presented within 7 days after date of issuance of the transport documents but within the validity of this credit.

3.(×)Third party as shipper is not acceptable, Short Form/Blank B/L is not acceptable.

4.(×)Both quantity and credit amount 5 % more or less are allowed.

5.( )All documents must be forwarded in ____________.

( )Other terms, if any

附表 3　商业发票

ISSUER AIGE IMPORT & EXPORT COMPANY ROOM 2501, JIAFA MANSION, BEIJING WEST ROAD, SHANGHAI 200001, P.R.CHINA	商业发票 COMMERCIAL INVOICE	
TO RIQING EXPORT AND IMPORT COMPANY P.O.BOX 1589, NAGOYA, JAPAN	NO. IV0000066	DATE 2011-08-29
TRANSPORT DETAILS From SHANGHAI,CHINA to NAGOYA,JAPAN on September 1, 2011 By Vessel.	S/C NO. contract01	L/C NO. 002/0000025
	TERMS OF PAYMENT L/C AT SIGHT	

Choice	Marks and Numbers	Description of goods	Quantity	Unit Price	Amount
				[FOB SHANGHAI,CHINA]	
○	CANNED LITCHIS JAPAN C/NO.1-1000 MADE IN CHINA	CANNED LITCHIS 850Gx24TINS/CTN	1000 CARTONS	JPY 1200	JPY 1200000
		Total:	[1000][CARTON]		[JPY][1200000]

SAY TOTAL: JPY ONE MILLION TWO HUNDRED THOUSAND ONLY

艾格进出口贸易公司
AIGE IMPORT & EXPORT COMPANY
AIGE ZHANG

附表 4　装箱单

ISSUER	装箱单
AIGE IMPORT & EXPORT COMPANY ROOM 2501, JIAFA MANSION, BEIJING WEST ROAD, SHANGHAI 200001, P.R.CHINA	PACKING LIST
TO RIQING EXPORT AND IMPORT COMPANY P.O.BOX 1589, NAGOYA, JAPAN	INVOICE NO.: IV0000068 DATE: 2011-08-29

Choice	Marks and Numbers	Description of goods	Package	G.W	N.W	Meas.
○	CANNED LITCHIS JAPAN C/NO.1-1000 MADE IN CHINA	CANNED LITCHIS 850Gx24TINS/CTN	1000 CARTONS	22440 KGS	20400 KGS	22.588 CBM
		Total:	[1000] [CARTONS]	[22440] [KGS]	[20400] [KGS]	[22.588] [CBM]

SAY TOTAL: ONE THOUSAND CARTONS ONLY

艾格进出口贸易公司
AIGE IMPORT & EXPORT COMPANY
AIGE ZHANG

附表 5　国际海运委托书

INSTRUCTION FOR CARGO BY SEA

国际海运货物委托书

SHIPPER(发货人):	AIGE IMPORT & EXPORT COMPANY	TEL	
ADDRESS(地址):	ROOM 2501, JIAFA MANSION, BEIJING WEST ROAD, SHANGHAI 200001, P.R.CHINA		
DATE(日期):	2011-09-01		
CONSIGNEE(收货人):	TO ORDER	TEL	
ADDRESS(地址):			
ALSO NOTIFY(通知人):	RIQING EXPORT AND IMPORT COMPANY	TEL	
ADDRESS(地址):	P.O.BOX 1589, NAGOYA, JAPAN		
PORT OF LOADING(装运港):	SHANGHAI,CHINA	PORT OF DESTINATION(目的港)	NAGOYA,JAPAN
OCEAN VESSEL(船名):			

Choice	DESCRIPTION OF GOODS 货物名称及描述	MARKS & NUMBERS 唛头	NO.OF PACKAGE 件数	GROSS WEIGHT/KG 毛重	NET WEIGHT/KG 净重	Meas. 体积
○	CANNED LITCHIS 850Gx24TINS/CTN	CANNED LITCHIS JAPAN C/NO.1-1000 MADE IN CHINA	1000 CARTONS	22440 KGS	20400 KGS	22.588 CBM

[添 加][修 改][删 除]

	NO.OF PACKAGE	GROSS WEIGHT	NET WEIGHT	Meas.
TOTAL:	[1000] [CARTONS]	[22440] [KGS]	[20400] [KGS]	[22.588] [CBM]

RETE AGREED运费协议	SPECIAL INSTRUCTIONS 特别附注
☑ 货柜	
☐ 拼箱	

柜形 及 数量			
	☑ 20' CONTAINER X 1	☐ 40' CONTAINER X	☐ 40' HQ X
	☐ 20' REEFER X	☐ 40' REEFER X	☐ 40' REEFER HIGH
	☐ 20' Platform X	☐ 40' Platform X	
	☐ 20' Car X	☐ 40' Car X	

IMPORTANT-Please indicate freight payment by whom.	FREIGHT (运费)	☐ PREPAID ☑ COLLECT

DOCUMENT 文件单据:		
	INVOICE发票#:	IV0000060
	PACKING LIST装箱单#:	PL0000060

CONSIGNOR'S DETAIL委托人资料

CONSIGNOR'S NAME &ADDERSS (公司名称及地址)	AIGE IMPORT & EXPORT COMPANY ROOM 2501, JIAFA MANSION, BEIJING WEST ROAD, SHANGHAI 200001, P.R.CHINA	INSTRUCTION BY: (经手人) SIGNED & CHOPPED: 签 字 及 盖 章	AIGE ZHANG

附表 6　出境货物报检单

出境货物报检单

报检单位（加盖公章）：艾格进出口贸易公司　　　　　　　　*编　号 EC0000055

报检单位登记号：32000[illegible]567　联系人：张艾格　电话：86-21-23501213　报检日期：2011年 08 月 29 日

发货人	（中文）	艾格进出口贸易公司
	（外文）	AIGE IMPORT & EXPORT COMPANY
收货人	（中文）	日清进出口贸易公司
	（外文）	RIQING EXPORT AND IMPORT COMPANY

货物名称（中/外文）	H.S.编码	产地	数/重量	货物总值	包装种类及数量
荔枝罐头 CANNED LITCHIS	2008991000	中国	1000 箱	JPY 1200000	1000 纸箱

运输工具名称号码	TBA	贸易方式	一般贸易	货物存放地点	SHANGHAI,CHINA
合同号	contract01	信用证号	002/0000025	用途	
发货日期	2011-08-29	输往国家(地区)	日本	许可证/审批号	
启运地	上海	到达口岸	名古屋	生产单位注册号	
集装箱规格、数量及号码	20' CONTAINER X 1				

合同、信用证订立的检验检疫条款或特殊要求	标记及号码	随附单据（划"√"或补填）	
	CANNED LITCHIS JAPAN C/NO.1-1000 MADE IN CHINA	☑合同 ☑信用证 ☑发票 ☐换证凭单 ☑装箱单 ☐厂检单	☐包装性能结果单 ☐许可/审批文件 ☐ ☐ ☐ ☐

需要证单名称（划"√"或补填）				*检验检疫费	
☑品质证书	1 正 3 副	☑植物检疫证书	1 正 3 副	总金额（人民币元）	
☑重量证书	1 正 3 副	☐熏蒸/消毒证书	正 副		
☑数量证书	1 正 3 副	☐出境货物换证凭单		计费人	
☐兽医卫生证书	正 副	☑通关单			
☑健康证书	1 正 3 副	☐			
☐卫生证书	正 副	☐		收费人	
☐动物卫生证书	正 副	☐			

报检人郑重声明：	领取证单	
1. 本人被授权报检。 2. 上列填写内容正确属实，货物无伪造或冒用他人的厂名、标志、认证标志，并承担货物质量责任。	日期	
签名：张艾格	签名	

注：有"*"号栏由出入境检验检疫机关填写　　　　◆国家出入境检验检疫局制

[1-2 (2000.1.1)]

附表 7 普惠制产地证明书

ORIGINAL

<table>
<tr><td colspan="3">1.Goods consigned from (Exporter's business name, address, country)
AIGE IMPORT & EXPORT COMPANY
ROOM 2501, JIAFA MANSION, BEIJING WEST ROAD, SHANGHAI 200001, P.R.CHINA</td><td colspan="3" rowspan="2">Reference No. GP/000/1639

GENERALIZED SYSTEM OF PREFERENCES
CERTIFICATE OF ORIGIN
(Combined declaration and certificate)

FORM A</td></tr>
<tr><td colspan="3">2.Goods consigned to (Consignee's name, address, country)
RIQING EXPORT AND IMPORT COMPANY
P.O.BOX 1589, NAGOYA, JAPAN</td></tr>
<tr><td colspan="3">3.Means of transport and route (as far as known)
From SHANGHAI,CHINA to NAGOYA,JAPAN on September 1, 2011 By Vessel.</td><td colspan="3">4.For official use</td></tr>
<tr><td>Item number</td><td>6.Marks and numbers of packages</td><td>7.Number and kind of packages; description of goods</td><td>8.Origin criterion (see Notes overleaf)</td><td>9.Gross weight or other quantity</td><td>10.Number and date of invoices</td></tr>
<tr><td>1</td><td>CANNED LITCHIS
JAPAN
C/NO.1-1000
MADE IN CHINA</td><td>ONE THOUSAND (1000)
CARTONS OF CANNED LITCHIS
850Gx24TINS/CTN</td><td>"P"</td><td>1000CARTONS</td><td>IV0000066
August 29,2011</td></tr>
<tr><td colspan="3">11.Certification
It is hereby certified, on the basis of control carried out, that the declaration by the exporter is correct.
ENTRY-EXIT INSPECTION AND QUARANTINE BUREAU 出入境检验检疫局 FORM A

Place and date, signature and stamp of certifying authority</td><td colspan="3">12.Declaration by the exporter
The undersigned hereby declares that the above details and statements are correct, that all the goods were
produced in China
(country)
and that they comply with the origin requirements specified for those goods in the Generalized System of Preferences for goods exported to
JAPAN
(importing country)
艾格进出口贸易公司
AIGE IMPORT & EXPORT COMPANY
AIGE ZHANG

Place and date, signature and stamp of authorized signatory</td></tr>
</table>

附表 8　出口货物报关单

海关出口货物报关单

预录入编号：020001882　　　　　　海关编号：

出口口岸 上海海关	备案号	出口日期 2011-09-02	申报日期 2011-09-02
经营单位 艾格进出口贸易公司 2200001986	运输方式 江海运输	运输工具名称 TBA	提运单号
发货单位 艾格进出口贸易公司 2200001986	贸易方式 一般贸易(0110)	征免性质 一般征税(101)	结汇方式 信用证
许可证号	运抵国（地区） 日本(116)	指运港 名古屋(1287)	境内货源地
批准文号	成交方式 FOB	运费 [ ]/[ ]/[ ]	保费 [ ]/[ ]/[ ]	杂费 [ ]/[ ]/[ ]
合同协议号 contract01	件数 1000	包装种类 纸箱	毛重（公斤） 22440	净重（公斤） 20400
集装箱号	随附单据	生产厂家

标记唛码及备注

CANNED LITCHIS
JAPAN
C/NO.1-1000
MADE IN CHINA

项号	商品编号	商品名称、规格型号	数量及单位	最终目的国（地区）	单价	总价	币制	征免
1	2008991000	荔枝罐头 每箱24罐，每罐850克	1000 箱	日本(116)	1200	1200000	日元 (116)	照章征税

税费征收情况

录入员 录入单位	兹声明以上申报无讹并承担法律责任	海关审单批注及放行日期（签章）
报关员		审单　审价
单位地址	申报单位（签章）	征税　统计
邮编　电话	填制日期	查验　放行

（印章：报关专用章）

附表 9 货物运输险投保单

货 物 运 输 险 投 保 单

APPLICATION FOR CARGO TRANSPORTATION INSURANCE

投保单号：MI0001931

注意：请您在保险人明确说明本投保单及适用保险条款后，如实填写本投保单，您所填写的材料将构成签订保险合同的要约，成为保险人核保并签发保险单的依据。除双方另有约定外，保险人签发保险单且投保人向保险人缴清保险费后，保险人开始按约定的险种承保货物运输保险。

投保人 Applicant	RIQING EXPORT AND IMPORT COMPANY				
投保人地址 Applicant' s Add	P.O.BOX 1589, NAGOYA, JAPAN			邮编 Code	197-0804
联系人 Contact	CHUANBEN	电话 Tel.	81-3-932-3588	电子邮箱 E-mail	
被保险人 Insured	RIQING EXPORT AND IMPORT COMPANY			电话 Tel.	
贸易合同号 Contract No.	contract01	信用证号 L/C No.	002/0000398	发票号 Invoice No.	IV0000066

标记 Marks & Nos.	包装及数量 Packing & quantity	保险货物项目 Description of goods
CANNED LITCHIS JAPAN C/NO.1-1000 MADE IN CHINA	1000 CARTONS	CANNED LITCHIS

装载运输工具：Name of the Carrier TBA

起运日期：Departure Date 2011-08-29　　赔付地点：Claims Payable At JAPAN

航行路线：自 SHANGHAI,CHINA 经　到达（目的地）NAGOYA, JAPAN

Route From　Via　To(destination)

包装方式：

运输方式：

承保条件 投保人可根据投保意向选择投保险别及条款，并划 √ 确认，但保险人承保的险别及适用条款以保险人最终确定并在保险单上列明的险种、条款为准。

Conditions：

进出口海洋运输：☑一切险　☐水渍险　☐平安险　（《海洋运输货物保险条款》）

☐ICC(A)　☐ICC(B)　☐ICC(C)　（《伦敦协会条款》）

进出口航空运输：☐航空运输险　☐航空运输一切险　（《航空运输货物保险条款》）

进出口陆上运输：☐陆运险　☐陆运一切险　（《陆上运输货物保险条款 》）

特殊附加险：☐战争险　☐罢工险

特别约定Special Conditions：

1、加成 Value Plus About 110 %

2、CIF金额 CIF value　　3、保险金额 Insured Value

4、费率（‰） Rate　　5、保险费 Premium

投保人声明：

1. 本人填写本投保单之前，保险人已经就本投保单及适用的保险条款的内容，尤其是关于保险人免除责任的条款及投保人和被保险人义务条款向本人作了明确说明，本人对该保险条款及保险条件已完全了解，并同意接受保险条款的约束。

2. 本投保单所填各项内容均属事实，同意以本投保单作为保险人签发保险单的依据。

3. 保险合同自保险单签发之日起成立。

投保人签字（盖章） RIQING EXPORT AND IMPORT COMPANY　　日期 2011-08-29

附表 10 汇票

BILL OF EXCHANGE

No. S0001184 Dated 2011-09-01

Exchange for JPY 1200000

At ---- Sight of this FIRST of Exchange

(Second of exchange being unpaid)

Pay to the Order of BANK OF CHINA

the sum of JPY ONE MILLION TWO HUNDRED THOUSAND ONLY

Drawn under L/C No. 002/0000025 Dated 2011-09-01

Issued by THE BANK of TOKYO-MITSUBISHI, LTD.

To THE BANK of TOKYO-MITSUBISHI
LTD.2-10-22 2-10-22 Kayato Bldg 4F, Akebonocho
Tachikawa Shi, Tokyo

艾格进出口贸易公司
AIGE IMPORT & EXPORT COMPANY
AIGE IMPORT & EXPORT COMPANY
AIGE ZHANG
(Authorized Signature)

附表 11 境内汇款申请书

境 内 汇 款 申 请 书

APPLICATION FOR FUNDS TRANSFERS (DOMESTIC)

致：TO： 东京三菱银行　　　　　　日期：DATE： 2011-08-29

☑电汇 T/T ☐票汇 D/D ☐信汇 M/T	发电等级 Priority	☑普通 Normal ☐加急 Urgent

申 报 号 码 BOP Reporting NO.			
20 银 行 业 务 编 号 Bank Transac.ref.no.		收 电 行 / 付 款 行 Receiver/Drawn on	
32A 汇 款 币 种 及 金 额 Currency & Interbank Settlement Amount	[USD][263]	金 额 大 写 Amount in Words	USD TWO HUNDRED SIXTY THREE ONLY
其中 现汇金额 Amount in FX	[ ][ ]	帐号 Account NO./Credit Card NO.	
其中 购汇金额 Amount of Purchase	[USD][263]	帐号 Account NO./Credit Card NO.	6101000019881
其中 其他金额 Amount of Others		帐号 Account NO./Credit Card NO.	
50a 汇 款 人 名 称 及 地 址 Remitter's Name & Address	日清进出口贸易公司，日本名古屋1589邮箱		
☑对公 组织机构代码 Urut Code		对私	个人身份证件号码 Individual ID No. / 中国居民个人 Resident individual　中国非居民个人
54/56a 收款银行之代理行 名称及地址 Correspondent of Beneficiary's Bank Name & Address			
57a 收 款 人 开 户 银 行 名称及地址 Beneficiary's Bank Name & Address	收款人开户银行在其代理行帐号 Bene's Bank A/C NO. 东京三菱银行		
59a 收款人名称及地址 Beneficiary's Name & Address	收款人帐号 Bene's A/C NO. 6102102200558 国际货运有限公司		
70 汇 款 附 言 Remittance Information	只限140个字位 Not Exceeding 140 Characters	71A 国 内 外 费 用 承 担 All Bank's Charges if Any Are To Be Borne By	☑汇款人 OUR ☐收款人 BEN ☐共同 SHA

收款人常驻国家(地区)名称及代码 Resident Country/Region Name & Code 日本(116)

请选择：☐预付货款 Advance Payment ☐货到付款 Payment Against Delivery ☐退款 Refund ☐其他 Other　最迟装运日期

交易编码 BOP Transac Code	201013	相应币种及金额 Currency & Amount	[USD][263]	交易附言 Transac.Remark	
是否为进口核销项下付款	☐是 ☑否	合同号		发票号	
外汇局批件/备案表号		报关单经营单位代码			
报关单号		报关单币种及总金额	[ ][ ]	本次核注金额	
报关单号		报关单币种及总金额		本次核注金额	

银 行 专 用 栏 For Bank Use Only		申 请 人 签 章 Applicant's Signature	银 行 签 章 Bank's Signature
购汇汇率 Rate		请按照贵行背页所列条款代办以上汇款并进行申报 Please Effect The Upwards Remittance,Subject To The Conditions Overleaf:	东京三菱银行 00010101 转讫
等值人民币 RMB Equivalent			
手 续 费 Commission			
电 报 费 Cable Charges			
合 计 Total Charges		申请人姓名 Name of Applicant 日清进出口贸易公司	核准人签字 Authorized Person
支付费方式 In Payment of the Remittance	现金 by Cash 支票 by Check 帐户 from Account	电话 Phone No. 81-3-2-3588	日期 Date
核 印 Sig. Ver.		经 办 Maker	复 核 Checker

填 写 前 请 仔 细 阅 读 各 项 背 面 条 款 及 填 报 说 明

Please read the conditions and instructions overleaf before filling in this application

附表 12 入境货物报检单

入境货物报检单

报检单位（加盖公章）：日清进出口贸易公司 *编 号 IC0001869

报检单位登记号：3200000988 联系人：川本一郎 电话：81-3-932-3588 报检日期：2011年 08 月 25 日

收货人	（中文）	日清进出口贸易公司	企业性质(划“√”)	□合资 □合作 □外资
	（外文）	RIQING EXPORT AND IMPORT COMPANY		
发货人	（中文）	艾格进出口贸易公司		
	（外文）	AIGE IMPORT & EXPORT COMPANY		

货物名称（中/外文）	H.S.编码	原产国(地区)	数/重量	货物总值	包装种类及数量
荔枝罐头 CANNED LITCHIS	2008991000	中国	1000箱	JPY1200000	1000纸箱

运输工具名称号码	TBA			合 同 号	contract01
贸易方式	一般贸易	贸易国别(地区)	中国	提单/运单号	COBL0001082
到货日期	2011-09-02	启运国家(地区)	中国	许可证/审批号	
卸毕日期	2011-09-02	启运口岸	上海	入境口岸	
索赔有效期至	2011-09-02	经停口岸		目的地	名古屋
集装箱规格、数量及号码					
合同订立的特殊条款以及其他要求				货物存放地点	
				用 途	

随附单据（划“√”或补填）		标记及号码	*外商投资财产(划“√”) □是 □否	
☑合同	□到货通知	CANNED LITCHIS JAPAN C/NO.1-1000 MADE IN CHINA	*检验检疫费	
☑发票	☑装箱单		总金额（人民币元）	
☑提/运单	□质保书		计费人	
□兽医卫生证书	□理货清单		收费人	
☑植物检疫证书	□磅码单			
□动物检疫证书	□验收报告			
□卫生证书	□			
☑原产地证	□			
□许可/审批文件	□			

报检人郑重声明：	领取证单	
1. 本人被授权报检。 2. 上列填写内容正确属实。	日期	
签名： 川本一郎	签名	

注：有“*”号栏由出入境检验检疫机关填写 ◆国家出入境检验检疫局制

[1-2 (2000.1.1)]

附表 13 进口货物报关单

海关进口货物报关单

预录入编号：080001868　　　　海关编号：

进口口岸 日本海关	备案号	进口日期 2011-09-02	申报日期 2011-09-02
经营单位 日清进出口贸易公司 2200001988	运输方式 江海运输	运输工具名称 TBA	提运单号 COBL0001082
收货单位 日清进出口贸易公司 2200001988	贸易方式 一般贸易(0110)	征免性质 一般征税(101)	征税比例
许可证号	起运国(地区) 中国(142)	装货港 上海(1111)	境内目的地
批准文号	成交方式 FOB	运费 [502]/[263]/[3]	保费 [116]/[10934.]/[3]
			杂费 [ ]/[ ]/[ ]
合同协议号 contract01	件数 1000	包装种类 纸箱	毛重(公斤) 22440
			净重(公斤) 20400
集装箱号	随附单据		用途

标记唛码及备注

CANNED LITCHIS
JAPAN
C/NO.1-1000
MADE IN CHINA

项号	商品编号	商品名称、规格型号	数量及单位	原产国(地区)	单价	总价	币制	征免
1	2008991000	荔枝罐头 每箱24罐，每罐850克	1000 箱	中国(142)	1200	1200000	日本元 (116)	照章征税

税费征收情况

录入员 录入单位	兹声明以上申报无讹并承担法律责任	海关审单批注及放行日期(签章)
报关员		审单　　审价
单位地址	申报单位(签章)	征税　　统计
邮编　　电话	填制日期	查验　　放行

第二节　世格 SimALE 跨境电商平台模拟实操

世格 SimALE 跨境电商理实一体化教学平台覆盖了速卖通平台销售整个流程，从注册认证、选品、产品上架、售后、订单处理到营销活动及数据分析，并且穿插具体的公司案例，把速卖通跨境销售的知识点串联起来，教学过程不仅包括平台的操作模拟、案例分析，还有对整个跨境电商行业的介绍，以及从业需要的相关技巧。本课程适合国际经济与贸易、国际营销、外贸英语等经济管理类专业。

一、登录 SimALE

SimALE 的登录界面如图 6.34 所示。

图 6.34　SimALE 的登录界面

二、管理员

管理员主要进行 SimALE 平台的账户管理、模块管理。

(一) 首页

首页显示 SimALE 平台统计信息,如图 6.35 所示。

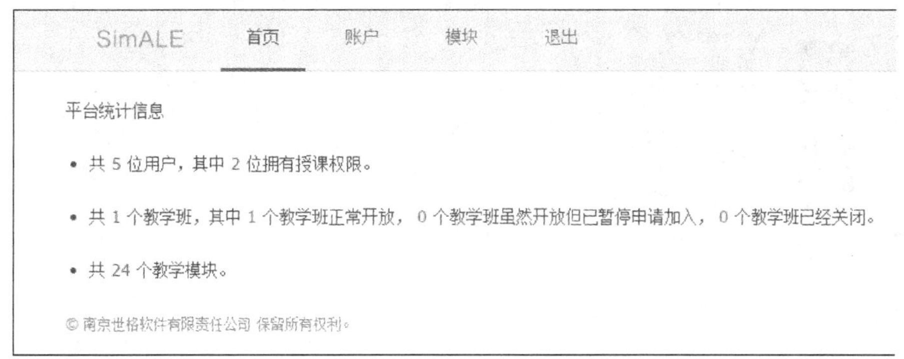

图 6.35 SimALE 平台统计信息

(二) 账户

如图 6.36 所示页面主要用于账户管理,包括指定老师的授课权限、重新设置账户密码等。

图 6.36 账户界面

(三) 模块

模块界面包含“账号注册、产品上架、订单管理、客服沟通、数据与营销、速卖通平台知识拓展”等模块,如图 6.37 所示。

图 6.37 模块界面

三、教师

(一) 首页

老师初次登录时,需要进入"授课"页面开设一个教学班,如图 6.38 所示。

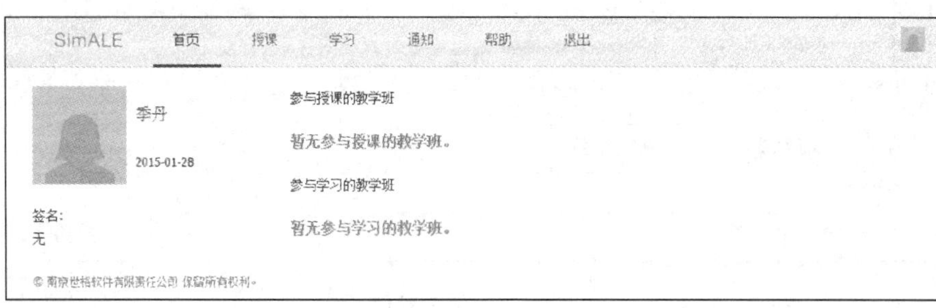

图 6.38 登录首页

(二) 授课

1. 开设新教学班

在"授课"页面点"开设新教学班",分别录入教学班名称、班级介绍、选课密码,如图 6.39、图 6.40 所示。

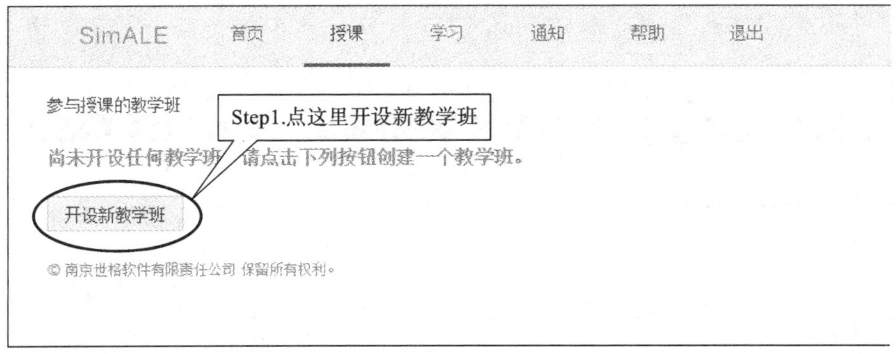

图 6.39 授课页面——开设新教学班

图 6.40 开设新教学班页面

2. 管理教学班

在授课页面点击教学班名称，进入教学班管理，如图 6.41 所示。

首页显示在“开设新教学班”时输入的教学班介绍，以及学生名单列表，如图 6.42 所示。

SimALE
首页
授课
学习
通知
帮助
退出
参与授课的教学班
教学班名称
参与人数
最后活动时间
管理
世格SimALE跨境电商理实一体化教学平台软件
13
2016-07-18 10:49:36
国际认知
2
2016-04-22 18:06:06
世格IBIC国际商务互动案例库
6
2016-04-21 14:39:42
开设新教学班
1
© 南京世格软件有限责任公司 保留所有权利。

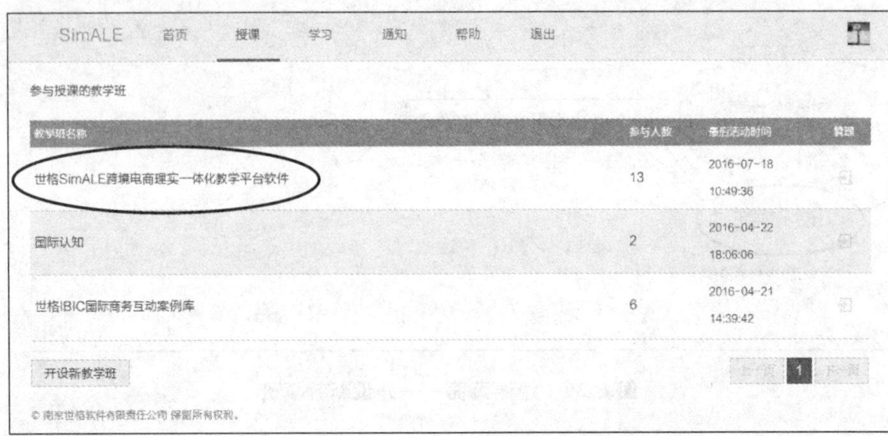

图 6.41　授课页面——教学班名称

SimALE
首页
授课
学习
通知
帮助
退出
世格SimALE跨境电商理实一体化教学平台软件
首页　教学内容　交流　团队　评价　通知　基本信息　选课密码　教学班图片　状态
SimALE跨境电商理实一体化教学平台
近年来，我国传统外贸发展速度放缓，跨境电子商务却保持了快速增长的态势。我国交易平台服务、物流配送、电子支付等电子商务服务业已初具规模，支撑和促进了跨境电子商务的发展。跨境电子商务具有巨大的发展潜力，将成为我国外贸的重要增长点。
目前，跨境电商行业综合性人才短缺，市场对该行业的人才需求量大。而学校对跨境电子商务领域的教学面临着师资短缺，教学资源不足的问题，学生对跨境电商的认识仍停留在课本理论阶段，没有实际的操作体验。
为了落实“互联网+”国家战略行动计划，响应“大众创业、万众创新”的号召，搭建全新的跨境电商校企合作平台，世格软件于2016年正式推出跨境电子商务模拟实训平台。该平台体系将跨境电商高校课程与模拟实训完美融合，以提升各院校跨境电商专业师资水平，培养跨境电子商务人才的创新创业能力，为更多有梦想的年轻学子提供创业的舞台。
学生列表
cn
毛影星
金鹏飞
刘亚鹏
© 南京世格软件有限责任公司 保留所有权利。

图 6.42　教学班管理首页

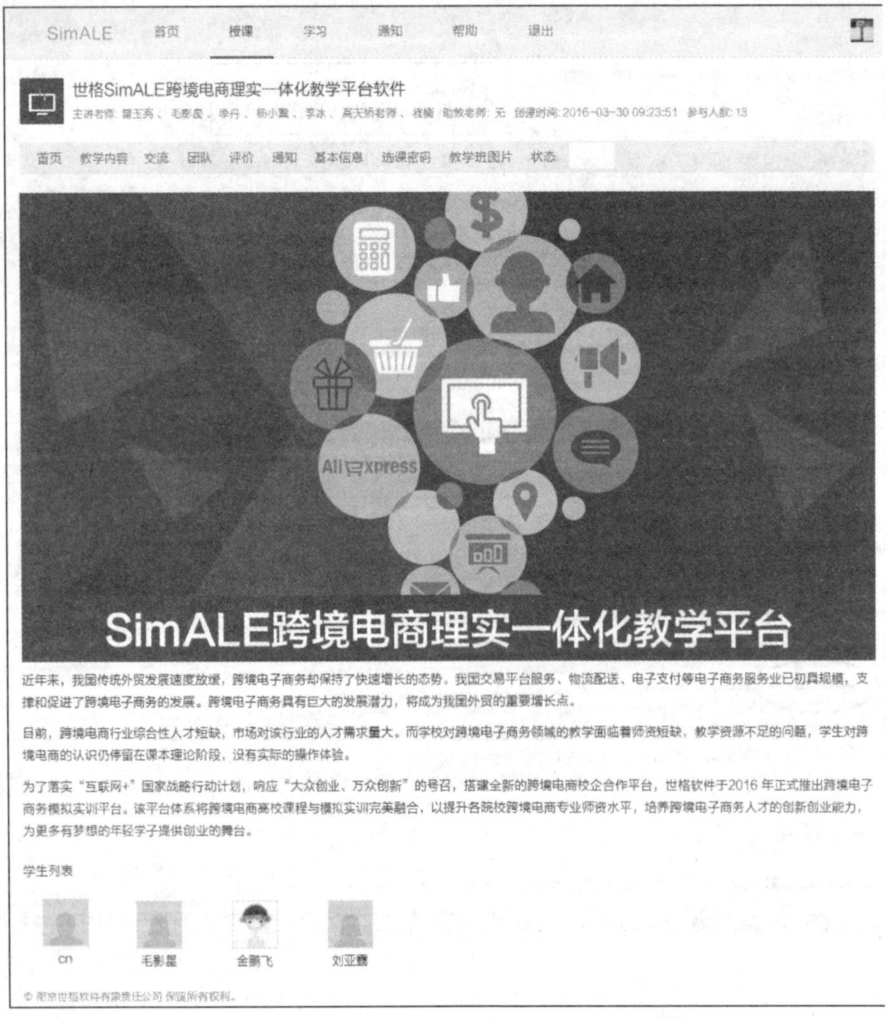

成功新建教学班后，需分别导入教学模块，如图 6.43 所示。

图 6.43　导入教学模块

成功导入模块后，在“显示”项勾选对应的模块名称，即表示可开放此模块，如图 6.44 所示。

3. 教学内容及其应用

点击有关名称，可查看相应的教学内容及应用，如图 6.45 所示。

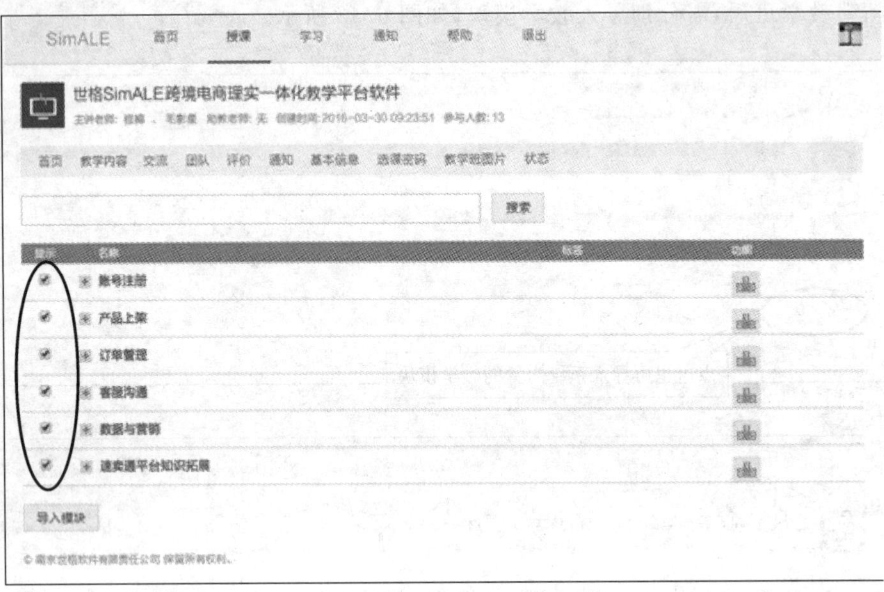

图 6.44　勾选模块

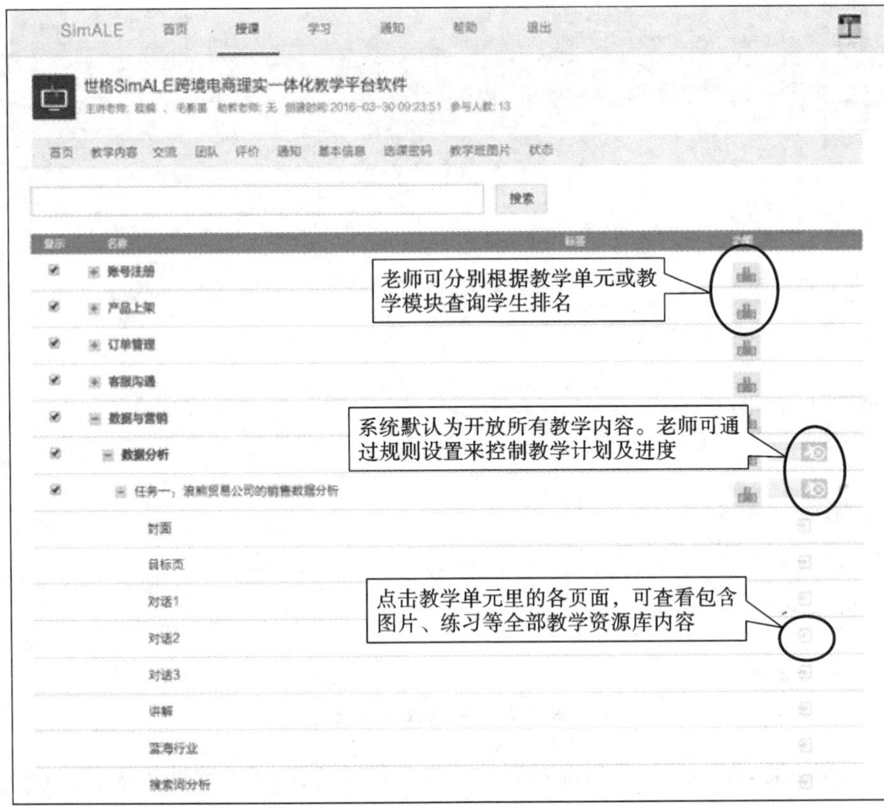

图 6.45　查看教学内容

4. 交流讨论

老师与学生之间、学生与学生之间的互动交流与讨论，都可在图 6.46 所示页面发表。

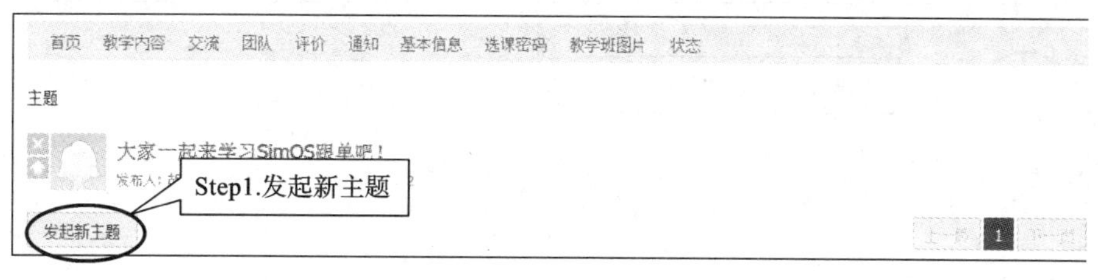

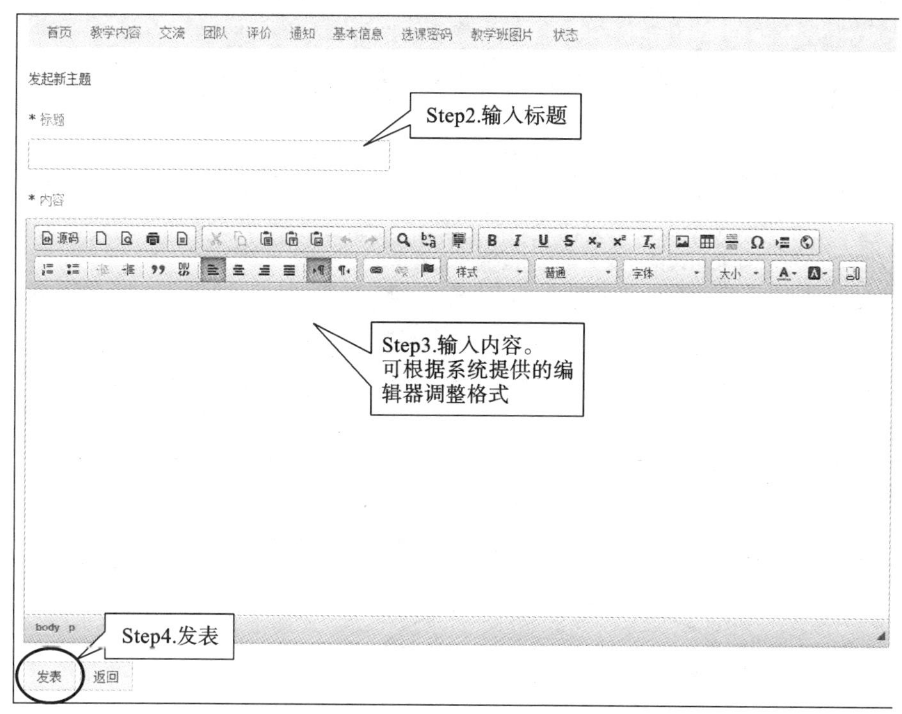

图 6.46 发布交流信息

5. 团队建设

在“团队”选项下，可建立分组管理教学团队，如图 6.47 所示。

6. 评价

在“评价”页面，老师可对学生的表现进行打分，如图 6.48 所示。

7. 老师发通知

在“通知”页面，老师可发布通知信息，如图 6.49 所示。

8. 基本信息

在“基本信息”页面，可修改开设新教学班时的信息，如图 6.50 所示。

9. 选课密码

在这里设定或修改本教学班密码，学生将凭此密码加入本班，如图 6.51 所示。

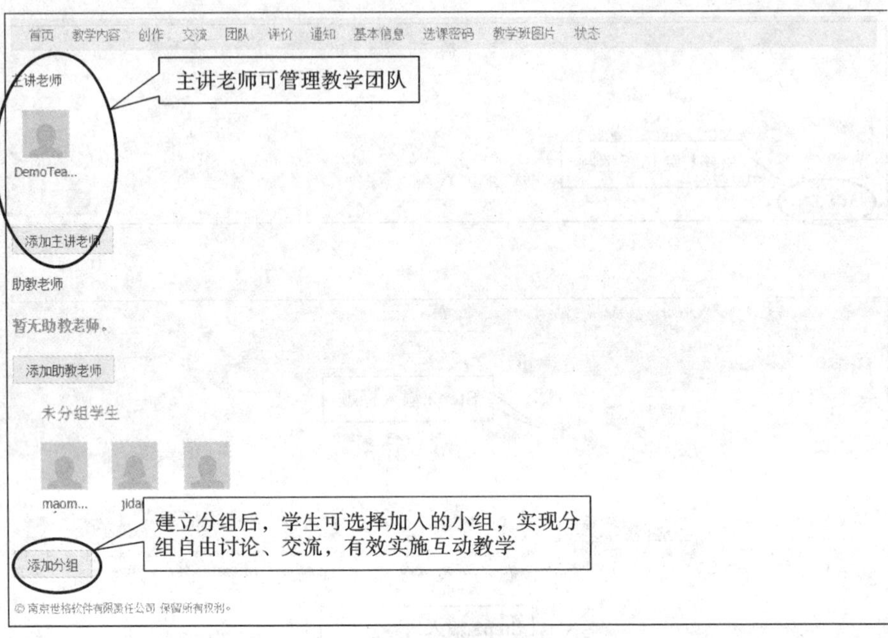

图 6.47 建设团队

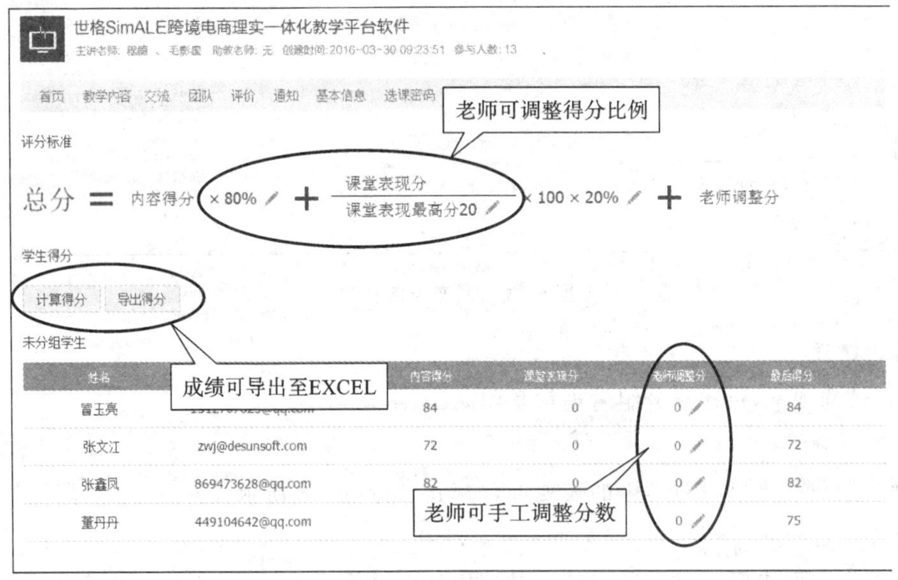

图 6.48 评价页面

图 6.49 通知页面

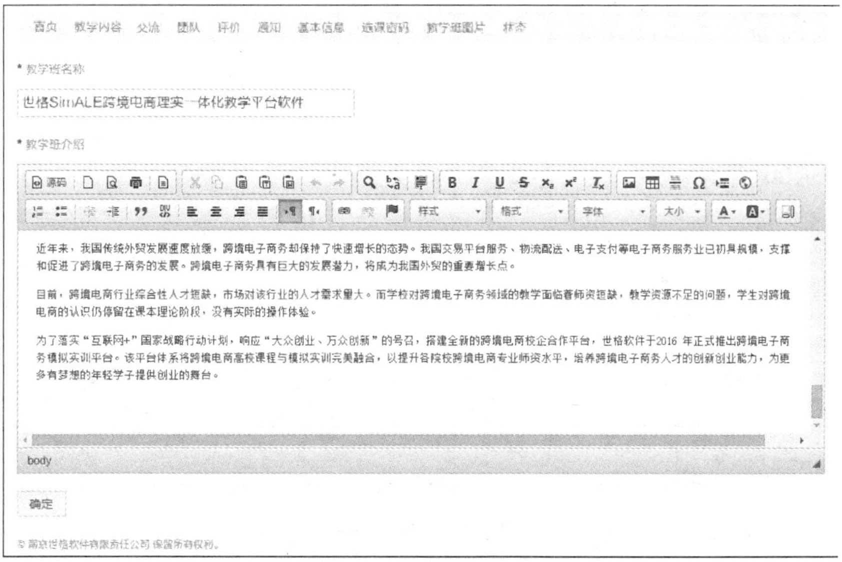

图 6.50 基本信息页面

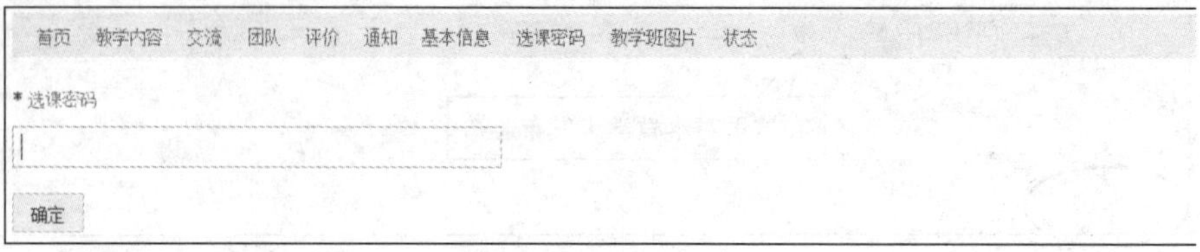

首页 教学内容 交流 团队 评价 通知 基本信息 选课密码 教学班图片 状态

* 选课密码

确定

图 6.51 选课密码页面

10. 教学班图片

在如图 6.52 所示页面上传教学班图片。

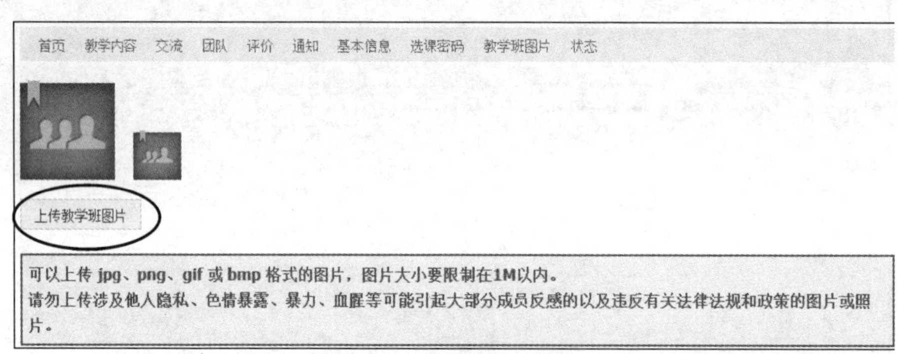

图 6.52 教学班图片页面

11. 教学班状态设置

主讲老师可在此页面设置本教学班的状态，分别为“正常开放”“正常开放，但暂停申请加入”“关闭”三种状态。删除教学班的功能请慎用！一旦删除本教学班，则所有的数据都将被删除，无法恢复，如图 6.53 所示。

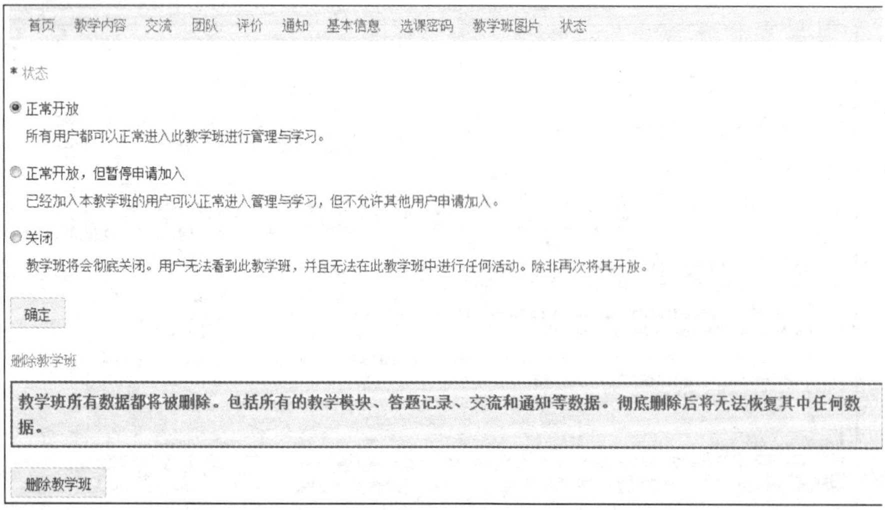

首页 教学内容 交流 团队 评价 通知 基本信息 选课密码 教学班图片 状态

* 状态

◉ 正常开放

所有用户都可以正常进入此教学班进行管理与学习。

◎ 正常开放，但暂停申请加入

已经加入本教学班的用户可以正常进入管理与学习，但不允许其他用户申请加入。

◎ 关闭

教学班将会彻底关闭。用户无法看到此教学班，并且无法在此教学班中进行任何活动。除非再次将其开放。

确定

删除教学班

教学班所有数据都将被删除。包括所有的教学模块、答题记录、交流和通知等数据。彻底删除后将无法恢复其中任何数据。

删除教学班

图 6.53 状态设置页面

（三）学习

教师账户同时也可作为学习者账户使用，申请加入其他教学班学习相关课程，如图 6.54 所示。

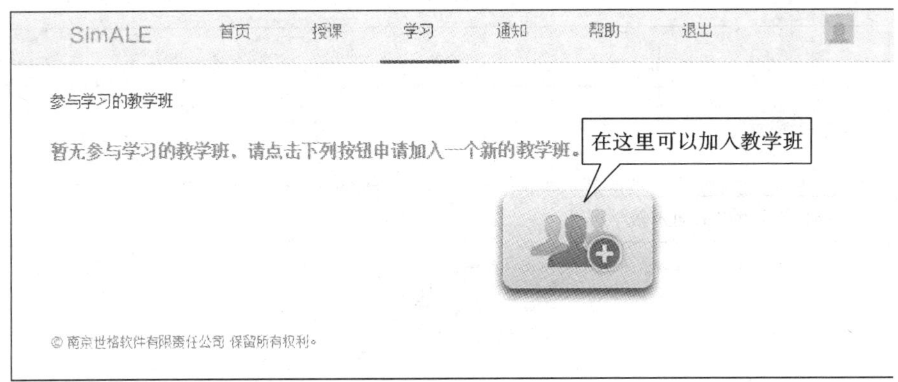

图 6.54　学习页面

（四）通知

在如图 6.55 所示页面接收通知。

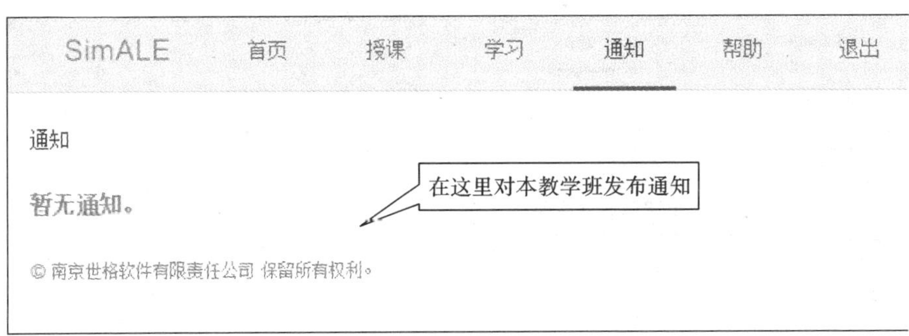

图 6.55　通知页面

四、学生

（一）首页

初次登录，首页暂无信息。须进“学习”页面加入老师已经开设的教学班，如图 6.56 所示。

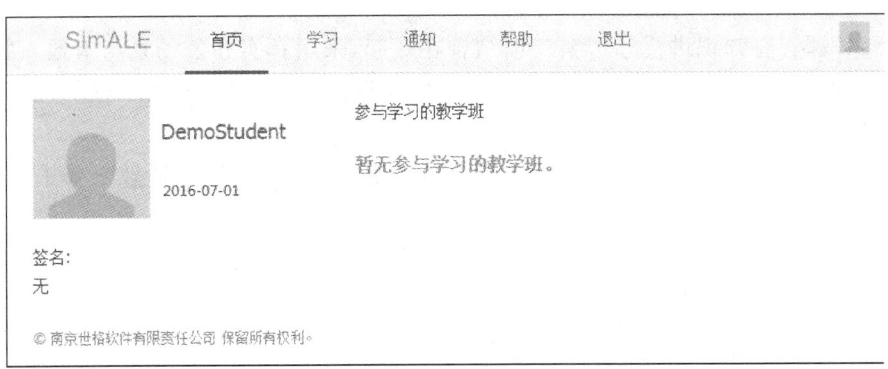

图 6.56　学习页面

(二)学习

1. 申请加入教学班

初次使用,须申请加入教学班,如图 6.57、图 6.58、图 6.59 所示。

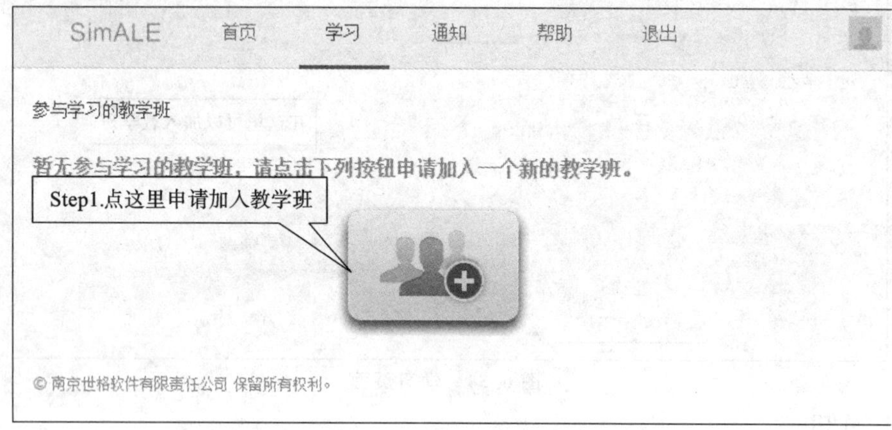

图 6.57 申请加入教学班

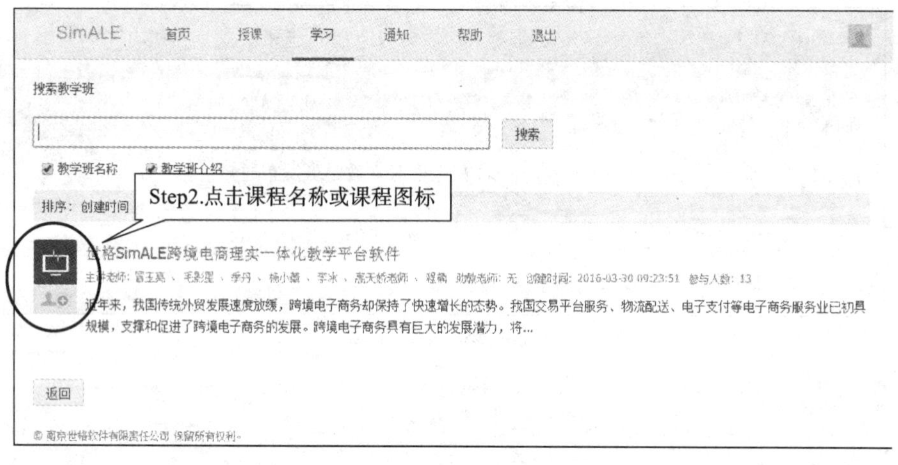

图 6.58 搜索教学班

2. 上课

SimALE 课程将知识讲授和考察反馈结合在一起,采用真实办公场景与卡通人物相结合,并通过音频、图片、真实操作界面等形式,给学生增强趣味性,有利于考察学生的理解程度和技能水平,如图 6.60、图 6.61 所示。

如图 6.62,进入单元教学内容,开始学习。在学习过程中,根据老师教学要求参与老师组织的课堂活动。

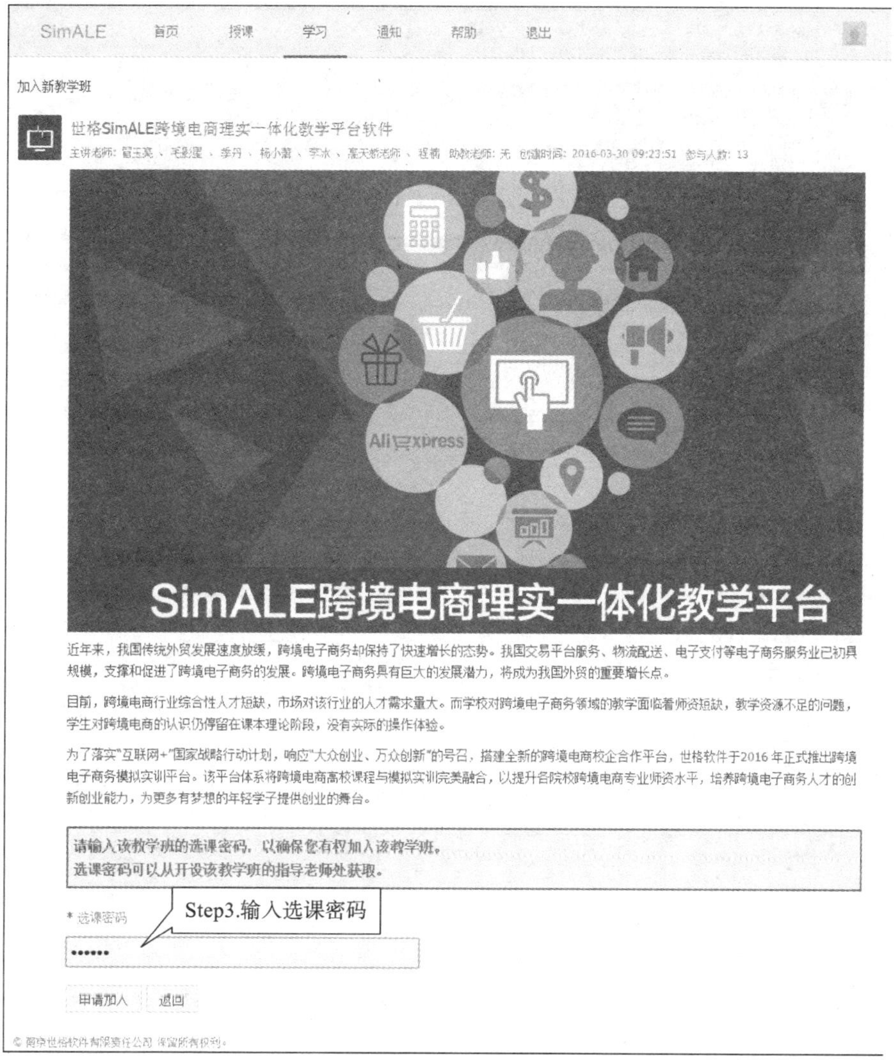

SimALE　首页　授课　学习　通知　帮助　退出

加入新教学班

世格SimALE跨境电商理实一体化教学平台软件

主讲老师：冒玉亮、毛影星、季丹、杨小蕾、李冰、高天娇老师、程楠　助教老师：无　创建时间：2016-03-30 09:23:51　参与人数：13

SimALE跨境电商理实一体化教学平台

近年来，我国传统外贸发展速度放缓，跨境电子商务却保持了快速增长的态势。我国交易平台服务、物流配送、电子支付等电子商务服务业已初具规模，支撑和促进了跨境电子商务的发展。跨境电子商务具有巨大的发展潜力，将成为我国外贸的重要增长点。

目前，跨境电商行业综合性人才短缺，市场对该行业的人才需求量大。而学校对跨境电子商务领域的教学面临着师资短缺，教学资源不足的问题，学生对跨境电商的认识仍停留在课本理论阶段，没有实际的操作体验。

为了落实"互联网+"国家战略行动计划，响应"大众创业、万众创新"的号召，搭建全新的跨境电商校企合作平台，世格软件于2016年正式推出跨境电子商务模拟实训平台。该平台体系将跨境电商高校课程与模拟实训完美融合，以提升各院校跨境电商专业师资水平，培养跨境电子商务人才的创新创业能力，为更多有梦想的年轻学子提供创业的舞台。

请输入该教学班的选课密码，以确保您有权加入该教学班。
选课密码可以从开设该教学班的指导老师处获取。

* 选课密码　Step3.输入选课密码

••••••

申请加入　返回

© 南京世格软件有限责任公司 保留所有权利。

图 6.59　输入选课密码

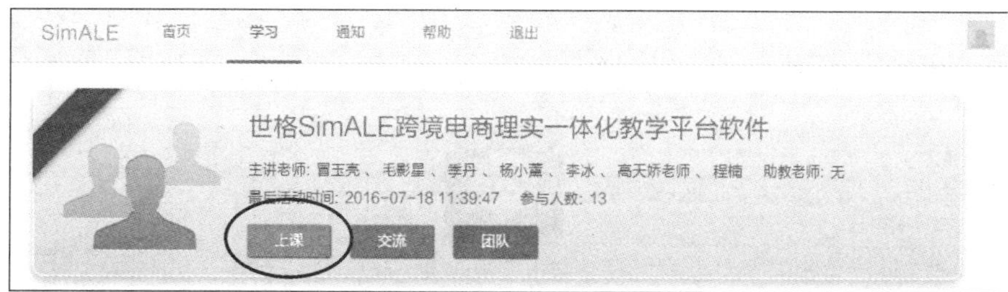

图 6.60　教学课程页面

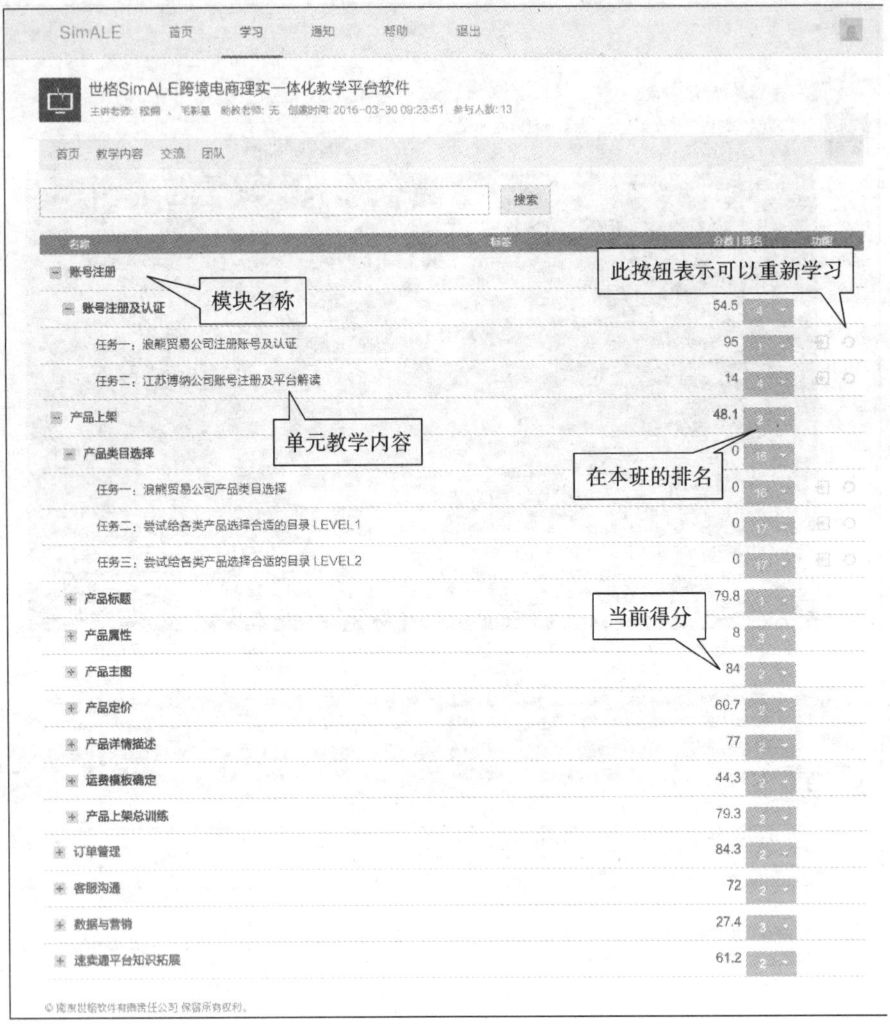

SimALE 首页 学习 通知 帮助 退出

世格SimALE跨境电商理实一体化教学平台软件

创建时间: 2016-03-30 09:23:51 参与人数: 13

首页 教学内容 交流 团队

搜索

名称 标签 分数|排名 功能

此按钮表示可以重新学习

账号注册

模块名称

账号注册及认证 54.5 4

任务一：浪熊贸易公司注册账号及认证 95 1

任务二：江苏博纳公司账号注册及平台解读 14 4

产品上架 48.1 2

单元教学内容

产品类目选择 0 16

在本班的排名

任务一：浪熊贸易公司产品类目选择 0 16

任务二：尝试给各类产品选择合适的目录 LEVEL1 0 17

任务三：尝试给各类产品选择合适的目录 LEVEL2 0 17

产品标题 79.8 1

当前得分

产品属性 8 3

产品主图 84 2

产品定价 60.7 2

产品详情描述 77 2

运费模板确定 44.3 2

产品上架总训练 79.3 2

订单管理 84.3 2

客服沟通 72 2

数据与营销 27.4 3

速卖通平台知识拓展 61.2 2

© 南京世格软件有限责任公司 保留所有权利。

图 6.61 课程内容

图 6.62 开始学习

引用具体的公司案例为线索，把速卖通跨境销售的知识点串联起来，学习过程不仅包括平台的操作模拟、案例分析，还有对整个跨境电商行业的介绍，以及从业需要的相关技巧。由浅入深的学习过程让学生认识速卖通平台，及学会平台的操作使用方法，如图 6.63 所示。

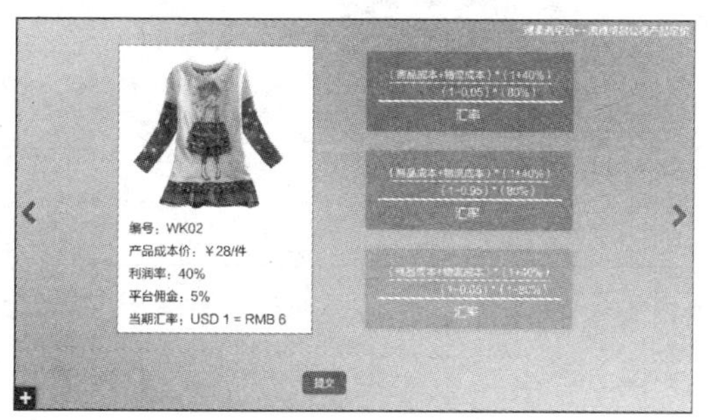

图 6.63　公司具体案例

每个工作任务皆包含真实案例背景、操作过程、分析思考、互动反馈等具体实现方式。能够针对同一教学点，采用拖拽匹配、主观题互评、图形选择、区域选择、自由填空等不同的互动方式来进行训练，如图 6.64 所示。

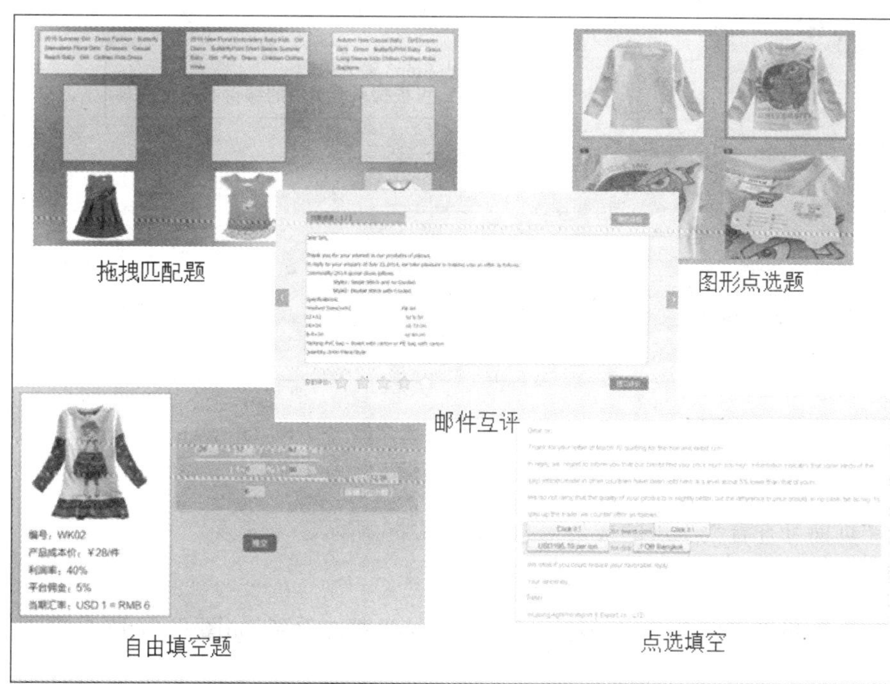

图 6.64　互动训练

3. 交流

可在"交流"页面与其他用户实现互动,如图 6.65 所示。

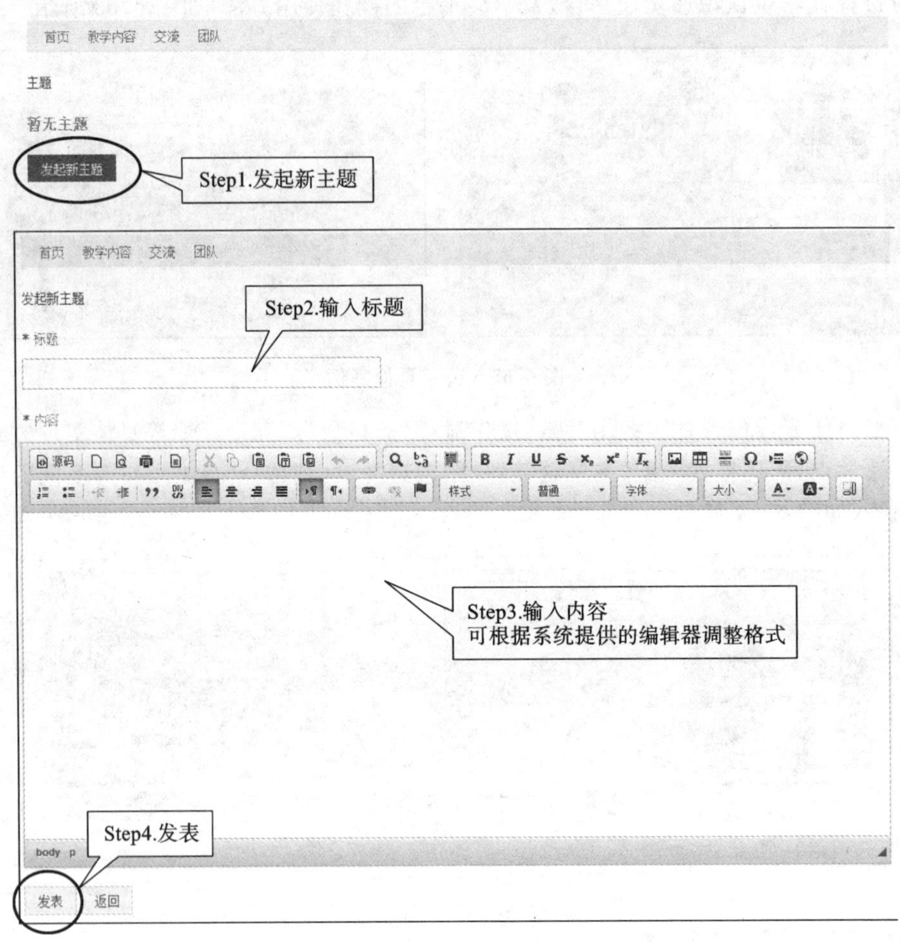

图 6.65 交流页面

4. 团队

"团队"页面可查看教学班的成员信息,如图 6.66 所示。

(三) 通知

"通知"页面相当于公告栏,老师发的通知,在这里都能看到,如图 6.67 所示。

首页 教学内容 交流 团队
主讲老师
本教学班的老师
胡爱玲
助教老师
暂无助教老师。
本教学班的所有同学
未分组学生
可选择加入的小组
暂无学生。
健行
暂无学生。
允能
暂无学生。
点此将退出当前教学班。
需注意：退出教学班后，在该教学班的所有数据都将被删除，包括您在该教学班所有的学习和答题记录都将无法恢复！
退出教学班

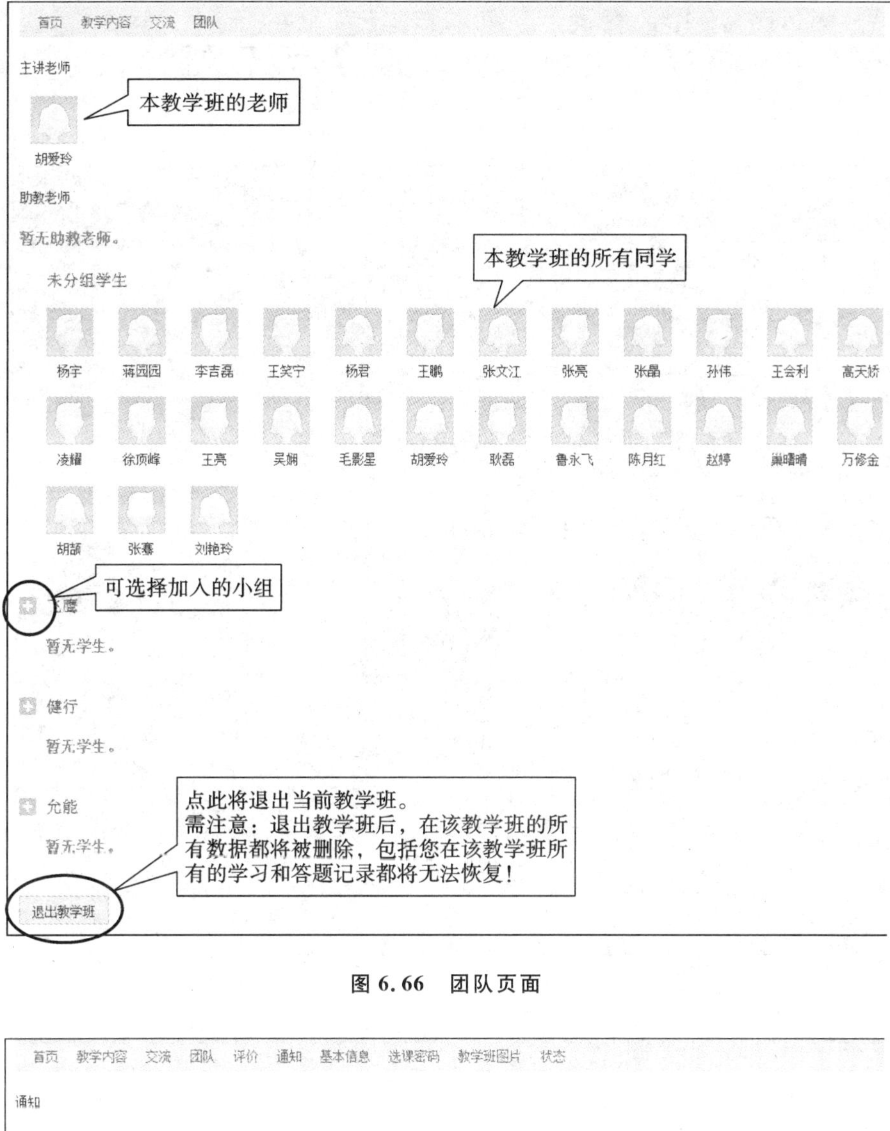

图 6.66 团队页面

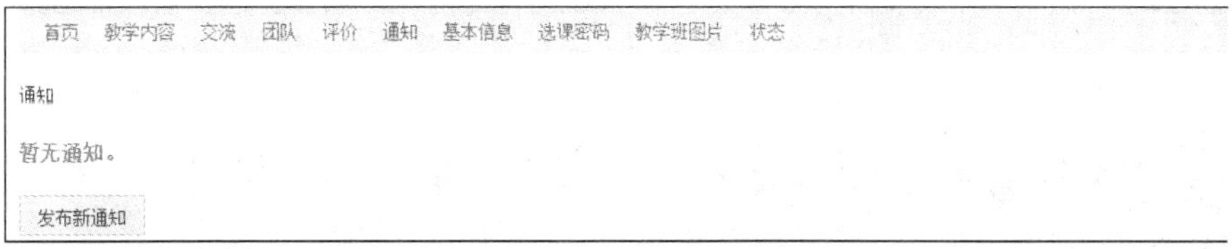

首页 教学内容 交流 团队 评价 通知 基本信息 选课密码 教学班图片 状态
通知
暂无通知。
发布新通知

图 6.67 通知页面

附件A　SimALE 操作方法速查

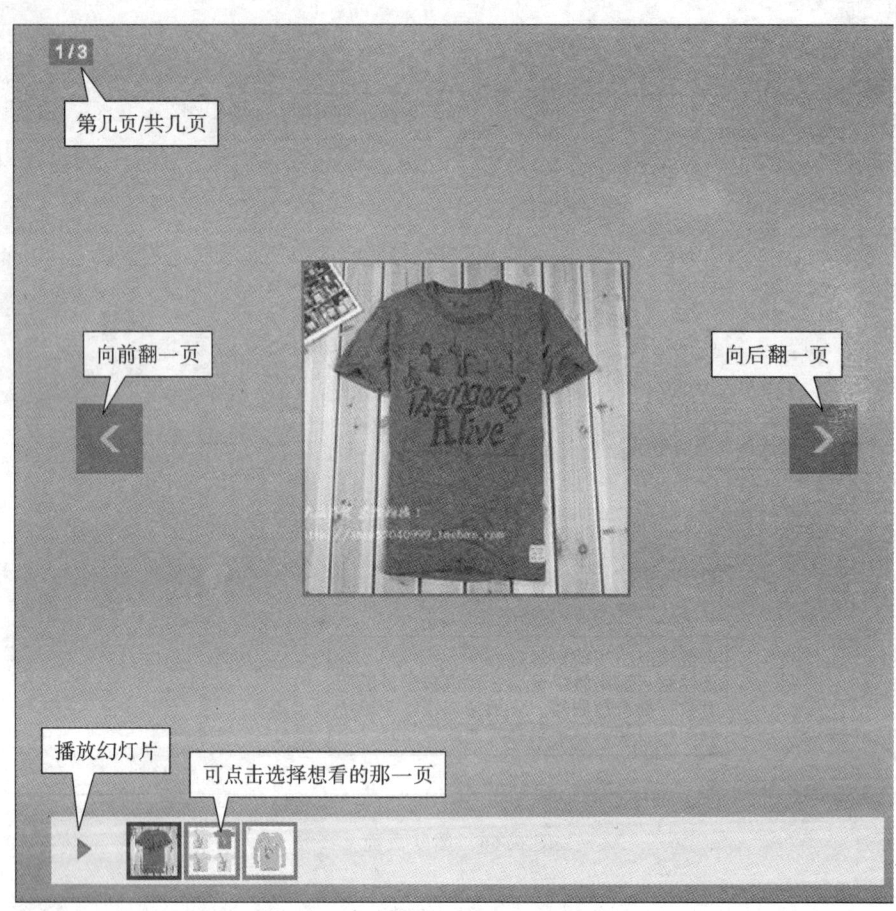

附图 A.1　看相册

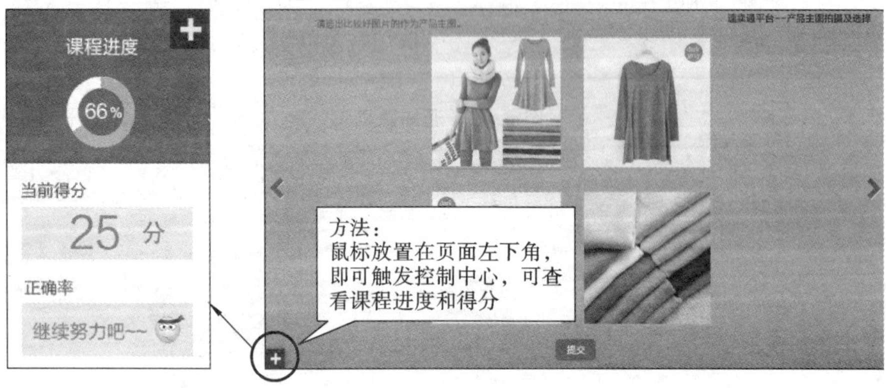

附图 A.2　控制中心

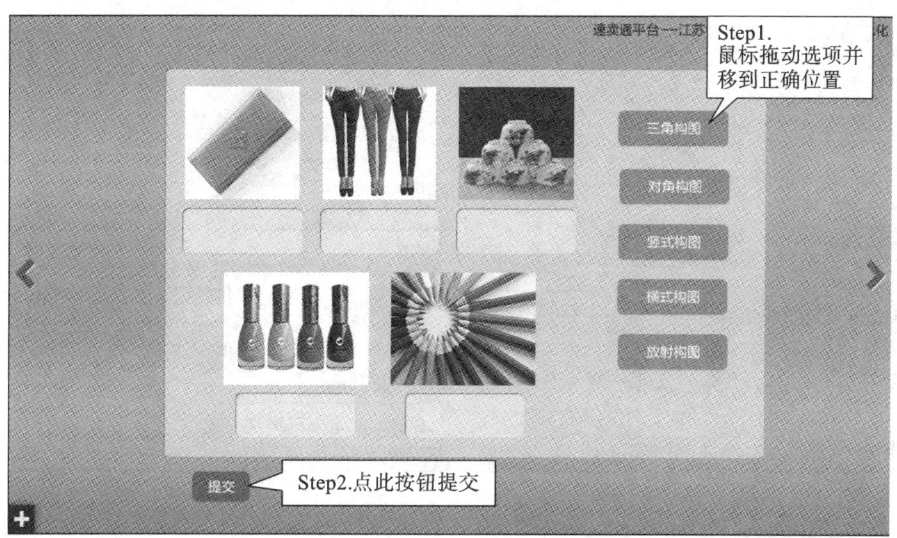

附图 A. 3　拖拽匹配

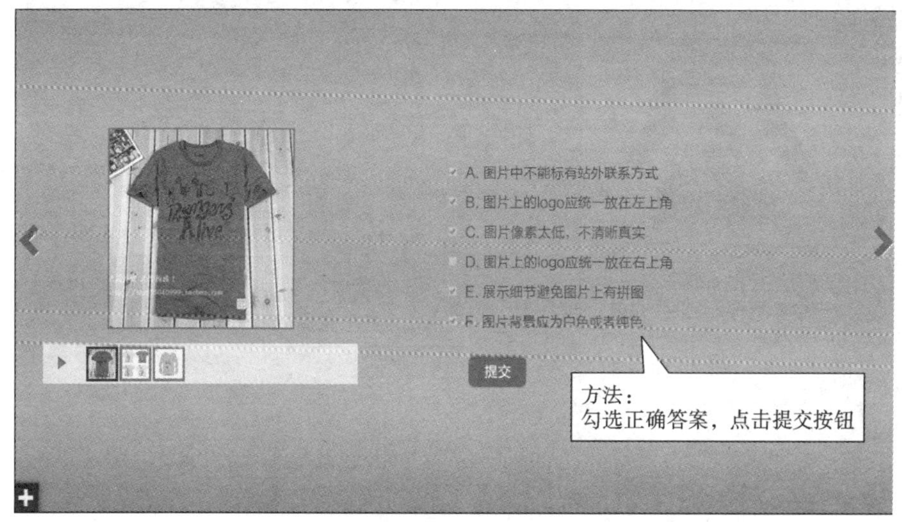

附图 A. 4　多选题

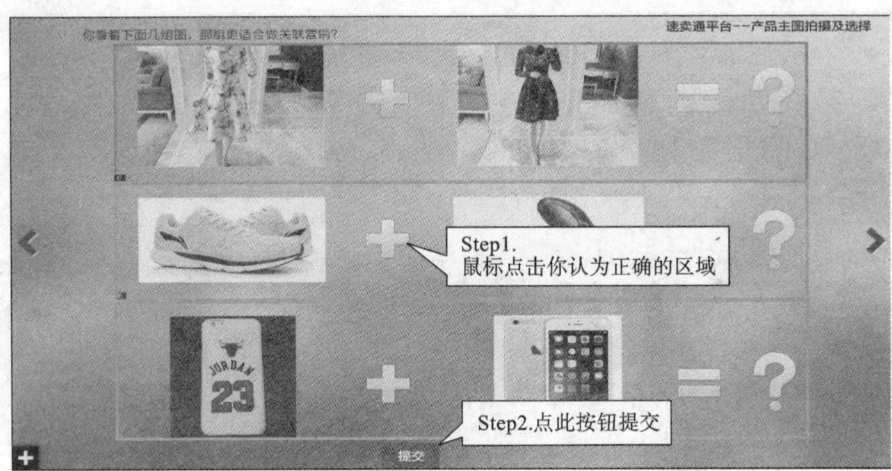

附图 A.5　区域选择

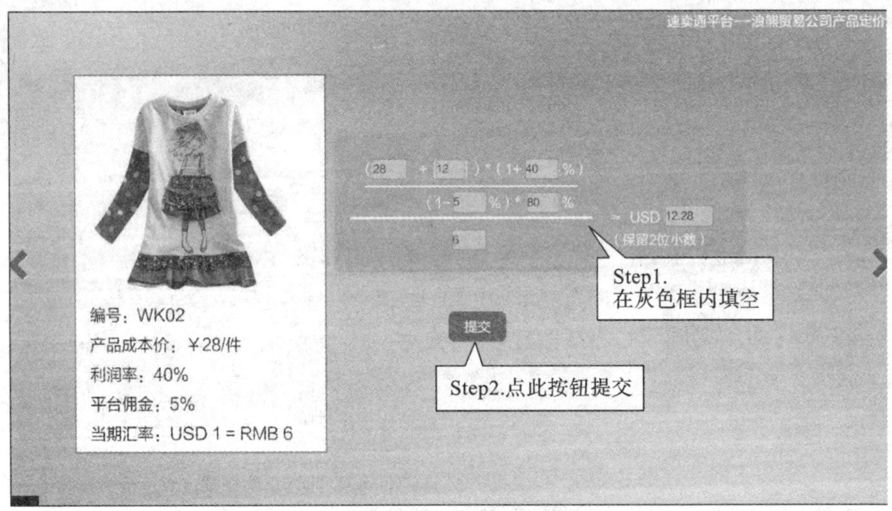

附图 A.6　填空题

附图 A.7　图片点选

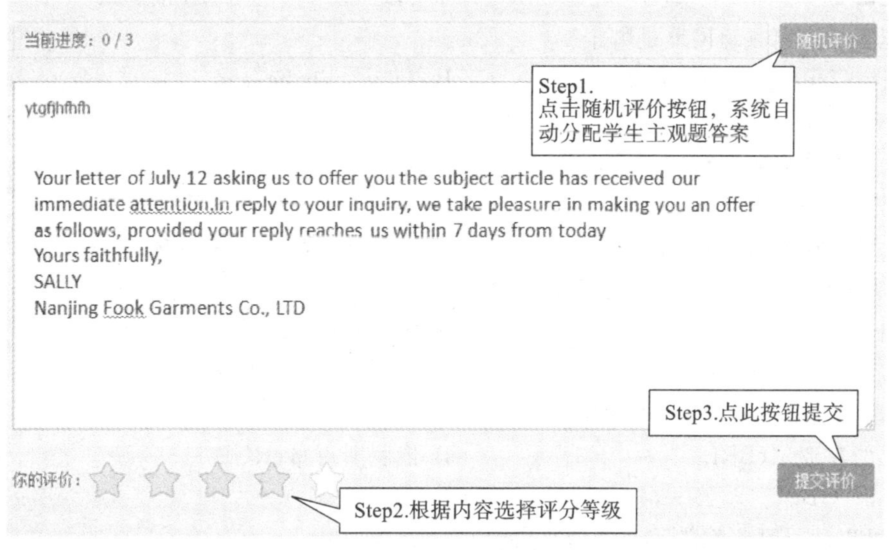

附图 A.8　主观题互评

附件B　速卖通平台知识拓展训练

一、账号注册知识拓展训练

1. 店铺名字多久可以改一次？(　　)

A. 一个月　　B. 三个月　　C. 半年　　D. 一年

2. 店铺装修模板的颜色更改在下列哪项可以进行操作？(　　)

A. 布局管理　　B. 样式编辑　　C. 模块管理　　D. 页面编辑

3. 卖家H于2015年9月2日因知识产权违规被扣除2分，那么这个2分何时会被清零？(　　)

A. 2015年12月31日　　B. 2016年9月2日

C. 2016年1月1日　　D. 2016年8月31日

4. 卖家F店铺因为严重违规被扣除48分，会受到哪种处罚？(　　)

A. 冻结账户30天　　B. 关闭账户

5. 以下哪个平台属于跨境电商平台？(　　)

A. 淘宝　　B. 速卖通　　C. 敦煌网　　D. 阿里巴巴国际站

6. 速卖通产品信息可以有哪几种语言的展示？(　　)

A. 汉语　　B. 英语　　C. 葡萄牙语　　D. 俄语

7. 速卖通的买家主要有哪些？(　　)

A. 巴西　　B. 美国　　C. 西班牙　　D. 俄罗斯

8. 速卖通卖家频道网址是哪个？(　　)

A. http://daxue.aliexpress.com/　　B. www.alibaba.com

C. www.aliexpress.com　　D. seller.aliexpress.com

9. 新手卖家必须完成的新手任务包含哪些内容？(　　)

A. 属性填写率大于60%　　B. 至少参加一项营销活动

C. 上架120个以上的产品　　D. 20%的产品支持免运费

10. 买家可以通过哪些方式联系咨询卖家？(　　)

A. 站内信　　B. trademanager

C. 已下单买家可以通过邮箱　　D. 已下单买家可以通过订单留言

11. 速卖通支持哪些种类的货币支付？(　　)

A. 巴西雷亚尔(BRL)　　B. 俄罗斯卢布(RUB)

C. 英镑(GBP)　　D. 美元(USD)

12. 可以通过哪些方式登录速卖通后台？(　　)

A. 速卖通账号　　B. 注册手机　　C. 速卖通用户名　　D. 注册邮箱

13. 以下哪些信息可以在已出单卖家的个人中心中看到？(　　)

A. 待付款订单　　B. 橱窗推荐个数

C. 正在销售的产品数　　D. 到期下架的产品数

14. 决定价格的因素有哪些？（　　）

A. 利润率　　B. 物流成本

C. 在线产品的定价　　D. 商品库存

E. 商品成本

15. 卖家后台中的“诊断中心”有什么作用？（　　）

A. 诊断网络是否稳定

B. 诊断商品问题

C. 诊断该账号是否异地登录

二、产品上架知识拓展训练

第一单元

1. 产品详细描述需要包含哪些内容？（　　）

A. 服务信息　　B. 物流信息

C. 产品基本描述　　D. 店铺及产品的相关推荐

2. 关于产品类目说法正确的是（　　）。

A. 错误的类目选择会受到平台处罚

B. 错误的类目选择会影响曝光

C. 必须选择产品类目后才能进入产品发布页面

D. 类目在产品排序中最重要，选错类目就没有曝光

3. 产品发布时需要注意哪些点？（　　）

A. 完整清晰的详细描述　　B. 完整而又重点突出的标题

C. 与产品匹配的类目　　D. 借用其他店铺的吸睛主图

4. 以下哪些标题是优质的？（　　）

A. I68 4G

B. 2010 new party dress bridal dress evening dress

C. Custom Made Mermaid Satin Sweep Train Wedding Dress

D. 12piece NEW 100% cotton men underwear

5. 一个完整的标题建议包含下面哪些内容？（　　）

A. 企业联系方式　　B. 服务　　C. 产品名称　　D. 产品材质

6. 什么样的商品描述是优质的？（　　）

A. 商品信息描述真实　　B. 属性填写完整

C. 带有广告的标题　　D. 商品信息描述准确完整

7. 产品标题如何填写？（　　）

A. 切记避免关键词堆砌，以免引起搜索降权处罚。

B. 符合海外买家的语言习惯

C. 描述清楚商品的名称、型号以及关键的一些特征和特性

D. 切记避免虚假描述，以免影响商品的转化情况

8. 选品和定价应该关注哪些数据？（　　）

A. 通过买家地域数据指标关注买家来自哪些国家，不同国家的买家需求是怎样的

B. 通过数据纵横——选品专家关注买家使用了什么搜索词、搜索次数、成交价以及目标市场的零售价来选品和定价

C. 数据纵横中的行业情报可以帮助卖家选择产品线及这个产品线的行业趋势，具体需关注：上架产品数、竞争力、成交率判断等

D. 通过观察身边的流行趋势，结合自己的购物经验，精心选择上架产品

9. 店铺产品结构有哪些？(　　)

A. 爆款　　B. 引流款　　C. 长尾款　　D. 利润款

10. 产品有效期有哪两种选择？(　　)

A. 7 天　　B. 14 天　　C. 30 天　　D. 60 天

11. 以下哪些订单状态需要买家跟进处理？(　　)

A. 有纠纷的订单　　B. 等待付款

C. 等待确认收货订单　　D. 买家申请取消订单

12. 已知某款迷你 MP3 成本为 23.2 元/个，如果运往俄罗斯的运费为 35.15 元，店家计划的利润率为 30%，该产品在速卖通平台上欲打 85 折，并且平台收取 5%的佣金。那么这款迷你 MP3 的价格应该定为多少？已知美元∶人民币＝1∶6。(请保留两位小数)(　　)

A. 14.32　　B. 10.5　　C. 15.66　　D. 29.96

13. 叶筱准备在速卖通平台上传新款的女士单肩包，她先去速卖通平台参考其他卖家的价格，正好看到和自己将要上传的女士单肩包相同的商品的价格是 56 美元，并且已打 75 折。一般这款包的利润率为 20%，如果运往美国的运费是 32.5 元，速卖通平台收取 5%的佣金，你来帮叶筱算下平台上这款包的成本价是多少？已知美元∶人民币＝1∶6。(请保留两位小数)(　　)

A. 205.8　　B. 176　　C. 159.7　　D. 167

14. 淘代销工具支持哪几种类型的产品查询？(　　)

A. 通过掌柜昵称搜索淘宝店铺所有产品

B. 淘宝搜索结果链接可查询出搜索结果下对应的所有产品

C. 淘宝单品链接搜索淘宝单个产品

D. 通过淘宝店铺名称搜索淘宝店铺所有产品

15. 淘代销产品需要补全哪些信息后才可以发布？(　　)

A. 价格　　B. 运费　　C. 体积

D. 重量　　E. 利润

第二单元

1. 哪些指标会影响淘代销可代销的产品数？(　　)

A. 成功交易率　　B. 当前未受网规处罚

C. 成功交易订单数　　D. 好评率

2. 哪些因素会影响产品排名？(　　)

A. 卖家的服务能力：平台会结合卖家跟买家及时沟通情况、账号的好评率、纠纷率、退款率、成交不卖等情况排序，如好评率越高，排序会优先

B. 信息标题中增加突出商品的优势关键词，属性填写完整，并正确选择产品的类目

C. 商品的信息要尽量准确完整，配以高质量的图片

D. 商品的交易转化能力：买家下单后要及时发货，避免成交不卖

3. 如何优化产品信息才能获得更大的曝光机会？（ ）

A. 标题中切记避免关键词堆砌，比如“mp3，mp3 player，music mp3 player”这样的堆砌关键词的标题不仅不能帮您提升排名，反而会被处罚搜索降权

B. 商品属性填写完整、准确，详细和准确的描述有助于买家通过关键词搜索进行属性的筛选，快速地定位到您的商品

C. 商品发布类目的选择一定要准确，正确的类目选择有助于买家通过类目浏览或者类目筛选快速定位到您的商品，错误的放置类目会影响曝光机会并且可能受到平台的处罚

D. 标题的表达是重中之重，为了更好的曝光率，抄写大卖家的爆款产品的标题

4. 哪些行为属于搜索作弊？（ ）

A. 类目错放　　B. 重复铺货　　C. 货不对板　　D. 属性错选

5. 如何避免 SKU 作弊？（ ）

A. 配件套餐等单独发布　　B. 同一款式多次发布

C. 保证填写的运费正确　　D. 保证填写的计量单位正确

6. SKU 作弊会有哪些处罚？（ ）

A. 搜索屏蔽　　B. 关闭店铺　　C. 限制发布　　D. 屏蔽店铺

7. 以下哪些属于黑五类产品？（ ）

A. 赠品　　B. 预售　　C. 保健品　　D. 补邮费

8. 信用炒作会有哪些处罚？（ ）

A. 删除违规信用积分　　B. 搜索排序靠后

C. 冻结及关闭账号　　D. 删除违规产品的销量

9. 以下哪些行为属于标题滥用？（ ）

A. 标题中带有其他链接

B. 特定产品类目不可乱用产品属性

C. 标题中含有与实际销售产品不相符的关键词

D. 标题中含有 FREE SHIPPING 等流量词

10. 如何避免必填属性缺失？（ ）

A. 若没有对应的类目属性，请反馈至平台

B. 如果产品不具备该属性，请检查类目是否准确

C. 只填写确定的系统必填属性，选填属性略过，避免填错

D. 要充分了解自己的商品，熟知哪些属性是重要的属性

11. 以下哪种物流方式的海关通关能力强？（ ）

A. e 邮宝　　B. DHL　　C. UPS　　D. 中国邮政小包

12. 运费模板设置包含哪几种分类？（ ）

A. 专线物流　　B. 邮政物流　　C. 商业快递　　D. 其他

13. 哪种物流方式需要计算体积重？（ ）

A. e 邮宝　　B. 中国邮政小包　　C. UPS　　D. 香港邮政小包

14. 现有一件重量为 2.35 kg 的货物，采用 EMS 物流方式发往俄罗斯，已知发往俄罗斯的快递首重是 500 克 335 元，续重为 200 元/kg。物流商给出的折扣是标准价格的 5 折，那么请问

该货物发 EMS 的快递费是多少人民币？

15. 现有一件价值人民币 96 元的货物用 China Post Air Mail 发往美国，已知产品包装后的重量是 0.66 kg，标准资费 90.5 元/kg，挂号费 8 元/票，美元兑人民币汇率 6，需花费国际快递费用多少美元？

16. 现有一款 iPhone6s/iPhone6 手机壳，成本是 8.75 元/个，运往美国的运费为 17 元，卖家打算将利润率定为 30%，打 8 折，速卖通平台收取 5%的佣金。请问这款手机壳的定价应为多少？已知美元：人民币＝1：6。（请保留两位小数）

第三单元

1. 买家通过什么方式付款后需要卖家进行验款？（　　）

A. VISA　　B. Master card　　C. TT　　D. Webmoney

2. 以下哪些订单状态需要卖家跟进处理？（　　）

A. 等待发货的订单　　B. 有纠纷的订单

C. 等待确认收货的订单　　D. 买家申请取消的订单

3. 下列哪些物流方式属于万国邮联？（　　）

A. 中国香港小包　　B. 中国邮政小包　　C. EMS　　D. TNT

4. 对于运费价格的设置可以有哪几种选项？（　　）

A. 折扣(减免)　　B. 免运费　　C. 标准运费

D. 到付　　E. 自定义运费

5. 新手运费模板包含哪些物流方式？（　　）

A. China Post Air Mail　　B. EMS

C. ePacket　　D. DHL

6. 关于运费支付的说法哪些是正确的？（　　）

A. 不同国家支付的运费都是一样的

B. 平台活动中产品运费会一同参与打折

C. 非包邮商品买家支付运费

D. 包邮商品卖家支付运费

7. 新手运费模板中中国邮政小包的承诺运达时间是多少天？（　　）

A. 60 天　　B. 39 天　　C. 27 天　　D. 14 天

8. 发布以下哪些产品会因触犯禁限售规则而被扣分？（　　）

A. 美容仪器、美容针、体外诊断试剂

B. 用于监听、窃取隐私或机密的软件及设备

C. 情趣内衣

D. 烟草

9. 速卖通平台的搜索屏蔽类处罚分哪几种类型？（　　）

A. 商品屏蔽　　B. 商品搜索排序靠后

C. 店铺屏蔽　　D. 店铺搜索排序靠后

10. 对于物流显示包裹已妥投的纠纷，卖家应该注意什么？（　　）

A. 定期查看物流信息，跟踪实时物流，查看物流进展

B. 发货时确认订单相关信息：运输方式、地址

C. 根据物流信息积极与买家协商解决问题，达成一致的解决意见

D. 积极提供发货底单证明，以便平台核对相关地址信息

11. 以下哪些物流方式没有标准运费？（　　）

A. 瑞士邮政小包　　B. 新加坡邮政小包

C. 中国邮政小包　　D. 中国香港邮政小包

12. 为什么有的淘代销产品提示不可认领？（　　）

A. “秒杀”或者“二手”等类型的产品

B. 不在代销类目开放的范围之内

C. 有知识产权风险

D. 当前剩余的可认领的产品名额已满

13. 淘代销已认领产品需要在（　　）天之内编辑发布，否则将会自动删除。

A. 10 天　　B. 7 天　　C. 5 天　　D. 3 天

14. 已知现有编号 ZK1006 款女式运动鞋的成本价是 43 元/双，运往美国的运费为 25 元，卖家打算将利润率定为 20%，打 95 折，速卖通平台收取 5%的佣金。请问这款运动鞋应定价为多少？（美元∶人民币＝1∶6）

15. 已知某咖啡单瓶重量为 1.2 kg，物流方式采用中邮小包，请计算出各区域运费以及标准运费减免率。（保留两位小数）

China Post Air Mail

费用 区域	每千克 标准资费(￥)	重量(kg)	挂号费(￥)	运费(￥)	标准运费减免率
前五区	90.5	1.20	8.00		
六区	105	1.20	8.00		%
七区	110	1.20	8.00		%
八区	120	1.20	8.00		%
九区	147.5	1.20	8.00		%
十区	176	1.20	8.00		%

三、客服沟通拓展训练

1. 平台用哪些指标来衡量卖家处理纠纷的能力？（　　）

A. 卖家责任裁决率　　B. 纠纷率

C. 好评率　　D. 裁决提起率

2. 如何避免货物破损的纠纷？（　　）

A. 积极与买家沟通，第一时间解决买家对于货物破损的疑虑

B. 仔细检查产品情况，确保发货前产品完好无损

C. 提醒买家收货前检查包裹

D. 发货前做好相关的防护措施，避免因包装不当造成物流途中产品破损

3. 在哪里可以看到纠纷指标的数据？（　　）

A. 个人中心　　　B. 搜索诊断　　　C. 商铺经营看板　　D. 管理订单

4. 买家以货物被海关扣关提起了纠纷该怎么办？(　　)

A. 如果是买家不清关则是买家责任，但前提是必须要有物流公司出具的官方文件证明此原因

B. 如果是因为低报货值被扣关或是被海关直接销毁则是买家责任

C. 如果是因为缺少发票、报关单被扣关或是被海关直接销毁则是卖家责任

D. 如果是因为假货被扣关或是被海关直接销毁则是卖家责任

5. 如何避免描述不符的纠纷？(　　)

A. 如果买家没有选择具体产品型号或颜色等，发货前务必与买家确认后再发货

B. 如果产品是随机发货或者存在误差，请确认产品页面有相关提醒

C. 如果买家下单的产品缺货或存在颜色、款式不一致等情况，发货前一定要与买家沟通，征得买家同意后再发货

D. 确认产品页面描述是否与实物一致(需特别注意：产品页面是否有尺寸描述，产品尺寸是否存在多种尺码标准，产品介绍是否图文一致，颜色选项框图片是否与实际显示文字一致，产品页面表述是否会造成买家误解等)

6. 怎样的商品描述是优质的？(　　)

A. 详情页里，将全部商品信息制成高清图片，包括文字信息

B. 重点突出的完整标题

C. 属性填写完整

D. 商品信息描述准确完整

7. 成交不卖有哪些后果？(　　)

A. 关闭账号　　　B. 屏蔽　　　C. 搜索排名靠后　　D. 冻结账号

8. 什么情况下会上升至平台裁决？(　　)

A. 卖家需要在 3 天内作出回复，第 4 天上升至平台裁决

B. 退款申请原因为“货物在途”，根据设置运达时限时间自动提交平台裁决

C. 卖家拒绝纠纷，买家可直接上升至平台裁决

D. 第一次提起退款申请 15 天内未协商一致取消纠纷，第 16 天即可上升至平台纠纷裁决

9. 以下哪些情况会引起账号关闭？(　　)

A. 欺诈　　　　　　　　　　　B. 发布侵权违规产品

C. 产品类目错放　　　　　　　D. 虚假发货

E. 知识产权侵权被投诉

10. 对于卖家私自更改物流方式的纠纷应该注意什么？(　　)

A. 发货时如需更改物流方式，需提前与买家沟通协商，并征得买家同意

B. 如遇到此类纠纷，提供发货前买家答应更改物流方式的聊天记录

C. 卖家应该积极联系买家沟通协商解决。

D. 由于物流原因导致买家选择的物流方式无法到达目的地，卖家可以私自更改物流方式

11. 以下哪些情况会引起账号冻结？(　　)

A. 信用及销量炒作

B. 多次虚假发货或情节严重

C. 发布平台禁止销售的产品
D. 多次发布侵权产品和被知识产权方投诉
12. 虚假发货有哪些处罚？（　　）
A. 冻结账号 30 天　B. 屏蔽店铺产品　C. 关闭账号　D. 冻结账号 7 天
13. 你认为客户给差评的原因是什么？（　　）
A. 物品运送时间不合理
B. 实物商品与图片有差异
C. 沟通质量差及回应速度慢
14. 我们应该如何避免和解决差评呢？（　　）
A. 做好完善的服务　B. 遇到问题及时和客户沟通
C. 严格把关产品自身质量　D. 做好中差评营销
15. 买家下单后不付款的原因可能有哪些呢？（　　）
A. 无法及时联系卖家对细节进行确认　B. 发现运费过高
C. 卖家没有发货　D. 付款过程出现问题
E. 对卖家信誉产生疑虑

四、数据与营销拓展训练

第一单元
1. 店铺满立减设置中如何定位自己的客单价？（　　）
A. 计算满立减的时候包括了买家所购买产品的货值及运费总金额
B. 随便定义
C. 通过数据纵横查询
D. 不用管客单价，按照折扣计算就行
2. 店铺自主营销有哪几种活动形式？（　　）
A. 全店铺打折　B. 店铺优惠券　C. 限时限量折扣　D. 全店铺满立减
3. 关于满立减活动下面哪种说法是正确的？（　　）
A. 商品详情页面标识吸引买家　B. 店铺首页明显标识吸引买家
C. 搜索页面满立减标志额外曝光　D. 提升店铺客单价
4. 限时限量活动可以实现哪些促销目的？（　　）
A. 清库存　B. 提升好评率　C. 打造爆款　D. 打造活动款
5. 设置全店铺打折有哪些作用？（　　）
A. 全店铺打折商品主图折扣标识　B. 买家搜索页面 sale items 额外曝光
C. 快速提升好评率　D. 买家收藏夹和购物车折扣提醒
6. 平台活动有哪些？（　　）
A. 俄罗斯团购　B. 巴西团购
C. 黑色星期五大促　D. super deals
E. 平台大促
7. 平台活动的选品原则包括哪些内容？（　　）
A. 报名折扣符合活动要求　B. 产品好评率

C. 产品转化率　　D. 近期产品的出单数量

8. 行业情报中的数据可以选择哪些时间段？（　　）

A. 90 天　　B. 14 天　　C. 30 天　　D. 7 天

9. 单个商品可以从哪几个维度来进行数据分析？（　　）

A. 流量来源　　B. 转化分析　　C. 成交分析　　D. 店铺服务等级

10. 零少词中可以通过哪几个维度来进行条件筛选？（　　）

A. 时间　　B. 国家　　C. 关键词出价　　D. 行业

11. 经营看板中可以看到哪些数据？（　　）

A. 好评率　　B. 裁决提起率

C. 卖家责任裁决率　　D. 成交不卖率

12. 通过访客行为分析可以从哪些数据维度查看商品的情况？（　　）

A. 添加收藏次数　　B. 询盘次数

C. 添加购物车次数　　D. 访问时长

13. 热搜词中可以通过哪几个维度来进行条件筛选？（　　）

A. 国家　　B. 时间　　C. 关键词　　D. 行业

14. 零少词中可以通过哪几个维度来进行排序？（　　）

A. 搜索人气　　B. 搜索指数飙升幅度

C. 曝光商品数增长幅度　　D. 搜索指数

15. 哪些原因会影响平台活动的录取？（　　）

A. 报名产品和招商类目不符

B. 价格优势不明显

C. 产品信息不完整

D. 标题语言跟活动目标地区使用的语言不一致

第二单元

1. 行业情报通过哪些数据维度分析行业？（　　）

A. 访客数占比　　B. 成交额占比　　C. 在售商品数　　D. 供需指数

2. 哪些行为会因为触发搜索作弊规则而影响搜索排名？（　　）

A. 商品标题关键词后置　　B. 重复铺货骗曝光

C. 商品类目乱放　　D. 商品销量炒作

3. 关于全店铺打折哪些描述是正确的？（　　）

A. 店铺内商品必须统一设置为相同的折扣

B. 活动开始时间为北京时间

C. 一旦活动进入“等待展示”，活动则不可编辑

D. 可以用营销分组对店铺产品进行分组

4. 设置店铺优惠券有哪些好处？（　　）

A. 巩固老买家黏度　　B. 刺激买家下单，提升客单价

C. 提升店铺购买率　　D. 提升店铺服务等级

5. 关于店铺优惠券哪些描述是正确的？（　　）

A. 活动开始后可告知老买家　　B. 活动在创建后 48 小时开始

C. 与店铺满立减可以叠加　　　　　　D. 一旦创建无法更改

6. 关于限时限量活动哪些描述是正确的？(　　)

A. 结合满立减和优惠券等其他活动，效果更好

B. 结合买家需求，巧妙设置折扣及库存

C. 活动开始时间为美国时间

D. 活动在创建后 48 小时开始

7. 关于满立减的设置时间下面说法正确的是(　　)。

A. 每个月有 3 个活动　　　　　　B. 总时长 720 个小时

C. 可以跨月设置　　　　　　D. 没有时间限制

8. 哪些原因会影响平台活动的录取？(　　)

A. 报名时间不对　　　　　　B. 报名产品和招商类目不符

C. 价格优势不明显　　　　　　D. 产品信息不完整

9. 通过访客行为分析可以从哪些数据维度查看商品的情况？(　　)

A. 添加购物车次数　　　　　　B. 卖家责任纠纷率

C. 添加收藏次数　　　　　　D. 询盘次数

10. 搜索词分析中可以看到哪些维度的分析？(　　)

A. 零少词　　　B. 蓝海词　　　C. 飙升词　　　D. 热搜词

11. 飙升词中可以通过哪几个维度来进行排序？(　　)

A. 曝光卖家数增幅　　　　　　B. 曝光商品数增长幅度

C. 搜索指数　　　　　　D. 搜索指数飙升幅度

12. 数据纵横中哪些内容属于商机发现？(　　)

A. 搜索词分析　　　B. 选品专家　　　C. 实时风暴　　　D. 行业情报

13. 数据纵横中哪些内容属于经营分析？(　　)

A. 商铺概况　　　B. 商品分析　　　C. 实时风暴　　　D. 搜索词分析

14. 可以看到店铺 24 小时数据情况的功能是什么？(　　)

A. 商铺概况　　　B. 行业情报　　　C. 商品分析　　　D. 实时风暴

15. 我们可以在以下哪个功能中看到店铺成交额排名？(　　)

A. 商铺概况　　　B. 商品分析　　　C. 实时风暴　　　D. 搜索词分析

五、国际物流知识拓展训练

第一单元

1. 买家 M 在卖家 H 的店中购买了一个女士手提包，重量为 0.9kg。买家 M 要求卖家 H 发快速物流，请问卖家 H 根据客户需求可以发下面哪种物流方式？(　　)

A. EMS　　　B. DHL　　　C. 中国邮政小包　　　D. 新加坡小包

2. 下面哪种物流会收取额外的费用(燃油附加费，偏远地区费)？(　　)

A. 香港小包　　　B. 中国邮政小包　　　C. EMS　　　D. TNT

3. 请将下列物流方式按照物流速度，由快到慢进行排序。(　　)

①EMS　②中国邮政小包　③DHL

A. ②③①　　　B. ①②③　　　C. ③①②

4. 下列关于 EMS 的观点,哪些是正确的?(　　)
A. 通常来说 EMS 的清关速度比 TNT 的清关速度要好
B. EMS 只能邮寄 2 kg 以下的物品
C. EMS 的计费单位为 0.5 kg
D. EMS 对邮寄的物品有体积限制
5. 如果不做更改,平台默认的承诺到达时间有哪些?(　　)
A. 中邮、香港航空大小包对于巴西默认 39 天
B. 商业快递(DHL,UPS,FEDEX,TNT)默认时间 23 天
C. 中邮、香港航空大小包对于俄罗斯默认 60 天
D. EMS、E 邮宝默认时间 27 天
6. 在承诺运达时间的规则中,满足什么条件会在经过平台仲裁后全额退款给买家?(　　)
A. 货物超时未到达　　B. 货物已妥投
C. 买家提起纠纷　　D. 买卖双方未达成一致
7. 线上发货的操作描述正确的是(　　)。
A. 揽收区域外的卖家需要自行发货到国内集货仓
B. 卖家需要交货给物流商
C. 卖家不需要支付运费
D. 部分区域物流商可上门揽收
8. 如何更好地操作承诺运达时间,避免因未送达引起退款?(　　)
A. 选择好货代　　B. 设置不发货国家
C. 保持良好的买家沟通　　D. 设置多套运费模板
9. 关于国际物流的说法哪些是正确的?(　　)
A. 国际物流发货流程与国内物流差不多
B. 国际物流也可以找到货代进行发货
C. 国内物流运送时间短,国际物流运送时间长
D. 国内物流运费差异小,国际物流运费差异大
10. 如何选择物流服务商?(　　)
A. 找快递公司:拨打对应的 400 或者 800 服务电话
B. 找货代公司:可以自己线下找货代,或者到速卖通论坛的物流供求板块中查询
C. 卖家在发货前也要对国际快递运输进行一定了解,比如原则上不接受液体,粉末等
D. 平台官方物流方式:发货时选择线上发货
11. 新手运费模板中,中国邮政小包的承诺运达时间是多少天?(　　)
A. 28　　B. 39　　C. 60　　D. 90
12. 平台认可正式有效的物流信息包含哪些?(　　)
A. 线上发货物流信息　　B. 各国邮政官网可查的信息
C. 专线网站信息　　D. DHL 官网信息
13. 关于速卖通发货的说法哪些是正确的?(　　)
A. 卖家可自己联系物流商发货

B. 卖家可选用线上发货

C. 卖家在自己填写的发货时间内必须发货

D. 卖家必须使用买家选择的物流方式

14. 现有一件价值103元的货物用China Post Air Mail发往美国,已知产品包装后的重量是0.74 kg,标准资费90.5元/kg,挂号费8元/票,美元兑人民币汇率6,需花费国际快递费用多少美元?

15. 现有一件重量为2.5 kg的货物,采用EMS物流方式发往俄罗斯,已知发往俄罗斯的快递首重是500克350元,续重为200元/kg。物流商给的折扣是标准价格的5折,那么请问该货物发EMS的快递费是多少人民币?

第二单元

1. 设置限时达时间后如果货物被海关扣关怎么办?(　　)

A. 全额退款给买家

B. 全额退款给卖家

C. 如果是卖家原因(缺少相关证明、销售假货、仿货等)导致扣关,平台会要求买卖双方进行协商,平台尊重双方达成一致的协议。若未达成一致,将全额退款给买家

D. 如果是买家原因不去清关,则货物即使超时未到达也不会全额退款

2. 以下哪种物流方式属于国际快递?(　　)

A. UPS　　B. FedEx　　C. DHL　　D. TNT

3. 邮政物流中包含哪几种物流方式?(　　)

A. China Post Air Mail　　B. EMS

C. HongKong Post Air Mail　　D. ePacket

4. 使用国际航空包裹应注意什么?(　　)

A. 包裹必须使用合适的包装、衬垫材料妥善包装和衬垫,防止传递过程中因挤压、碰撞损坏内件

B. 按国际包裹封面书写要求详细书写收、寄件人名址。因开头或包装原因无法在封面上书写的,可另制作一个收寄件人名址签牌,牢固拴挂在包裹上。为防止因包裹破损或其他原因造成收寄件人名址无法辨认,最好将收寄件人名址抄一备份附在包裹内

C. 包裹的重量、尺寸限度、保价金额不能超过寄达国的规定

D. 各类国际包裹只限寄往通达该项业务的国家和地区,不通达的不能收寄

5. 什么国家发货必须要有税号?(　　)

A. 巴西　　B. 美国　　C. 西班牙　　D. 俄罗斯

6. 哪种物流方式不能寄2 kg以上的包裹?(　　)

A. 中国邮政小包　　B. 中国邮政大包　　C. 香港邮政小包　　D. 香港邮政大包

7. 关于自定义运费设置哪些说法是正确的?(　　)

A. 可以按照国家选择是否发货

B. 可以按照地区选择是否发货

C. 设置自定义运费可以选择按照重量设置

D. 设置自定义运费可以选择按照数量设置

8. 新手运费模板中EMS的承诺运达时间是多少天?(　　)

A. 27 天　　B. 60 天　　C. 14 天　　D. 39 天

9. 新手运费模板中 E 邮宝的承诺运达时间是多少天？（　）

A. 27 天　　B. 14 天　　C. 39 天　　D. 60 天

10. 速卖通支持哪些物流方式？（　）

A. EMS　　B. 香港大小包　　C. 海运　　D. 中邮大小包

11. 使用中国邮政航空包裹有什么风险？（　）

A. 货运周期较长　　B. 货运追踪信息不全

C. 丢包率较高　　D. 价格高

12. 哪里可以查询物流状态？（　）

A. 邮政官网　　B. 商业快递官网

C. 速卖通卖家频道　　D. 订单详情页面

13. 专线物流中包含哪几种物流方式？（　）

A. 中东专线　　B. ePacket

C. Special Line-YW　　D. Russian Air

14. 商业快递中包含哪几种物流方式？（　）

A. Fedex IP　　B. TNT

C. UPS Express Saver　　D. DHL

15. 使用香港邮政航空包裹需要注意什么？（　）

A. 发货后，要及时跟进货物的运输情况。如出现网上货运追踪信息不全的情况，例如：只有发货记录，没有妥投记录，要及时联系买家确认收货情况

B. 卖家在发货时尽量选择资质较好的货代，使用实力较差的货代会增加丢包和误期的风险

C. 价值或时效性要求较高的货品，应尽量选择其他运输方式

D. 使用航空小包邮寄产品时，一定要挂号，同时在发货期内在全球速贸通平台上填写提交发货通知，否则订单款项将会自动退回给买家

参考文献

CANKAOWENXIAN

［1］ 阿里巴巴（中国）网络技术有限公司. 从 0 开始：跨境电商实训教程［M］北京：电子工业出版社，2016.

［2］ 金毓，陈旭华. 跨境电商实务［M］. 北京：中国商务出版社，2017.

［3］ 邓志超，崔慧勇，莫川川. 跨境电商基础与实务［M］. 北京：人民邮电出版社，2017.

［4］ 姚大伟. 进出口业务操作［M］. 北京：中国商务出版社，2017.

［5］ 章安平. 国际贸易基础［M］. 北京：中国商务出版社，2017.